高等学校通识课程系列教材

U0853572

教师礼仪

袁涤非 著

中国人民大学出版社

·北京·

图书在版编目（CIP）数据

教师礼仪/袁涤非著. —北京：中国人民大学出版社，2018.1
高等学校通识课程系列教材
ISBN 978-7-300-25120-2

Ⅰ.①教… Ⅱ.①袁… Ⅲ.①教师-礼仪-高等学校-教材 Ⅳ.①G451.6

中国版本图书馆CIP数据核字（2017）第271847号

高等学校通识课程系列教材
教师礼仪
袁涤非 著
Jiaoshi Liyi

出版发行	中国人民大学出版社		
社　　址	北京中关村大街31号	**邮政编码**	100080
电　　话	010－62511242（总编室）		010－62511770（质管部）
	010－82501766（邮购部）		010－62514148（门市部）
	010－62515195（发行公司）		010－62515275（盗版举报）
网　　址	http://www.crup.com.cn		
	http://www.ttrnet.com（人大教研网）		
经　　销	新华书店		
印　　刷	北京市鑫霸印务有限公司		
规　　格	185 mm×260 mm　16开本	**版　　次**	2018年1月第1版
印　　张	11.75 插页1	**印　　次**	2019年5月第3次印刷
字　　数	277 000	**定　　价**	36.00元

版权所有　侵权必究　　印装差错　负责调换

目　录

绪论 礼仪与教师礼仪

礼仪是人们在长期共同生活和交往中逐渐形成并以风俗、习惯和传统等形式固定下来的道德行为规范。在社会生活中，人们往往把礼仪作为衡量一个国家和民族文明程度高低的重要标志。就个人而言，礼仪则是衡量道德水准高低和有无教养的尺度。作为高层次教育人才的教师，更不能例外。在学生心目中，教师就是社会的规范、道德的化身、人类的楷模、父母的替身。教师优雅的举止、渊博的知识，无形之中都会成为学生效仿的榜样。所以，教师的礼仪素养如何，不仅会影响其教育教学效果，而且会影响整个社会中传播人类文明的效果。那么，什么是教师礼仪？教师礼仪和我们的传统礼仪之间又有什么关系？它们之间有什么共性和基本的原则？这是绪论重点论述的内容。

第一节 礼仪概述

一、礼仪的起源与发展

中华文明上下五千年，中国素有“礼仪之邦”的美誉。五千年的悠悠岁月中，随着社会的发展，生产力水平的提升，人类社会化属性的日益增强，礼仪文化的内涵日渐丰富，终致今日之博大精深，源远流长。但这种发展并不是呈直线上升的趋势，其间的曲折起伏，一如中国波澜壮阔的历史。

（一）礼仪的起源

自原始时期，礼仪就已经开始萌芽，但当时的礼仪主要是一些礼节。最早的礼节应该是用在对神灵的祭祀，所以就有了“礼立于敬而源于祭”的说法。

原始时期的人类同变幻莫测的大自然相比显得十分稚弱，无法解释千变万化的自然现象和突如其来的自然灾害，于是便认为是鬼神、祖先在主宰人类的一切。人们开始用一些当时精致、豪华的食具作为礼器进行祭祀，以表示他们对神灵、对祖先的敬畏，寻求护佑，祈求平安。这种祭祀活动可以看作礼仪的萌芽。

同时，随着家庭的形成，做父母的要抚养、关爱幼小的尚不能独立生活的子女；子女长大成人之后，则要赡养年老的父母；兄弟姐妹之间也要互相关爱。早在尧舜时期，五礼已形成，即父义、母慈、兄友、弟恭、子孝，这对家庭成员之间的关系做出了明确的规定。这时，礼仪把家庭成员的言谈举止规范化了。

在社会活动中，人与人之间也渐渐形成了最初级、最原始的礼仪。在狩猎、耕种和部落之间的争斗中，同群体中的人通过用眼神、点头、拉手来示意彼此如何配合。日常生活中，人们不自觉地用击掌、拥抱、拍手来表达欢快的感情，用手舞足蹈来表示狩猎获得食物的喜悦，人们之间这种相互的呼应、关照，逐步形成了一种习俗，这便是最初待人接物的礼节，现在的握手礼就是始于原始社会。礼仪当时成为人们交往沟通的一种“语言”。

原始社会后期，随着社会的发展，人们在生产和生活中的分工越来越细，产生了发号施令的领导者和服从安排的被领导者。为了维护领导者的地位，体现领导者和被领导者的等级差别，出现了尊卑有序、男女有别的现象。如左尊右卑，在重大场合上，习惯以主人或东道主的左方位为尊位，其右侧为卑。此时，礼仪又成了维系等级差别的需要，成为领导者维持自己领导地位的工具。

所以，礼仪在其萌芽时期主要是用于祭祀、规范家庭成员的言行举止、人际交往中待人接物以及维护领导者的统治地位。

（二）礼仪的发展

每当中国进入一次大变革、大发展的历史时期，礼仪这一时代的产物也随着时代的变迁不断演变、充实、更新，漫长的礼仪文化发展史可以大致分为礼仪的孕育时期、礼仪的形成时期、礼仪的变革时期、礼仪的鼎盛时期、礼仪的衰落时期及现代礼仪时期。

1. 礼仪的孕育时期

礼仪起源于距今百万年前的原始社会时期，并随着人类逐渐进化而不断丰富、演变。在原始社会中、后期就孕育出了早期礼仪的“胚胎”。比如，北京周口店人已经会使用穿孔的兽齿、石珠来作为装饰品，穿戴在脖子和手上。他们还会向逝去的族人周围撒放赤铁矿粉，以表示对族人去世的哀悼，这也可以说是中国历史上出现最早的宗教葬礼。

2. 礼仪的形成时期

公元前21世纪至公元前771年，中国由金石并用时代进入了青铜器时代。金属器皿的使用，把农业、畜牧业、手工业生产带领到一个全新的时期。生产水平的大幅提高，社会财富除消费外开始有了剩余，于是有了不劳而获的统治阶级与辛苦劳作的被统治阶级，由此产生了阶级对立，原始社会彻底瓦解。

在这个时期，由于中国刚从原始社会进入早期的奴隶社会，尊神活动仍被延续，并有日渐升温的趋势。在原始社会，由于缺乏科学知识，人们对于许多自然现象还不太理解，因此他们敬畏和祭祀“天神”“河神”。在某种意义上，早期的礼仪是指原始社会人类生活的若干准则，也是原始社会宗教信仰的产物。

直至周朝，礼仪开始有所建树。周武王、辅佐周成王的周公，对周代礼制的确立都起到了重要作用。他们制作了礼乐，将人们的行为举止、道德情操等全部纳入了当时的社会体制中，形成了一个尊卑有序的社会。《周礼》是中国流传至今的第一部礼仪专著，整理了整个周朝的官职表，用于讲述周朝的典章制度。由此可见，许多基本礼仪在商末周初便已基本形成。

在西周，青铜礼器已开始盛行，它们是个人身份的象征，礼器的多寡代表了身份地位的高低，显示权力的等级。在当时，贵族身上一般都是佩戴成组的玉石，以显示身份地位。尊老爱幼这类深入人心的礼仪规范在西周已蔚然成风，如孔子的“入则孝，出则悌，谨而信，泛爱众，而亲仁。行有余力，则以学文”，孟子的“老吾老，以及人之老；幼吾幼，以及人之幼”等都成为教育后人要尊老爱幼的名言警句，至今也是人们的行为准则。所以，西周时期应该是礼仪的形成时期。

3. 礼仪的变革时期

春秋战国时期，以孔子、孟子为代表的儒家系统地阐述了礼仪的起源、本质和功能。儒家文化在我国封建社会一直居于主导地位，影响达几千年之久。儒家思想宣扬“礼教”，提出以“修身”“真诚”为本，认为在各种伦理关系中对人诚实无妄才是“礼”的最高境界。孔子非常重视礼教，将“礼”作为治国、安邦、平天下的基础，他倡导人们用“礼”来作为约束和规范人的行为准则，他认为“不学礼，无以立”，“君子义以为质，礼以行之，孙以出之，信以成之。君子哉”，即君子要以义作为根本，用礼加以推行，语言表达要谦和，待人处世的态度要真诚，这才称得上是谦谦君子。孟子提出“五伦”，即君臣、父子、夫妇、兄弟、朋友，倡导君臣之间有礼义之道，父子之间有骨肉之亲，夫妻之间挚爱而又内外有别，长幼之间有尊卑之序，朋友之间有诚信之德，这是处理人与人之间关系的道理和行为准则。这一时期，除儒家之外，还有其他一些思想主张，如道家崇尚自然无为、独善其身，主张废除一切礼仪；法家推崇强权政治，主张以法代礼；墨家主张平等、博爱、利他，以义代礼。各家的主张虽然不同，但正是这种百家争鸣，各种思想相互吸收和融合，使礼仪的内涵产生了较大的变革。所以，春秋战国时期是礼仪的变革时期。

4. 礼仪的鼎盛时期

公元前221年，中国历史上建立了第一个中央集权制的封建王朝——秦朝。秦始皇在全国推行“书同文”“车同轨”“行同伦”，这也成为延续两千余年的封建体制的基础。

西汉初期，思想家董仲舒把封建专制制度的理论更加系统化，提出了“唯天子受命于天，天下受命于天子”，他把儒家礼仪概括成了“三纲五常”，即“君为臣纲，父为子纲，夫为妻纲”和“仁义礼智信”，他还提出了“罢黜百家，独尊儒术”的思想，让儒家礼教成为了定制。

汉代，一部包罗万象，堪称集上古礼仪之大成的《礼记》问世，它把奴隶社会和封建社会的礼仪汇集成册，成为封建时代礼仪的最经典的著作。其中，有讲述古代风俗的《曲礼》，有谈论饮食和居住文化的《礼运》，有记录家庭礼仪的《内则》，有记载服饰礼仪的《玉藻》，有论述师生礼仪的《学记》，还有教授人们道德修养的《大学》。分类论述，内容丰富。

唐宋时期，《礼记》已由“记”上升到了“经”，出现了以儒家思想为基础，融合道学、佛学思想的理学，朱熹便是其中主要的代表人物，他指出：“仁莫大于父子，义莫大于君臣，是谓三纲之要，五常之本。人伦天理之至，无所逃于天地间。”这一时期对于家庭礼仪的研究也是硕果累累，在大量的家庭礼仪著作中，以《朱子家礼》和《司马氏书仪》最为著名，前者相传为朱熹所著，后者为司马光撰写。

所以，这个时期的礼仪研究蔚然成风，礼仪形式的发展也日趋完善，忠、孝、节、义等礼节也日趋繁多，无论是内容还是形式，礼仪都进入了鼎盛时期。

5. 礼仪的衰落时期

满族入关后，开始逐渐接受汉族的礼制，并使其复杂化，让礼仪开始变得死板、烦琐。比如，清代的品官相见，当品级低者向品级高者行跪拜礼时，一般是一跪三叩，甚者三跪九叩。清朝后期，贪污腐败盛行，官员腐化堕落，封建社会由盛转衰。随着洋务运动的兴起，西方礼仪开始传入中国，而西方礼仪与中国推崇的礼仪思想有很大的差异，西方推崇自由、平等、解放的思想。所以，这一时期，中国的传统礼仪规范无论是内容还是形式，都受到强烈冲击，出现了“大杂烩”式的礼仪思想，封建礼教开始土崩瓦解。

6. 现代礼仪时期

清末，鸦片战争把中国长期封闭的大门打开了，国人开始了解西方的政治、经济、文化。大批的爱国人士为寻找富民强国的道路，在把西方的文化、科技引入国门的同时，也把西方礼仪介绍进来。辛亥革命之后，封建王朝覆灭，中国人民为摆脱封建礼教的束缚而不断地进行着变革，直到新中国成立以后，中国进入了一个崭新的时期，封建礼教彻底被废除，逐步形成了现代礼仪。

改革开放以来，随着中国与世界各国的交往日趋频繁，在我国传统礼仪的基础上融入了西方先进的礼仪文化，形成了具有中国特色的新型社会关系和人际关系，那就是：平等相处，团结友爱，互帮互助，礼尚往来。礼仪从内容到形式都在不断变革，构成了社会主义礼仪的基本框架，现代礼仪进入了全新的发展时期。随着 2005 年中央电视台一系列“迎奥运，讲文明，树新风”的公益广告热播，各行各业的礼仪规范纷纷出台，如政务礼仪、商务礼仪、服务礼仪、教师礼仪、国际礼仪等，社会上还有了各种针对不同年龄、不同阶层的礼仪培训，如少儿礼仪、中学生礼仪、大学生礼仪、求职礼仪、职场礼仪等，人们越来越深刻认识到“不学礼，无以立”的道理，学习礼仪知识的热情日益高涨。随着科技的发展、社会的进步、国际交往的增多，礼仪必将得到进一步完善和发展。

二、礼仪的内涵与特征

（一）礼仪的内涵

在古代，礼仪指的是为敬神而举行的各种仪式。如《诗·小雅·楚茨》中“为宾为客，献酬交错。礼仪卒度，笑语卒获”，讲的是古代在酒宴中主宾敬酒交互错杂，礼仪合乎法度。《周礼·春官·肆师》中“凡国之大事，治其礼仪，以佐宗伯”，意思是凡是涉及国家的事务，都应讲究合乎礼仪，用礼仪来辅助宗伯。这时对礼仪的基本定义是“致福曰礼，成义曰仪”，由此可知，礼仪是为维护封建统治阶级而制定的基本制度和行为规范。

在现代，通常我们说的礼仪是一种待人接物的行为规范，是一种交往的艺术表现，它是人们受历史传统、风俗习惯、宗教信仰、时代潮流等因素影响而在长期的社会交往中形成的。礼仪既为人们所认同，又为人们所共同遵守，是在建立和谐关系的基础上，各种符合客观要求的行为准则和规范的总和，具体表现在礼貌、礼节、仪表、仪式等方面。

礼貌，是指人们在彼此交往过程中表示尊敬、重视和友好的言谈和举止。比如，我们经常会用“这个孩子真有礼貌”来表扬一个孩子主动与客人打招呼的举动。礼貌是以尊重他人、不侵害他人利益为前提的，是表达人与人之间和谐相处的意念和行为。例如，尊老爱幼、尊师重教、乐于助人、热情好客等。

礼节，是指人们在日常交际活动中，相互表示尊重、祝愿、问候、致意、慰问等待人接物方面的形式。例如，拜会、握手、馈赠、吊唁等。

仪表，是指人的外表、穿着，它主要指美的外在形象，引申为人的精神状态。例如，容貌、服饰、表情、姿态、风度等。

仪式，是指在一定场合举行的具有专门程序和形式的社会活动。例如，升旗仪式、开学典礼、毕业典礼、奠基仪式等。

所以，礼仪是人们在社会交往活动中，为了相互尊重，在仪容、仪表、仪态、仪式、言谈举止等方面约定俗成的、共同认可的行为规范。“礼”是内在的，是人们对自己、对他人尊重、敬意的态度，而“仪”是外在的，是人们通过一定的动作、形式等表现出来的“礼”。“礼”是一种观念、一种意识、一种态度，而“仪”是外在的表现形式。“礼”字解决了，“仪”字迎刃而解；“礼”字不解决，即便懂得了一些形式上的东西，也难以将之落实在行动上而形成习惯，所谓“态度决定一切”“心有敬而形于外”就是这个道理。

（二）礼仪的特征

同一个历史时期，不同的国家、民族，不同的地域会有不同的礼仪规范，所谓“三里不同音，十里不同俗”。在不同的历史时期，礼仪更会打下特定时代的烙印。礼仪的内容虽存在差异，但其基本特征却是一致的，主要具有以下四个方面的特征：

1. 继承性

礼仪，是一种文化修养，是人类在长期共同生活和交往中，为维持正常生活秩序而逐渐演变或约定俗成的。在这个过程中，传统礼仪中那些烦琐、保守、与社会发展不适应的内容被不断摒弃，只有那些体现了人类精神文明和社会进步的精髓才得以世代传承。比如，生活中我们常说的“来而不往非礼也”，说话要谦恭、和气、文雅，仪态要大方、恭敬、从容，仪表要端庄、得体、简洁，对待他人要知晓爱亲、敬长、尊师、亲友之道等。古往今来，这些优良的传统在古代适用，在当今社会同样也适用，并且已经成为人们生活中的一种习惯和规范。所以，无论世事如何变迁，一些好的思想观念、礼仪传统，总是会代代相传，被延续继承。

2. 差异性

礼仪，作为一种共同遵守的行为规范，在实际应用中还会受到时间、环境以及各种因素的制约，具有很大的灵活性。任何国家、民族、地区都有其礼仪的特色，可以按照地域和群体来区分，是礼仪的一个十分重要的特点。一方面，某个地域中或某类群体中具有共同的礼仪习俗；另一方面，不同地域与地域之间、群体与群体之间的礼仪习俗有不同的地方。各自不同的文化背景和历史原因等多方面因素造成了这种不同，也由此产生了多姿多彩的礼仪文化。比如，西方人在见面礼仪中讲究拥抱，提倡“女士优先”，但东方人大多将握手作为见面的礼节。有的地方把抚摸小孩的头当成亲切的表示，而有的地方却认为这是极无礼的行为。有的民族在庆典活动时喜欢跳舞，有的民族喜欢唱歌，有的民族喜欢泼水。所以到一个新的地方，最好是先了解一下当地的礼仪习俗，以做到入乡随俗，这样更能体现出对交往对象的尊重。

不同年龄、不同性别、不同职业的人对同一种礼仪也会有不同的呈现方式。同样是打招呼，男性之间与女性之间问候的方式会不同，老朋友之间与新朋友之间问候的方式也不同。再比如，同样的话语，站在不同的角度来表述也会不同，对年轻人来说可能没有什么，可是对于中老年人来说，就可能会伤害他；对同性来说很正常，对异性来说可能就失礼了。正因为礼仪存在如此大的差异性，所以要求我们在不同的时间、场合要运用相应的礼仪来展现自己的风采，而不是生搬硬套、千篇一律，把礼仪变成一种僵死的教条，那样反而会失礼了。

3. 针对性

人际交往讲究公平公正、一视同仁，但更讲究对等的原则，所谓“投之以桃，报之以李”“礼尚往来”，所以，礼仪礼节具有很强的针对性。如公务接待时，应当派出与对方身份、职位基本相同的人员进行接待，迎送人员数量要适宜，不可过多或过少，基本上与对方对口、对等。一所学校的校长出访另一所学校，被访学校也应由校长出面接待，至少要安排会见。

4. 规范性

礼仪，是人们在交际场合中待人接物所必须遵守的行为规范。“必须遵守”，就是不能依据个人的意愿随意改变，它已经成为人们彼此交往的“通用语言”，成为衡量他人和判断自己是否自律、敬人的标尺。如果人们能自觉地遵照并维护这一准则，那其行为便是符合礼仪要求。如果总是自作主张，一意孤行，或是一味按照自己的喜恶做事，那会给他人造成许多困扰。如别人握手时伸出右手，你偏伸左手；在宴席上，别人都在小口品酒，你却大口干；开会时别人都把手机调到了静音或震动状态，你的手机却不时响起……这样偏离常规的做法，轻则造成沟通的障碍，使别人不清楚你要表达的意思，重则令人觉得你是对他人不尊敬。所以礼仪一旦约定俗成，必须遵守，具有强制性和规范性。

三、礼仪的原则与功能

（一）礼仪的原则

礼仪是约定俗成的行为规范，既然是规范，便有其标准和尺度来衡量其是否规范。礼仪的规范有太多太多，可以说是包罗万象，因为它涉及生活和工作的方方面面。但只要掌握了一些基本的原则，复杂的问题也就简单化了。讲礼仪应遵循以下四条原则：

1. 尊重原则

礼仪的核心就是尊重，诚如孟子所言“尊敬之心，礼也”。所以，礼仪的实质只有一个字：“敬”。“敬”字应该包含两层含义：一是“尊敬”，尊敬长辈、尊敬师长、尊敬交往对象，尊敬他人就是尊敬自己；二是“敬畏”，敬畏制度、敬畏法律、敬畏生命，有了敬畏之意，才会守住道德底线。一个人如果有了“尊敬”之心、“敬畏”之意，就一定会是一个有道德有修养的人。

尊重的原则要求人们在社交活动中，与交往对象要相互尊敬、相互谦让、和睦相处。这“尊重”二字，在生活实际中体现在：尊重上级，是一个人的天职；尊重下属，是一个人的美德；尊重客户，是一种常识；尊重所有的人，是一个人的教养。人际交往中，不管年龄大小、职务高低都应当受到尊重。对待他人要有敬重的态度，不可失敬于人，不可伤害他人的尊严，更不可侮辱他人的人格。特别是对待自己的下属和晚辈，即使他们做错了事，虽可严厉批评，但切不可表现出任何的不屑和鄙视，否则你也不可能得到他们对你的尊重。如果遇到对方有意伤害个人尊严时，要坚决维护自己的尊严。所以我们说人与人之间相互尊重，是人际关系中讲究礼仪的基本出发点。尊重原则也就成了礼仪最核心的原则。

2. 遵守原则

礼仪是社会生活的行为准则，它反映了人们的共同意识，世界上各民族、各阶层、各党派、各国家都应当自觉维护、共同遵守礼仪。尤其在公共场所，更加要遵守礼仪规范，否则，将受到公众的批评和指责。例如，在马路上，要遵守行人走人行道、骑自行车走右侧自行车道、遇红灯要止步、见绿灯才通行等规则。在日常交往过程中，尤其是拜访他人或求人办事之时，要遵时守约，诚恳待人。作为教师，遵守上课的时间不仅是纪律的要求，也是对学生、对课堂的尊重，更是为学生做出榜样。

3. 适度原则

俗话说：“礼多人不怪”，但在实际生活中，礼多了人也怪。热情过度、礼节繁多，会显得人太过迂腐，反而让人反感、厌恶。例如，招待宾客时，周到地为客人端茶添水、请人就座，这都在情理之中，但如果宾客第一次来访，用餐之后起身告辞，主人却硬要留人夜宿，反而会显得太过热情，让人为难，甚至还会引起对方的反感。因此，人际交往中言行举止既要合乎规范又要得体适度。

4. 自律原则

个人是礼仪行为的实施者，每个人应当首先“从自我做起”，要人前人后一个样，要一视同仁，才能创造出自然和谐的相处氛围。礼仪规范不是用来约束别人，而是用来修正自己的言行，一味地去苛求别人而放纵自己，只会变成“孤家寡人”。因此，在学习、应用礼仪中，最重要的是要自我要求、自我约束、自我检视、从我做起。要加强自身修养，完善个人的人格。古人常将“慎独”二字挂在书房，时时提醒自己要“谨小慎微”。其实，不断地自律就逐渐形成了习惯，所谓“习惯成自然”就是这个道理。养成了良好的习惯，既消除了自我约束的感觉，自律也会成为自觉。

（二）礼仪的功能

礼仪是人类精神和物质文明成果中的精髓，内容丰富，应用广泛，无论是对社会的和谐进步，还是对经济的发展，都有极大的促进作用，具体体现在以下几个方面：

1. 教育作用

礼仪以一种道德习俗的方式对社会中的每一个成员发挥维护社会正常秩序的教育作用。人们通过礼仪的学习和应用，建立新型的人际关系，从而在交往中严于律己，宽以待人，互尊互敬，互谦互让，讲文明，懂礼貌，和睦相处，形成良好的社会风尚。陶行知校长用四块糖果教育学生要守时、要勇于承认自己的错误、要懂得尊重他人的故事就是在用礼仪教育人、塑造人。

2. 美化作用

礼仪之美在于它帮助人们美化自身，美化生活，从而美化整个社会。个人形象，包括仪容、仪表、仪态、谈吐、教养等，在礼仪方面都有各自详尽的规范，因此学习和运用礼仪，有益于人们更好地、更规范地设计和维护自身形象，充分展示个人的良好教养与优雅风度。例如，面带微笑、有礼貌地跟人打招呼，不小心碰撞到他人说声“对不起”，大庭广众之下轻言细语，这些都能展现自己美的形象。构成社会的人变美了，整个社会也就变美了。

3. 协调作用

礼仪作为人们在社会生活中逐渐形成的行为规范和准则，它约束着人们的态度和动机，规范着人们的行为方式，维护着社会的正常秩序，协调着人与人之间的关系，在社会交往中发挥着巨大的作用。比如，上学前向父母打个招呼，见到同学热情问声好，这些看似细小的礼节礼貌，会像一条美丽的纽带，把自己同对方紧密地联系起来，协调人与人之间的关系，营造良好的人际交往氛围，让生活环境更加舒心、更加和睦，让社会更加和谐。

4. 沟通作用

自觉地遵循礼仪规范，能使交往双方的感情得到良好的沟通，在向对方表示尊重、敬意的过程中，获得对方的理解和尊重。例如，在社交场合司空见惯的握手礼——古时的人们，为了表示友好，就会扔掉手上的工具，摊开手掌，双方击掌，示意手中没有任何武器，不会对对方形成攻击而以示友好，后来逐渐演变成双方握住右手，相互寒暄致意的见面的礼节。这样的无声语言，起到了互致友好、沟通情感的作用。

党的十四届三中全会审议通过的《中共中央关于加强社会主义精神文明建设若干重要问题的决议》中提出：“在把物质文明建设搞得更好的同时，切实把精神文明建设提到更加突出的地位，认真解决当前一系列紧迫问题，进一步开创新形势下精神文明建设的新局面，已经成为全党和全国各族人民极其关注的大事。”这就要求社会主义思想道德建设要以为人民服务为中心，以集体主义为原则，倡导文明礼貌、助人为乐、爱护公物、保护环境、遵纪守法的社会公德。礼仪修养既属于道德规范体系中的社会公德，是社会主义精神文明的内容；也是千百年流传下来的优良传统，是适应最大多数人需要的道德伦理规范。因此，礼仪是和谐社会的基本要求，是人们希望有安定和平生活环境、有正常社会秩序的共同要求，更是和谐社会中全体公民为维系社会的正常生活而共同遵循的最基本的公共生活准则，是不可或缺的行为规范。

第二节　教师礼仪概述

一、教师礼仪的内涵与沿革

教师是履行教育教学职责的专业人士，肩负教书育人、培养社会主义建设者和接班人、提高民族素质的使命。

教师礼仪，是指教师在从事教育教学活动、履行教育工作者职责时所必须遵循的礼仪规范。

“师者，所以传道授业解惑也。”这是我国古代著名的思想家、文学家韩愈在《师说》中提到的。由此可见，早在古代，学者就对“教师”有了较为明确的定位。著名的捷克教育家夸美纽斯曾说过，教师是太阳底下最光辉的职业。可见，古今中外思想家都有共识，教师的职业是崇高的，职责更是重大的。在整个历史的进程中，教师的角色随着社会的进步和学校的发展而演进，是社会生产力的分工与进步的必然产物，也是人类社会进步的重要表现，因此，教师礼仪在不同历史时期其要求也是不同的。

原始社会是人类教育史的起点，教师还在发展的萌芽时期，因为这个时期的生产力水平极其低下，生产关系也特别简单。人们共同劳动，共同生产，没有等级观念，没有阶级。这个时期，父母、兄长、部落首领、长者通过口耳相传的方式，把丰富的生产实践经验和社会生活技能传给新的成员，教育还未从劳动生产当中分离出来，并未形成教师这个职业。

随着时间的推移，到了奴隶社会时期，社会在不断进步与发展，整个社会的生产力水平不断提高，逐渐出现了阶级和等级的观念，文字应运而生，这些为学校的产生奠定了物质和文化基础。于是，一些人从生产劳动中脱离出来专门从事教育，这些人可以说是最早的教师。当时的统治者高度重视教育，并且垄断了教育资源，他们要教育活动按照统治者的意愿进行，形成了学在官府、以吏为师、官师合一的局面。这个时期的教师不但要进行教学工作，为国家培养所需要的人才，还要帮助统治者管理国家。所以这时的教师社会地位较高，受人尊重，教师礼仪也主要体现在传授的“六艺”和道德方面。六艺，是指中国古代儒家要求学生掌握的六种基本才能：礼、乐、射、御、书、数。礼，礼节，即现在的德育；乐，音乐；射，射箭技术；御，驾驭马车的技术；书，书法，包括书写、识字等；数，算法、计数。由此可见，自古以来，对一个人修为的要求，除“礼”占有主导地位外，也很强调人的全面发展。所以，当时传授“六艺”的老师更是德高望重，多才多艺。

春秋战国之际，社会政治急剧变革，战乱纷纷，“礼崩乐坏”。此时，“官学”教育不能适应新的时代要求而衰落下去，掌握一定知识和文化的人沦落到社会的底层，成为私学教师，因此私学逐渐兴起。特别是春秋战国时期，私学之风盛行，以孔子为代表的儒家思想影响最为深远，教师礼仪也主要是以“仁”来为人处世。

13—16 世纪，整个社会比较稳定，生产力进一步发展，生产关系逐步得到改善，国家也基本实现高度统一，封建教育制度日趋完善，这些教育制度对以后我国教育的发展有着深远影响，教师的地位也逐步得到提高。教师既承担着传播儒家学说和道德、讲授古典文学和儒家经典的职责，也要回答学生不懂的问题以释疑解惑，所谓“传道授业解惑”正是这一时期教师形象的最真实写照。教师礼仪也在迅速丰富和发展，但此时教师的官吏之风较重。

17—18 世纪，西方国家开始了工业革命，而中国则处于闭关锁国的状态，生产力水平远远落后于西方国家，中央集权的封建制度进一步发展，在教育领域得到了强化。到清朝时期，由于长期的封建思想压制，出现了实学教育，学校逐渐从官府中分离出来，教师也从官吏中完全分离出来，教育也开始普及，从贵族教育转变为全民教育。教师的角色得到了强化，开始受到了专业的培训，并掌握了一定的学科知识和学科的教学方法，教师的社会地位日益凸显。至19世纪，中国受到西方列强的冲击，被迫打开国门，此时的教师不仅要传承文化，还要担负起拯救国家的职责。中国的教育也在不断去粗取精，力争“中西并举”。特别是五四运动以来，蔡元培等当时教育界的主要代表，主张学生的思想应该得到充分、自由的发展，教师教育学生要懂得学生的身心发展规律，用适当的方法去教育培养人，根据不同的特点采取不同的教育教学方法，成为一位引导者。陶行知主张：“教学做合一”，一言概之就是实用主义教育，重视生活教育的作用。教师在自我教育的同时，还要树立民主作风，向人民群众和孩童、学生学习。

新中国成立之际，教育管理的专门机构也成立了，教育进入了一个新的历史时期，中国由新民主主义向社会主义转变，为教育的发展奠定了坚实基础，提供了强有力的保障。随着近40年改革开放的逐渐深入，科学技术、创新能力、个人综合素质越来越重要，人们对教育也越来越重视，全社会盛行“尊师重教”之风。教师是学校工作的主体，不仅是科学文化知识的传播者，而且是学生思想道德的教育者。教师在传播科学文化知识的同时，个人的修养、言行举止对学生都有着潜移默化的影响。现在的“90后”“00后”特别有思想、有个性，他们心目中的好老师不仅要有渊博的学识，更要充满正能量，有生活品位，有生活情趣，要理解他们、懂得他们。好老师不仅要能解知识之惑，还要成为学生生活的导师，可谓是“文武全才”。所以，现代教育对教师提出了更高更新的要求，迫使教师更全面地提升自己的综合素养以适应时代的需求，“教师礼仪”也就显得越来越重要。所以，我们今天来探讨、学习、实践教师礼仪，是历史的必然，是时代的需要，是振兴民族的需要，是实现伟大的中国梦的需要。

二、教师礼仪的原则、特征与作用

（一）教师礼仪的原则

礼仪的原则是指人们在观察、处理礼仪问题时所坚持的基本法则和标准。教师礼仪的原则是教师在处理相关礼仪问题时行为方式的理论指南，而不是简单地按章办事或者必须遵守的具体的方式或程序。除了遵循礼仪的基本原则外，教师礼仪还应遵循以下原则：

1. 尊重与平等的原则

古人云：“敬人者，人恒敬之。”人们只有互相尊重，关系才会融洽，气氛才会和谐。尊重二字，既是礼仪的根本，也是待人处世接物之道的根本。亚当·斯密认为：“对那些普遍行为准则的尊重，恰当地说，即所谓的义务感，是人类生活的一项最重要的原则，是大多数人可以借以指导其行为的唯一原则。”教师教育的对象是学生，每个人每个人生阶段都不一样，其身心成熟程度和知识经验水平也不一样，可他们都有独立的思想和人格，在对其进行教育教学的相关活动和交往中，应始终秉持自尊和他尊的原则，摒弃唯师至尊、忽略学生的社会地位和心理需求的偏颇方式，应自觉对所有学生一碗水端平，给予平等的礼遇。教师要用自己高尚的思想境界和品行、渊博的学识等去潜移默化地影响学生，用言传身教、以身作则的方式直接影响教育学生，目标明确地培养和引导学生成长成才。

教师承担着为社会培养栋梁之才的职责，与学生在形式上是教育者和受教育者的关系，但这并不能超越师生之间平等的人格关系。因此，教师要以引导者、参与者的身份施教，使教学具有双向性、协同性，而不是控制和支配学生。这样，才能在学生的潜意识中淡化对教师角色的敬畏感和因自身不够成熟而产生的自卑感，才能轻松地学，大胆地问。教师对学生的热爱，尤其要体现在对不同相貌、不同智力水平、不同个性、不同家庭环境、不同亲疏关系的学生一视同仁，从学生的实际情况和不同特点出发，教好每个学生，并为其创造良好的成才环境。

2. 宽容的原则

宽容就是要教师在教学过程中，对学生所表现出来的不同观点、不同意见、不同行为的包容和忍让。这也是教师在教育教学过程中展示人格魅力的一种自我调控能力。教师在教育教学活动中既要严于律己，更要宽以待人，要多包容学生，多体谅和理解学生，不求全责备，不斤斤计较，不过分苛责甚至咄咄逼人。尊敬和理解是宽容的前提，教师只有把自身与学生放在人格平等的位置上去尊重学生，才会真正去宽容学生。同时，教师也要了解和理解学生，设身处地地换位思考，理解学生的心理状态、难言之隐或苦衷，才能真正做到对学生的行为宽容。当然，宽容是有限度的，不能一味忍让而失去教育的根本，能容忍学生知识的匮乏，宽容学生犯的过错，但绝不是纵容，要用健康的心理影响和引导学生，使学生在愉快和谐的环境中成长。

3. 慎独的原则

“道也者，不可须臾离也，可离非道也。是故君子戒慎乎其所不睹，恐惧乎其所不闻。莫见乎隐，莫显乎微，故君子慎其独也。”意思是说：道，是不可以分离的，而分离开来的东西，就不是道了，所以，君子在别人看不见的时候，在别人听不到的时候，也要谨慎对待自己的言行。教师的一言一行不仅在学校内有着调节教育过程和影响学生的功能，还通过各种途径和方式影响着社会。教师不仅仅是学生道德的启蒙和设计规划者，也是全民道德的促进者，对全社会形成良好的道德风尚有着辐射作用。因而，即使独处时教师也要一如既往，坚持不懈，自觉地注重自己的礼仪修养，做到人前人后一个样。

（二）教师礼仪的特征

教师礼仪具有如下几方面特征：

1. 强制性

教师的行为举止本身具有示范作用，其一言一行、一举一动都应该谨慎稳重，这就需要有更多的自我克制、自我牺牲。每个进入这个行业的人都必须自觉遵守这份职业的礼仪规范。同时，教师的礼仪素养也将使教师更有魅力，更有感染人的力量，从而给自己的教育教学工作带来更大的收获。

2. 形象性

教师的个人形象代表着教师的职业形象和学校的整体形象，因而是否遵守教师礼仪便不再是个人行为，而是集体行为。违反教师礼仪会带来严重的后果，因为当一个人处于教师职业状态时，其功能会被成倍地放大，教师一切不合礼仪的表现都会给学生、给学校声誉，乃至整个教师队伍带来不可估计的潜在影响。近些年在学校发生的教师猥亵学生的案件、抄袭论文事件，都严重影响了教师在人们心目中的地位，影响了教师职业的公信力。

3. 示范性

教师，既是学生的榜样，也是学校的名片，更代表我国的教育实力。教师不仅是科学文化知识的传播者，也是学校声誉的代言者，还是学生思想道德的教育者。教师是影响学生人格和个性发展最重要的因素，教师在传播知识的同时，以自己的言行举止、礼仪礼貌对学生有着潜移默化的影响，从而对学生也起到了示范作用。家长、教科书、网络和大众传媒都不能代替教师的作用。仪表得体、举止优雅、态度和蔼、以身作则、表里如一的教师总是会得到学生的肯定，并成为学生的榜样，甚至影响学生的终生。从大的方面说，教师的形象可以影响整个社会文明礼仪的养成，从小的方面讲，教师言行可以影响学生的价值观、世界观、人生观。所以，教师礼仪具有很强的示范性。

（三）教师礼仪的作用

教师礼仪的核心是对学生的尊重和关爱，是教师向学生表达爱的具体形式。有时候教师一次亲切的关怀、一张微笑的脸庞、一句温暖的话语，对学生来讲都是一种激励和鼓舞，甚至影响其一辈子。因此，礼仪不仅是教师提升自身素养的途径，也能为教师这份职业增添更多的责任感和使命感。

1. 礼仪是教师塑造形象的“法宝”

得体的形象、优雅的举止、和蔼的态度，不仅能够充分展示教师的个人风采，也有助于教师才能的发挥，而且能够增强教师的人格魅力。作为一名优秀的教师，更要超越职业的界限，不仅能传道、授业、解惑，还要教学生如何做品德高尚的人。只有当教师把学生的尊重、关爱转化为点点滴滴的礼仪行为，表现在教学中、表现在与学生的交往过程中，教师才能在学生心目中树立良好的形象。所以，教师切忌蓬头垢面、不修边幅、邋里邋遢，也不能过于追求时尚前卫，花枝招展。因为只有教师的仪表整洁得体，展现文化底蕴，才是对教师这份职业的尊重和维护。

2. 礼仪是教师道德示范的“标尺”

教师是学校教育教学的实践者，也是思想道德的示范者。教师的品德和礼仪行为不仅具有自身的表现力，更是一种重要的教育手段。校园之中，学生具有天然的“从师性”，教师的礼仪行为是学生除父母等亲人之外最直接的榜样。学生在观察和模仿教师时常常产生一种“放大效应”，教师的一点善举会使他们产生无比的崇敬感，一点瑕疵会使他们感到巨大的失望，甚至影响其心理素质的养成。中央电视台《艺术人生》栏目的主持人朱军，常常在他的访谈节目中提及他对求学时老师的印象，小到老师细微的表情、不经意的话语，都记忆犹新。这说明教师的一举一动潜移默化地影响着学生处世的态度和人生观。因此，如果教师能够重视自己的礼仪行为，处处履行教师的职责，任何时候都能按照人际交往的规范和准则行事，就能在一言一行中为学生树立正确的榜样。

3. 礼仪是教师非权力影响力的“体现”

“非权力影响力”也称自然影响力，是与“权力影响力”相对而言的。教师的“非权力影响力”取决于教师个人在教育教学活动中所体现出来的品格、才能、知识、情感等因素。这种非权力影响力不是组织赋予的，没有强制性。对于教师而言，“非权力影响力”是他们影响力中起决定和主导作用的因素，它决定着影响力的大小和持续时间的长短。

当学生听说他的老师拥有诸如特级教师、教授、博士生导师、某某学会会长、某某机构特聘专家等种种头衔时，还没见面就已生仰慕之情。当与这位教师相处一段时间之后，觉得这位教师真的是一位德才兼备、德艺双馨，值得学生尊敬和爱戴的好教师，他的种种头衔和荣誉名副其实，实至名归，那么，说明这位教师的“权力影响力”和“非权力影响力”是完全吻合的。但如果教师所表现出来的师德修养与他的种种头衔并不吻合，学生不仅会很失望，甚至会怀疑这位教师头衔的真实性。一位教师如果没有“非权力影响力”，还不如不要所谓的“权力影响力”。所以，教师良好的礼仪修养是打造非权力影响力的重要途径。

4. 礼仪是教师情感沟通的“桥梁”

有的师生关系像是父母与孩子，有的师生关系像是兄长与弟妹，有的师生关系像是亲密的朋友，而无论是何种形式，这些好的师生关系都是建立在平等、民主、合作基础之上的。中国自古就信奉“师道尊严”，这固然存在着还不能全盘否定的积极因素，但它使得师生之间等级森严，教师可以随便训斥学生，而学生在老师面前噤若寒蝉，这也忽略了人与人之间最起码的平等，更谈不上互相促进，互相交流，教学相长。师生关系直接影响的就是教学效果。如果学生喜欢老师，那么在教学过程中就会积极配合老师，从而保证教学过程的顺利进行，也会对他所授予的课程产生好感，增加学习的兴趣，从而能取得较好的学习效果。尤其是现在，学生期待的并不是填鸭式的教育方式，更多期待的是教学过程中的平等交流。师生之间若能建立一种平等的朋友关系，学生就没有压抑感，也就更容易接受教师的教诲。可见，教师亲切的微笑、高尚的情操、平易近人的性格和看待学生的平等眼光，对于学生而言是非常重要的，在此情况下，学生的敬畏心理也会被信任感和亲切感所替代。教师首先要对学生进行品格的熏陶和行为的教育，然后才是专业知识的讲授和技能的训练，礼仪就是将这两者连接在一起的桥梁和纽带。学生只有在理解教师、尊重教师、信任教师时，才会对教师敞开心灵的大门，愿意接受教导，接受教师所倡导的价值观念、道德标准，进而将其转化成自己成长、发展需要的内在信念和品格意志，并用以指导自己的行为。

良好的教师礼仪修养对于个人来说是文明和教养的表现，对于人类来说是发展与进步的标志。对当代教师而言，社会交往与工作、生活已融为一体，礼仪与学识、才能同等重要。因此，一名合格的教师，不仅要有高尚的品德修养、广博的知识经验、现代化的教育能力和健康的身心，还要具备全面的礼仪修养，做到既“知书”又“达礼”，成为内外兼修的新时代教育工作者。

三、教师的礼仪与修养

时间可以改变一个人的容颜，但它却抹不掉经过岁月积淀所焕发出来的淡定和从容，而这份淡定和从容就是一个人历尽沧桑岁月的洗礼而成就的修养和内涵。教师担负着培育优秀人才、传播文化知识、促进精神文明的重任。教师自身的修养如何，不仅影响着一代人的素质，也关系国家的前途和民族的未来。因此，教师的礼仪修养在教师职业道德活动中显得非常重要，这种重要性主要体现在师德修养上，即教师的思想政治素质和职业道德、从教所必须遵循的道德规范。修养之于教师而言，是内心的博爱与忍让，是为师的自信与谦恭，是情感的丰盈与独立，是不苛刻地审度万物，更是懂得得失之间慧心的平衡与选择；正如秋天弥漫的稻香、地窖陈酿的美酒一样，是由内而外散发的芬芳。

修养是文化、智慧、善良和知识所表现出来的一种美德，是崇高人生的一种内在力量，也是一个人综合能力与素质的体现。对于广大教师而言，师德修养的意义是不言而喻的。那么，教师的修养到底包含哪些内容呢？教师的礼仪和修养之间又有什么关系呢？

在职业形象越来越重要的今天，教师礼仪不只是一般的礼貌教育，而是一种职业修养和职业素质的教育，一种道德修养的教育，一种道德境界的教育。

（一）教师修养的内涵

教师修养的内涵十分丰富，归纳起来主要有三个方面，即思想修养、文化修养和审美修养。

1. 思想修养

教师可以没有华丽的外表，但不可以没有思想和智慧，思想和智慧是教师的灵魂，是做好教育教学工作的前提和根本。深厚的思想修养体现在以下三个方面：

（1）高尚的道德情操。

为增强广大教师的职业荣誉感、历史使命感和社会责任感，根据中央有关精神和各地实践探索，教育部在开展专题调查研究、广泛听取建议、反复斟酌修改的基础上，于2016年制定了《人民教师誓词（征求意见稿）》，并面向社会公开征求意见。誓词内容是：我志愿成为一名人民教师，忠诚党的教育事业，遵守教育法律法规，履行教书育人职责，引领学生健康成长，做到有理想信念、有道德情操、有扎实学识、有仁爱之心，为教育发展、国家繁荣和民族振兴努力奋斗！“有道德情操”是人民教师誓词的内容。试想，一个无德的教师怎么可能教出有德的学生？

（2）积极的进取精神。

人类历史的车轮不停向前驶进，社会瞬息万变，处处充满竞争，我们稍有松懈就会被时代所淘汰，这就需要时刻保持一颗积极进取的心。积极进取不仅是一种人生态度，更是一种做事方式。它能及时修正每个人对自我的认识，正确对待周边环境，从而在人生道路上走得更自信。

在动物界有这样一件有意思的事情：在美丽的非洲大草原上，生活着羚羊和狮子。羚羊每天一早醒来，就在思考如何跑得更快一些，才能不被狮子吃掉；同样，狮子每天一早醒来，也在思考如何能比跑得最慢的羚羊更快一些，才不会饿死。羚羊和狮子的故事告诉我们，工作、生活就是这样，不论你是羚羊还是狮子，每当太阳升起的时候，就要毫不迟疑地迎着朝阳向前奔跑！

教育工作者要时刻给自己设定目标，一个时期的目标，一个阶段的目标，一个年度的目标。只有把目标设定得直接、具体，凭借着不断进取的努力和毅力，才会收获成功，才会让学生受到你的影响，成为一个富有开拓进取精神的人。

（3）乐观的人生态度。

众多成功者不一定都拥有像爱因斯坦那样超常的智商，大多也没有特殊的机遇和优越的条件，可他们都是乐观向上、奋起前行的人。

卡耐基的办公室和家里的镜子上都悬挂着一块牌子，上面写着：有信仰就年轻，疑惑就年老；有自信就年轻，畏惧就年老；有希望就年轻，绝望就年老。岁月只可使你皮肤起皱，而失去热忱就丢掉了灵魂。这几句话正是对热忱、对乐观的最好诠释。一个乐观的教师，会认为自己的工作是一份神圣的天职，并怀着浓厚的兴趣；一个乐观的教师，总会去发现生活中的亮点，发现学生身上的优点，寻找到快乐的源泉。所以，乐观的人生态度能够鼓舞和激励一个教师对工作采取积极主动的行动。不仅如此，教师的乐观还可以感染每一个学生，让他们被这种特质所吸引，并成为在困难和挫折面前永不退缩、勇往直前的人。

2. 文化修养

俗话说：知识改变命运。古往今来，凡立于事业巅峰的人，都必定具有渊博的知识，是知识为他们搭设了成功的阶梯。教师本来就是知识分子，是有知识的人。但知识不等同文化，所以，常听人说："这个人有知识，却没文化!"那文化修养到底包含哪些内涵呢?

(1) 渊博的人文知识。

人文知识，即文、史、哲、艺术等方面的科学知识，它能提高教师的修养，提升教师的气质，锻造教师的品格。提高教师人文素质关键在于加强以下三个方面的学习：

首先，要了解源远流长的民族精神。中国五千年的历史文化浩如烟海，中国人用自己的勤劳和智慧，缔造了强汉盛唐、康乾盛世等辉煌的过去，引领世界风骚数百年。有"先天下之忧而忧，后天下之乐而乐"的范仲淹，有"精忠报国"的岳飞，有"苟利国家生死以，岂因祸福避趋之"的林则徐，有以"警世救国"自我鞭策、三易其志的鲁迅，也有"为中华之崛起而读书"的周恩来。从孙中山到陈独秀，从林觉民到秋瑾，从李大钊到毛泽东，他们无不为了中华的崛起，为了振兴华夏而发愤图强，这凝聚了以爱国主义为核心的伟大民族精神，这些气节和德行，都是中华民族精神的瑰宝，我们必须世代传承，传承的重任很大程度上必须由教师来承担！所以教师在传播专业知识的同时，更要引导学生了解源远流长的民族精神。

其次，要领会公民基本的职责义务。人民教师作为社会的精英，要有社会责任感、使命感，要树立正确的法制观念和社会公德意识。既要依法行使法律赋予的权利，也要履行法律赋予的义务，形成正确的公民意识，在享有个人所拥有的权利时，不忘尊重和承认他人的合法权益，不忘履行对国家、对社会、对他人的义务和责任，更不忘塑造祖国未来的历史使命。

最后，要强化集体主义观念。中国的传统文化是以"和"为贵，在个人与集体、个人与家庭、个人与个人的关系处理方面留下了丰富的经验，这些经验对处理人与社会的关系、人与人之间的关系都有很大的启迪。"一个篱笆三个桩，一个好汉三个帮"，作为一个人民教师，必须具有团结协作的精神，必须具有集体主义观念，融洽各种关系，为学生，尤其是当下身为独生子女的学生做出榜样，为构建和谐社会而努力。

(2) 扎实的专业知识。

习近平总书记于 2014 年 9 月 9 日在与北京师范大学师生代表座谈时发表了题为《做党和人民满意的好老师》的讲话，其中说到"做好老师，要有扎实学识。老师自古就被称为'智者'。俗话说，前人强不如后人强，家庭如此，国家、民族更是如此。只有我们的孩子们学好知识了、学好本领了、懂得更多了，他们才能更强，我们的国家、民族才能更强。扎实的知识功底、过硬的教学能力、勤勉的教学态度、科学的教学方法是老师的基本素质，其中知识是根本基础。学生往往可以原谅老师严厉刻板，但不能原谅老师学识浅薄。‘水之积也不厚，则其负大舟也无力。’知识储备不足、视野不够，教学中必然捉襟见肘，更谈不上游刃有余。国外有教育家说过：‘为了使学生获得一点知识的亮光，教师应吸进整个光的海洋。’在信息时代做好老师，自己所知道的必须大大超过要教给学生的范围，不仅要有胜任教学的专业知识，还要有广博的通用知识和宽阔的胸怀视野。好老师还应该是智慧型的老师，具备学习、处世、生活、育人的智慧，既授人以鱼，又授人以渔，能够在各个方面给学生以帮助和指导。”

习近平总书记的这一段话，给每位教师指明了努力的方向。

（3）务实的科学精神。

科学是一种文化，更是一种精神，它的核心就是四个字：求真务实。改革开放的总设计师邓小平曾说过：“空谈误国，实干兴邦”，正是他务实的科学态度，才让国民经济快速发展，人民生活水平迅速提高。但总有些人，以科学的名义做着有悖于科学的事情，以科学的名义阻碍着经济社会的持续稳定发展，比如某院士论文抄袭，某学者学术造假，某种伪科学盛行，某大学生只顾赚钱、不顾学业等，都折射出了当代人科学道德、科学素养的缺失。

居里夫人一生不求名不求利，凭借着自己对科学的执着和热爱，克服种种困难，呕心沥血，终于在 1898 年 12 月发现了镭，最终问鼎科学界的最高奖项——诺贝尔奖，她的科研成果也成了全人类共同的财富。她曾说：“人类看不见的世界，并不是空想的幻影，而是被科学的光辉照射的实际存在。尊贵的是科学的力量。”她一生所信奉的最高原则就是对任何困难都绝不屈服，正是这种对待科学务实求真的态度，让她成为一位没有被盛名所累的令人敬佩的科学家。

3. 审美修养

人类已迈进了现代文明的门槛，现代物质文明为人类创造了比以往任何时代都绚丽繁荣的物质成果。现代精神文明要求人们追求内心的真、善、美，还要具有较高的法律意识、公民道德、行为操守，而其中较为重要的是还需具备较高的审美修养。一个国家或民族如果缺乏对美的追求，那么这个国家或民族不可能创造出灿烂的物质文明和精神文明，甚至还会被时代的潮流所湮灭。教师是美的传播者、美的创造者，所以更应该具有较其他职业更高的审美修养。培养教师的审美修养可以从以下三个方面着手：

（1）增强审美意识。

任何的审美活动都离不开审美对象和审美主体，在具体的审美活动中，个体审美素养的高低决定了审美活动的成功与否。在审美素养的培育中，最重要的层面就是审美意识的培养，这种意识就是一种认识，认识的高度决定行动，最终决定事情的结果。俗话说：“世上本不缺乏美的事物，而是缺少发现美的眼睛。”

审美意识是审美活动进行之初所必备的一种心理状态，它要求教师能将自己从现实生活中抽离出来，保持一种超然物外的态度。从前有位秀才跟一位农夫同时进城，天色渐渐暗了下来，明月升上了天空。秀才看到这美丽的明月情不自禁地吟诵出王维的诗句：“独坐幽篁里，弹琴复长啸。深林人不知，明月来相照。”接着对农夫说：“你瞧今夜的月色多美啊!"农夫急着进城卖东西，天黑了，眼看卖不成东西了，只有等到明天才能卖了，根本没心思赏月，便叹息道："月亮有啥美的，不就跟我卖的烧饼一个模样吗?"这实际上是在同一审美客体上各人持有不同的审美观点，因而也产生了不同的审美效果。

在日常生活中，人们往往带着功利性的目的处理各种实际的事务，考虑成败得失，因而看待事物难以从实用功利性的角度转到审美的角度上。故事中的秀才对月亮是站在审美的角度上做出了充满诗情画意的评价和描述，而农夫则是采取实用功利的态度去审视，因此难以进入审美的境界，这就是缺乏审美意识的表现。

要提高审美意识，就不能去对对象进行实用功利的计较，也不能对对象进行科学抽象的分析，而应该对对象采取一种"观照"的态度，直接从对象的感情特征中细细品味同人生的自然相联系的某种情调、韵味、精神和境界。如李白望月时体味到个人在外漂泊的孤独和冷落，于是创作"床前明月光，疑是地上霜。举头望明月，低头思故乡"流传千古的诗篇；曹雪芹在《红楼梦》中"两弯似蹙非蹙罥烟眉，一双似喜非喜含情目"，将林黛玉初进荣国府那种微带轻愁，多情又道不明的美丽描写得惟妙惟肖，给人一种美的享受。教师具有较高的文化素养，也应该有较为独到的眼光，如果抱着一种积极乐观的心态，细心去发现生活中的美，发现学生的美，增强审美意识，就会发现自己的身边处处都是美。

(2) 把握审美标准。

有了强烈的审美意识，还必须掌握审美标准，才能真正达到美化个人形象和言行举止的目的。人们在审美的过程中往往会出现"仁者见仁，智者见智""深者见深，浅者见浅"的现象，这个"仁""智""深""浅"又是通过什么标准来衡量和评价的呢？其实，这种现象的产生都是基于各人自己的生活基础和心理背景，每个人的心里都有衡量、评价对象审美价值的尺度，它是人们在长期的审美实践中形成、发展，又受一定社会历史条件、文化心理结构和特定对象审美特质所制约的，既有主观性和相对性，也有客观性和普遍性。

审美具有一定的道德标准。道德修养是制约审美的主导因素，没有较高的道德修养就不会有较高的审美素养。俄国大文豪契诃夫的两位哥哥，都从事艺术创作，一位叫亚历山大，是颇有才华的作家；另一位叫尼古拉，是画家。然而他的这两位哥哥的道德修养都较差，亚历山大对待自家的用人甚至是妻儿都非常粗暴专横，不讲礼貌，任性妄为。而尼古拉则是工作懒散，生活放荡不羁，成天酗酒。正是由于他们的道德修养差，没有崇高的理想，没有明确的生活态度，道德观念薄弱，思想空虚，所以审美修养也不高，结果亚历山大越来越堕落，碌碌无为地虚度一生，没有留下任何有价值的作品。而尼古拉的结局更令人痛心，他尽画些庸俗、一文不值的东西，把才华都湮没在酒精里，31 岁就英年早逝。相反，由于契诃夫拥有较高的道德素养，热爱祖国，同情人民，对社会和公益事业具有强烈的责任心，对朋友、家庭都有爱心，所以他能分辨善恶美丑、是非曲直，在他的作品中能明显地辨别美与丑，符合大众的审美观，所以才会有那么多的艺术珍品流传至今。

审美具有一定的文化标准。审美不仅需要高尚的道德修养，还需要具备一定的文化素养。审美活动可以说是一种受制于文化意识的心理活动，因为它必然包含着一个"刺激—反应"的过程，即外在的事物通过人的感官，刺激人的大脑皮层，人的大脑做出一定的反应，而反应的结果必然受文化意识的影响和制约。

我国著名的科学家钱伟长曾举过这样一个例子：洛阳有位工程师，在指挥施工过程中遇到了古墓，为了节省工时，他未等文物部门做完清理工作就强行实施爆破。这轰隆一下便把三层古墓瞬间化为了平地，相比所节省的工程开支，所损失的文物价值简直无法估计。这位工程师尽管是建筑领域的行家，可他还是缺乏真正的审美修养。就如著名的教育家苏霍姆林斯基所说："在受过高等教育甚至获得学位的人中，也还有愚昧无知、没有修养的人"。培养一个教师容易，但是要培养一个具有较高审美修养的教师却很难。

(3) 提高审美能力。

对于一个人来说，审美能力不是先天就有的，而是在后天的生活、学习、审美实践过程中逐步培养发展起来的。审美能力的提高是需通过知识的积累和不断的实践才能实现的，那么，如何提高审美能力呢?

首先，要加强对美学知识的学习，增强审美知识储备，明确什么是美，为什么要审美，这样才能为审美能力的提高奠定基础。

其次，要树立正确的审美态度，它是一个人在进行审美活动时所秉持的观点和看法，因此这就要求我们要摆脱庸俗的功利心，用眼睛、用心去观察周围的世界，这样，才不至于偏离人生的方向，看到的才是真实的世界。

再次，要坚持用真诚、诚实、善良的心态去审美，因为审美活动本身就是一种情感的体验，这就要求我们要怀着一颗敬畏的心，秉持谦逊的态度和自信的目光去看待周围缤纷的世界，看待社会现象中的真善美和假恶丑。

最后，要注重提高自身的道德和文化修养，美丽不仅反映在外表，也体现在心灵和情感的升华上，这就要求自己平时多加强对艺术作品的欣赏，如书法、舞蹈、戏剧等，逐步积累审美经验，善于观察生活，在点点滴滴中逐步提升。还要时刻保持健康向上的心态和整洁的外表，在追求高雅格调的同时，不断完善自我。

(二) 教师礼仪与修养的关系

礼仪是对礼貌、礼节和仪式的统称，是一个人、一个民族、一个国家文化修养和道德修养的外在表现形式。现代社会，虽然一个国家、一个民族的综合实力所包含的内容十分宽泛，但在评价一个国家、一个民族时，通常是从这个国家、这个民族人们的言行举止、文明习惯所体现的公民素质与精神面貌入手的。因为，从国家和民族的角度而言，礼仪是一个国家、一个民族社会风貌、道德水准、文明程度、公民素质的重要标志。从个体的角度而言，礼仪是一个人思想觉悟、道德修养、精神面貌和文化教养的综合反映，是一个人在工作及交际活动中仪容、仪表、仪态、举止、言谈等所体现出来的特定的风格，是一种外在形象和风度。就教师这个特殊群体而言，教师的礼仪更是一个民族、一个国家文化与道德修养的希望所在、前途所在。

修养是一种气质，是一个人的内涵由内而外的体现。气质，是心理学范畴的概念，是人的心理活动中典型的、稳定的个体动力特征，它不是短时间能提高的，需要长年累月的积累。修，可以理解为修炼内心；养，就是培养自己多方面的能力。

所以，教师的修养美应该表现为一种精神美、内在美、气质美；教师的礼仪美应该表现为一种韵致美、外在美、风度美。教师的修养美需要健康的心理品质和丰富的知识根基；教师的礼仪美需要良好的外表训练和得体的言行举止。教师的魅力体现在修养上，而修养通常来自细节。透过一个教师在社会生活中所展示的礼仪规范，可以察知其修养程度和道德水准，彰显这位教师的品位和价值。具有良好个人修养的教师，往往在学生眼里是最具个性和人格魅力的人，因为他一定会呈现出从容淡定、优雅得体的外在形象，所谓“腹有诗书气自华”“慧中才能秀外”就是这个道理。

四、提升教师礼仪修养的基本途径

1. 严格教师准入，提升教师整体素质

原教育部部长袁贵仁说，要严格实施教师准入制度，严把政治关、业务关、师德关，各级教育行政部门应严把教师素质的质量关，强化教师的职业规范性，实行扶优治劣。应根据教师职业道德要求，制定比较切合实际且操作性较强的教师行为规范，把礼仪作为重要内容列入其中，并将其制度化，引导教师自觉地从大处着眼、小处着手，以礼仪的准则规范自己的言谈举止，保证教师队伍的基本素质符合要求。作为“人类灵魂的工程师”，不是所有的人都配得上这个称号，也不是光有扎实的专业知识就可以。所以要在选聘教师时就从源头把关，严格考核、准入制度，让真正德艺双馨的人从事教师工作。

2. 强化师德建设，营造良好礼仪环境

民族振兴，教育是根本；教育发展，教师是关键；教师素质，师德最重要。学校每位教职员工都应当争做师德表率，为人师表，注重礼仪礼节，以给学生树立榜样。校园建设要充满人文色彩和绿色理念，使校园自然环境清洁优美，人文环境令人自律，各种文明规范随处可见。让礼仪如空气一般无处不在，让师生在其中耳濡目染，得到美的熏陶和滋养，以营造人人学礼仪、处处讲礼仪的校园氛围。

3. 注重素养提升，塑造特有人格魅力

礼仪是一种既具有内在的道德要求，也具有外在表现形式的行为规范。没有内在的文化修养、道德品质、精神气质和思想境界等，外在的形式就失去了根基。一个人无论从事任何专业，做任何工作，无一例外要具有良好的个人形象和修养。因此，每一个正在从事或将要从事教师职业的人应该真正懂得，教师礼仪修养不仅是教师自尊自律的基本要求，影响着教师本身的事业发展，还关系受教育者的健康成长，关系国家和民族的文明程度，从而促使教育工作者把礼仪学习变成自觉行为，内化于心，外化于行，最终成为自然流露，体现出一种良好的个人修养，增强自身的人格魅力。同时，学校还应进行教师职业礼仪的学习和培训，开设礼仪教育的培训班，进行实践性礼仪训练。礼仪教育不仅仅要在课堂上进行，还要在各项活动中渗透贯穿。

对于教师个人而言，还应从以下几个方面提升自身素养：

1. 加强道德修养

（1）遵守公德。

当前我国的道德体系主要包括社会公德、职业道德和家庭美德。这三者中的社会公德，是维护公共秩序的基本手段，也是整个社会道德体系中的基础层次。作为教师，应该要以“爱国守法、爱岗敬业、关爱学生、教书育人、为人师表、终身学习”为主要内容，遵守和维护社会公共道德。

（2）遵时守信。

随着现代生活节奏的加快和生活内涵的多样化，人们的时间观念越来越强。参加各种活动要守时，留给对方的第一印象往往来自一个人的时间观念，准时是尊重别人最直接的表现。一个人的承诺能否兑现也是在人际交往过程中最直接影响自身形象的主要内容。假如一名教师上课都迟到，答应学生的事情又食言，又能如何要求学生做到遵时守信呢？

（3）真诚友善。

待人宽厚友善，对学生多一点爱心，关心弱势群体，这应该是作为社会人的共同责任。每个人都是生活在社会这个大集体中，每个人都应在日常生活中加强自身的修养，从每一个微笑开始，并时时注意审视自己是否真诚友善。

（4）谦虚随和。

满招损，谦受益。谦虚是中华民族的优良传统美德，谦虚的人总是受人欢迎，社交场合上任何自傲情绪的流露都会成为通向成功的障碍。教师的谦虚随和更能让学生放松心态，视教师为朋友，平等交流，教学相长。

（5）理解宽容。

待人厚道既是中华民族的传统美德，也是我们为人处世的准则。在人际交往过程中，人与人之间发生误解摩擦是在所难免的，我们应尽量让自己做到真正的宽容，这是一种积极的生活态度和高品位的道德观念。

2. 提升文化素养

阅读科学性强的书籍以做到言之有理，阅读有一定社会历史内涵的文章以实现语言的思想性，博览各类书籍以增强知识的涉及范围和趣味性，注意修炼精妙的词句以实现言之有神，钻研业务类的书籍以做到授之以渔。总之，教师的教育教学活动最终都是以语言作为载体完成的，因而教师要努力提高自身的文化修养水平以做到言之有理，言之有物。

3. 在实践中成长

一个人的魅力体现在修养上，而修养通常来自细节。行为养成习惯，习惯形成品质，品质决定魅力，细节影响成败。从点滴做起，从细微处着手，识大体，拘小节，从自己的一言一行开始，努力提高个人综合素质，就一定可以成为有修养、有品位、有风度、有气质，受学生尊敬爱戴的优秀教师。

第一章 教师的形象礼仪

形象，是个人容貌、表情、衣着、仪态等给人留下的总体印象，是与人打交道的“第一张名片”。被誉为人类灵魂工程师的教师承担着教育的重任，所有的言语与行为都具有很强的示范性。所以教师一定要懂得言传身教的力量与意义，要从仪容、仪表、仪态这些方面严格要求自己，从而在教书育人的岗位上更好地表现出应有的气质与风度，以展示人民教师的良好形象。

第一节 教师的仪容礼仪

仪容，通常是指人的外观、外貌，其中重点是指人的容貌。它是由发型、面容以及人体所未被服饰遮掩的肌肤（如手部、颈部）等内容构成。俗话说，三分长相，七分打扮。无论是服装、首饰，还是发型、妆容，任何一方面的疏忽都有可能会影响整体形象。

英国有一句谚语“你永远没有第二次机会给人留下第一印象”。人民教师更要懂得“质于内而形于外”的道理，端庄大方的形象不仅体现了教师高层次的文化修养、气质、内涵以及品位格调，还体现了教师对学生以及其他交往对象的尊重与重视。教师的仪容礼仪应包括发型发式、面部妆容和皮肤护理这三部分内容。

一、教师仪容的基本要求

教师的仪容是教师风范最直接的体现，特别是在中小学校园，学生更善于模仿，教师的仪容将对学生的审美产生重要的影响。进入高等教育阶段，大学生已基本形成了自己的审美，对于教师的发型、面部妆容以及状态会有自己的判断，由此影响对课堂教学的兴趣。因此，各个阶段的教师都应该注重自身形象，这就对教师的仪容提出了职业的基本要求。

1. 讲究卫生

讲究卫生，保持清洁是仪容美的基本要求，包括面部清洁、口腔清洁、须发清洁、手部清洁、体味清洁等。教师仪容礼仪包括清洁与化妆两个部分，所以清洁是仪容美的关键和前提，讲究卫生并形成良好的习惯是最起码的要求。坚持早晚洗脸，洗脸时注意眼角分泌物；男教师不留胡须，坚持每天剃一次，鼻毛不外现；进课堂前不要吃大蒜等有异味的食物，保持口气的清新，牙齿上不要有残留的食物；常洗手，不刻意蓄留长指甲，保持指甲缝干净；等等。

2. 修饰得当

教师的角色很特别，其形象具有公众性、示范性、榜样性、教育性。修饰得当的仪容，看上去精神焕发、神采飞扬，具有自信与敬人的双重功效。修饰不当的仪容，看上去萎靡不振、无精打采，不仅容易使人丧失自信，更易失敬于人，还极易削弱教育的作用，甚至导致教育活动的失败。因此，每一位教师都应当注意自己仪容的修饰，做到自然美观，又有品位，给学生以温文尔雅、亲切端庄的印象。

3. 配合教学

在大家的印象中，为人师表的老师就应该最质朴，无须修饰。实际上，教师的形象也可以来一些花样和创意，尤其是幼儿园教师和小学教师，可以在适当的课程中借助发型与妆容来提升自己的课堂效果。幼儿园老师教学内容比较简单、俏皮，如果是女老师，这个时候可以根据课程内容扎麻花辫或者高的马尾辫，讲故事时更是可以根据故事中的情节和角色来一些有趣的造型；体育老师在教学时可以扎运动辫，短发尤其显得干练，切不可将头发散开。

二、教师的发型发式

俗话说“一头映半身”，而发型位于人体的“制高点”，对一个人的仪容有着重要的影响。由于人们习惯“从头打量”，所以发型更容易先入为主，抓人眼球。得体的发型发式能凸显个人的魅力和气质，让人感觉容光焕发，充满阳光和朝气。合适的发型对教师而言不仅有美化的作用，而且会显得精气神十足，可以吸引学生的注意力。因此，教师发型发式的选择是非常重要的。

首先，要勤梳洗，保持头发的干净整洁，尤其要做到肩、背无落下的头皮屑，使头发散发自然光泽。究竟洗多勤为宜则要结合个人的发质而定，如果头发经常出油，那最好每天洗头发，保持清爽。如果发质比较干燥，过于频繁地清洗头发反而会损伤发质，一般以两至三天清洗一次为宜。勤梳洗也要结合天气和季节，如果是在炎热的夏季，建议每天清洁头发，如果是在寒冷的冬季，每周两到三次清洗即可。

洗发时水不要太热，以免烫伤毛囊，水温以40℃为宜。要根据自己的需要选择洗发剂，清爽去屑、营养焗油、柔顺秀发、强韧发根等，要使洗发剂适合自己的发质。头发清洗过后，最好用吹风机略微吹一下，避免寒从头入，但是也不要吹得过干，以免损伤发质。

其次，要常打理。如果是短发，要定期修剪，保持良好的发型。男教师的发型要做到“三不”，即“前不覆额，侧不掩耳，后不及领”，前面的头发不能遮盖住额头，侧面的头发不要掩盖住耳朵，后面的头发不能压住衣领。根据头发的生长规律，一个月修剪一次头发是正常的。

女教师的发型式样较男教师的短发式样更多样化，更不能忽略了对头发的打理。选择短发会使女教师显得更干练、更职业化；如果选择留长发，在课堂上不可披散着头发，应尽量扎起来，所谓“头可断，头发不能乱”，可见头发定型的重要。

教师发型的选择首先要符合典雅、大方、简洁的原则，可以根据头发的发质，个体的脸型、体型、年龄、心情、服饰，甚至所教授的专业、讲授的课程等因素选择不同的发型，这样才能找到最合适最大方的形象。

教师在选择发型时首先要考虑的当然是脸型，不同的脸型所选择的发型会有很大的差异，要力求脸型与发型完美结合。下面具体分析几种脸型的发型选择。

1. 圆形脸适合的发型（见图 1－1－1）

圆形脸的特征是头额窄、下巴短、五官紧凑匀称。这种脸形的女教师可以考虑把刘海向上梳，做个小花样别在头顶以达到拔高头额的效果，脸部两侧的头发可拉长或拉低一些，较长的发型会让脸部看起来比较修长，过多或太蓬松的头发会使脸部看起来更圆。

图 1－1－1

2. 国字脸适合的发型（见图 1－1－2）

国字脸的特征为方额头、方下巴、脸较宽。这类脸形应当用塑造成圆形来缓和方的特征，可采用将头顶部位的头发稍微提高，上额两侧与下额两侧较为拉低的发型。

图 1－1－2

3. 长形脸适合的发型（见图 1-1-3）

长形脸的特征是面长、额宽，脸颌骨横直，颌线起棱角，颊线直，鼻子显长。这种脸形可塑造成头发蓬松的发式，采用头顶部位的头发不要太蓬松、脸部两侧较蓬松的发型。这种脸形的女教师一定要挑选长度适中的发型，过短或过长都不是很合适。薄刘海会比一整片厚刘海更漂亮，两侧头发的层次与蓬松感会中和长形脸的线条，从而得到很好的修饰效果。

图 1-1-3

4. 三角形脸适合的发型（见图 1-1-4）

三角形脸的特征是额头窄小，两腮宽大，给人沉着大方和威严的感觉。这种脸形适合将额头的发型维持一定宽度，这样才不会凸显两颊的宽大线条。同时，可选择比较温柔的波浪卷发，长度以中长或及肩的长度为佳，太短就起不到遮掩和修饰两颊的作用了。

图 1-1-4

5. 锥子脸适合的发型（见图1-1-5）

锥子脸的特征是额头宽大饱满，下颌消瘦。这种脸形适合脸部两侧较蓬松、上额两侧较为服帖的发型。这种脸形的女教师最好选择齐肩的发型，让下颌处看起来有加宽的效果。

图1-1-5

由于教师这个职业的限制，上课时女教师头发应该前不遮眉、后不披肩。

男教师的发型相对而言要简单很多，但也应与脸型相配。下巴较方的男教师可以留适量的鬓发，长脸的男教师不宜留太短的头发。

对教师而言，发型的选择也可以考虑听课的对象和所讲授的课程而调整。幼儿教师的发型可以活泼些、俏皮些，艺术类专业教师的发型可时尚些、个性化些。总之，得体美化，庄重大方，合乎教师的职业形象即可，无须千篇一律。

三、教师的面部妆容

面部妆容主要包括面部护理与面部化妆两部分。仪容在很大程度上指的就是人的面部妆容，即面容。由此可见，面部妆容在仪容礼仪中有着举足轻重的作用。教师健康、整洁、得体、美观的面部妆容有助于树立职业形象，提升教师的人格魅力，进而帮助自身完成教育教学活动，使其更加受到学生们的喜爱与尊重。

（一）面部护理

1. 面部清洁

由于不同的季节人体肌肤呈现的状态不一样，比如秋冬季节皮肤常常比较干燥，夏季皮肤略显油腻，因此对肌肤进行清洁时要根据实际情况进行。当肌肤灰尘比较厚重甚至非常油腻之时，就要用清洁力较强的洁面产品进行深度清洗。而当脸部皮肤呈现出干燥脱皮现象之时则应选用温和的洁面产品进行清洁。

一天中清洁皮肤的次数以早晚各一次为宜，太多伤害皮肤，造成水分流失，太少清洁力度不够。早上，皮肤经过一夜的新陈代谢，产生油脂等分泌物，还有老化角质的脱落，这时如果不好好清洁面部的话极有可能造成毛孔堵塞、黑头等现象。晚上清洁皮肤更是重中之重，因为经过一整天，皮肤已经积存了较多垃圾和油污，用洗面乳可以将一天皮肤表皮和毛孔内的化妆品、护肤品清洗干净。

2. 眼部护理

眼睛是心灵的窗户，但是我们的眼睛长期裸露在外界环境下，是很脆弱很易老化的器官，因此，要注意用眼卫生，预防眼病，保持眼睛及眼周围健康。

人们为了矫正视力，保护眼睛或者追求时尚，常常会选择眼镜，教师群体戴眼镜者尤其多。那么，在配戴眼镜的时候，首先，要注意眼镜的质量、款式是否适合自己；其次，要保持眼镜的清洁，尤其是隐形眼镜，要经常清洗，注意不要被细菌感染，从而影响眼睛的健康。

眼部肌肤是全身最薄的，又很敏感，因此需要特别小心护理，不要拿面霜当眼霜涂，这很可能会引起敏感或油脂粒。

涂眼霜的正确方法是，用无名指取绿豆粒大小的眼霜，然后顺内眼角、上眼皮、眼尾、下眼皮做轻轻环形按摩，直到让肌肤完全吸收。无名指的手法相对较轻，眼部肌肤娇嫩经不起用力拉扯。

3. 唇部护理

唇部修饰首先应当注意口腔卫生，避免产生口臭等异味。从保健卫生的角度，教师每天应当刷三次牙，至少早晚各一次，这样才能有效保持牙齿的健康，消除口腔内的异物，减少口腔细菌的危害，为上课时或与学生交谈时，能够开口微笑，传授知识增添几分自信。

在平日里，还要多注意对嘴唇的保养和呵护，特别是在冬天或干燥的环境下，嘴唇很容易开裂、起皮，要经常使用润唇膏，时刻保持双唇的舒适和滋润，让形象更健康。

4. 鼻部护理

漂亮的鼻子，其鼻梁高俏挺拔，长度一般占整个面部长度的三分之一。修饰鼻部关键在于保养，防止鼻部周围生疮、起皮，甚至出现“黑头”，否则会特别影响美观。同时，鼻部要及时清理鼻垢，不能当别人的面打喷嚏，抠鼻孔，甚至弹鼻垢。要及时修剪鼻毛，防止鼻毛露出。

5. 脸部护理

脸部肌肤通常要经受风吹日晒，教师面对电脑的时间又较长，所以一定要每天擦乳液和面霜。油性肌肤最好选用质地清爽的乳液，干性肌肤则适合滋润的乳霜。涂抹额头的时候注意方向是由下向上，用中指和无名指指腹，以按压的手法抹在皮肤上。全脸只有涂抹鼻子的时候，方向要由上向下。

精华液是一种浓度更高、滋养力更强的护肤品，通常含有较多的活性分子，分子小，渗透力较强，有防衰老、抗皱、保湿、美白、去斑等功效。但由于精华液含有大量维生素、蛋白质，它们正是滋生细菌的温床，所以如果每天都使用精华液，会给肌肤造成负担，一般说来，每周使用2～3次精华液足矣，涂抹方法和乳液、面霜相同。

6. 耳部及颈部护理

耳部要及时清理耳垢，修剪耳毛，避免污垢感染外耳道。颈部容易成为人体显现年龄的部位，在进行眼睛、嘴唇、耳朵的修饰的同时，也要注重保持颈部的清洁，加强颈部锻炼和按摩，按摩颈部不仅可以帮助去除皱纹，还能使颈部皮肤光滑。

如果把我们的脸比作纸，那么化妆就好比在我们的脸上绘画，显然，绘出的图案是否精彩除了取决于绘画的技艺是否高超，还取决于纸张是否光滑、白皙。所以面部护理是面部化妆的基础，也就是我们常常讲到的“底子好不好”。很多人会忽略皮肤护理，这是完全错误的。

（二）面部化妆

教师的形象也是一种无形的教育力量。爱美之心人皆有之，虽不可以貌取人，但是较好的面容总是让人赏心悦目，给人留下好印象。在人们传统的观念里，教师总是素面朝天才显得平易近人。然而，随着时代的发展，现在的学生大都喜欢化点淡妆、精气神十足、时尚而又不失庄重的老师。

教师的面部化妆包括眼睛、眉毛、鼻子、嘴唇等面部器官的美化修饰。化妆要根据时间、地点、性别而定。由于教师职业的特殊性，所以化妆要讲究简约淡雅、协调一致，任何浓妆艳抹、矫揉造作，都是不适合教师身份的。

男教师可以不化妆，保持清爽整洁即可；女教师则应学会化妆，养成“不化妆不上讲台”的习惯。下面我们学习一些简单的女教师化妆的程序：

1. 基础护肤

所谓基础护肤，就是指化妆前先完成上面所提到的面部清洁和面部简单护理，这样就在皮肤与妆面之间形成了一层膜，可避免彩妆直接涂在皮肤上，从而起到保护皮肤的作用。

2. 涂粉底液

粉底液有隔离、防晒、均匀肤色的功效，要选择接近肤色的粉底液为基础底色，用化妆海绵蘸取少量粉底液由内向外，全脸均匀地拍擦，切忌来回涂抹。如果第一遍没有把肤色调匀，粉底液可以擦抹两遍，每遍宜薄不宜厚，脸部与颈部相连处要有过渡，避免出现边缘线，甚至很明显的脸部白皙、颈部黝黑的情形。

3. 扑粉

也称定妆粉，可以防止妆面脱落，抑制脸部出油。定妆粉分为散粉和湿粉，如果皮肤较干，建议选择湿粉，如果皮肤较油，则以散粉为宜。使用时，将粉扑均匀蘸取散粉，粉量以粉扑向下，粉不落下为宜，轻轻按压全脸，然后用大粉刷刷去多余散粉。如果使用湿粉，则用粉饼轻轻按压全脸即可。

4. 画眉毛

一个人眉毛的形状、颜色的浓淡对提升容貌发挥着十分重要的作用，合适的眉形与眼睛搭配，更显神采。画眉毛前一般要先修眉，刮除或剪除那些杂乱的眉毛，尽量不要拔眉，经常拔眉会导致眉毛周围皮肤松弛下垂。画眉毛时一定要画出形状，这需要结合个人不同的脸型及妆容而定。画眉时要注意两头淡，中间浓，上边浅，下边深，这样才能使眉毛显得有立体感。

精心细致修剪的眉毛能让整个脸部都显得清晰、匀称，给脸部画龙点睛的点缀，但它往往是大家容易忽略的地方。如果想要眉毛浓密一些，可以将生姜削成铅笔状涂抹眉毛，早晚各一次，这样可以促进眉毛的生长，这个方法经济实惠，但是需要坚持。男教师一般不需要修饰眉毛，当然如果眉毛看上去有明显的瑕疵，例如过淡、过稀疏或者不够有型等，也是可以通过一些方法略微修饰一下的。

一般认为，女教师的眉毛以纤细柳长为美，给人清秀柔和之感；男教师之眉，以浓紧为特征，象征刚强勇敢之气。

5. 涂眼影，画眼线

眼影的主要作用是加强面部的立体感，使五官分明，并且着重用眼部吸引人的注意。一般情况下不适合用颜色过分鲜艳的眼影，除非是在较为盛大的晚宴中。在涂眼影时还要注意突出层次，这样能强化眼部轮廓，最忌讳均匀地抹一片。

眼线的优势在于能从视觉上使眼睛“变大”，使眼睛更有神，富有光泽。画眼线时，要把它画得紧紧贴住眼睫毛根部。上眼线从内往外画，下眼线由外向内画，并且在距内眼角 1/3 处停笔。上下眼线不应当在外眼角处交合，所以，上眼线在外眼角处可适当稍稍上扬，而下眼线则不要紧紧贴着外眼角。这里要注意，女教师应该根据上课对象、上课地点的不同而选择合适的眼线画法，不宜过粗或过浓。

6. 上腮红

上腮红即在笑肌上涂抹适量的胭脂，它可以使面颊红润，面部轮廓更加立体，显示出健康与活力。上腮红时，要微笑，这样便于找对位置。用腮红刷蘸取少量腮红，在笑肌周围，高不及眼睛、低不过嘴角、长不到眼睛的 1/2 处，由内往外晕染。

7. 涂口红

涂口红一方面可以改变不理想的唇形，另一方面又可使双唇亮丽迷人。涂口红时要先用唇线笔描好唇线，确定好理想的唇形，唇线笔的颜色应略深于口红的颜色。涂口红时，应从两边往中间涂，注意涂抹均匀，不能超过用唇线笔画出的唇形。涂完口红之后要检查牙齿上是否粘有口红的痕迹。

8. 刷睫毛膏

刷睫毛膏是彩妆的最后一步，睫毛膏有加长和加密两种类型，要根据自己的需要选择适合自己的。刷睫毛膏时，将睫毛分成前后两段，从眼尾开始刷，以达到卷翘的效果。刷眼头睫毛时，用“Z”字形来回涂刷，能让睫毛根根分明。

要想按以上步骤化妆，不仅妆前的准备必不可少，化妆的时间也较长。如果时间很紧，也有简化的化妆步骤：洗脸—涂护理液—涂 BB 霜—描眉毛—上腮红—涂唇蜜，其实，女教师上课时的妆容有这几个步骤就足够了，以简单、美化、自然、庄重为准则。

小贴士：

(1) 过厚的底色，过于浓重的眼影、腮红和唇色会让人失去纯真与自然，也不太适合教师身份，因此年轻女教师的妆应以棕色、粉红色为主基调，虽是淡妆，也别具风格。

(2) 白天工作时间不宜化浓妆。

(3) 化妆要避开男士。有些女教师在办公室当着异性的面化妆，这种“满不在乎”的行为会给人轻浮之感。

(4) 不要借用别人的化妆品。

(5) 不要背后议论别人的妆容。

四、教师的皮肤护理

很多人觉得爱美是女人的天性，皮肤护理这样的事情对于男性来说根本没有必要，其实这种看法是片面的。男性受雄性激素的影响，皮脂腺较发达，皮肤纹理粗，角质层也较厚，大多数男性又是油性皮肤，因此，更需要清洁和调理。所以，女性男性都要注意皮肤的日常护理。教师若是既能教书育人又可以让学生“赏心悦目”，将会事半功倍。

皮肤包括表皮、真皮和皮下组织。健美的皮肤是有一定的标准的，例如，皮肤是否湿润，一般水分重是皮肤总重量的70%；皮肤是否有弹性，明显的标志是光滑，不皱缩、不粗糙；皮肤是否健康、有光泽；等等。

北方地区较南方地区气候干燥，风沙又大，皮肤的湿润度较低，所以北方的教师更要注意皮肤的日常护理与保养。

1. 保持乐观开朗的情绪

笑一笑，十年少，笑是最好的“美容剂”。人笑的时候，面部肌肉在运动，能使皮肤保持健美的状态。教育教学工作压力大，责任重，劳心费神，尤其面对一些有个性的学生时常有力不从心之感，心情很沮丧，此时应该调整好心情，平和心态，换一个角度来思考问题。或者干脆把问题搁下，外出看场电影，约朋友喝喝茶，解放一下自己，反正太阳明早一定会照常升起。开心是一天，不开心也是一天，何必跟自己过不去？好心情才会有高效率。

2. 养成良好的睡眠习惯

睡眠习惯直接影响着人的皮肤是否健美。人一个晚上不睡觉，一百天都补不回来。经常晚睡或熬夜的人会有很多皮肤问题，例如，黑眼圈加重，色斑增多，皮肤暗黄发黑没有光泽等，所以，要养成晚上11点之前睡觉，中午小睡30分钟至1个小时的睡眠习惯，保证每天都有八小时以上充足的睡眠，每天才会有好的精神状态。很多教师都喜欢熬夜，当然，有的实在是教学任务、科研任务太重，不得不熬夜，那就要尽量提高白天的工作效率，或放弃一些东西。没有好的睡眠习惯、睡眠质量，就不会有好状态、好精神，也就谈不上好皮肤好形象。

3. 养成多喝水的好习惯

人和其他动物一样，体内含有大量的水分，一个成年人体内的含水量约占人体体重的65%左右。喝水不仅可以满足正常的生理需要，而且有助于排毒，促进皮肤新陈代谢。做教师的我就总是会随身带一个仅200毫升的小保温杯，反正每到一个地方又可以加水，小物品，还真是有大作用。

4. 注意合理的饮食结构

合理摄取维生素，可以使皮肤获得自然健康的美。摄取维生素最适合的方法是食补，胡萝卜、番茄、柑橘、橙子及动物的肝脏含有丰富的维生素A，可润滑皮肤，防止皮肤粗糙干燥；牛奶、鸡蛋、瘦肉、豆类、谷物、菠菜、油菜及海产品中的贝类含有可以消除色素斑、展平皱纹、保持皮肤光滑的维生素B；维生素C可以消除皮肤上的斑点，起到美白效果，柠檬、苹果、草莓及绿色蔬菜都富含维生素C；维生素D可以增强皮肤的抵抗力，含维生素D较多的食品有鱼类、蛋黄、花生及鱼肝油等；黄豆、木耳、花生、蜂王浆、卷心菜、甲鱼及萝卜等含有可以促进人体荷尔蒙分泌，增强肌肉细胞的活力，避免早衰、容颜憔悴的维生素E。教师们可以根据自身的需要合理搭配饮食，既可以强身健体，又可以达到食物美容的效果。

5. *注意防范紫外线等的照射*

皮肤在强紫外线照射下，皮下的纤维组织会断裂，使得皮肤粗糙、变暗，所以要避免长时间在强光下暴晒。有人认为只有夏天才需要防晒，这是错误的认识。其实，只要有光，就会有紫外线，只是夏天太阳光最强，紫外线最厉害。所以，一年四季都应该防晒，最好在出门前半小时就涂好防晒霜，这样皮肤会有一些时间吸收，防晒效果更好。另外，教师常常长时间面对电脑，如果不注意防辐射，用完电脑后不及时清洗面部，久而久之皮肤也会长斑变暗。

第二节　教师的仪表礼仪

被誉为美国现代成人教育之父、美国著名的人际关系大师戴尔·卡耐基说过，良好的仪表犹如一首优美的乐曲，它不仅能够给自己提供自信，也能给别人带来审美愉悦；既符合自己的心意，又能左右别人的感觉，使你办起事来信心十足，一路绿灯。若是每个学生看到老师都有如沐春风、聆听乐曲的快乐感觉，教学质量一定会有很大程度的提升，教师本身的工作也会轻松很多。

什么是仪表？从广义来讲，我们说到某人的仪表，是指这个人外在的容貌、表情、举止、服饰等给人的总体印象。这里讲的仪表礼仪更多的指着装与饰物礼仪。

一、教师着装礼仪

在西方，有人对人的形象设计进行过专项调查，发现76%的人根据外表判断人，60%的人认为外表和服装反映了一个人的社会地位。莎士比亚也曾说：“一个人的着装打扮就是他教养、品位、地位的最真实的写照。”教师的着装礼仪是指教师在从事教育教学活动时所必须遵守的服饰礼仪规范。它体现着教师的文化修养和审美情趣，是身份、气质、内在素质的标志。教师是孩子的榜样，着装礼仪这样的“细节”是不可忽视的，正所谓“为人师表”“言传身教”，但是“细节”的注重也要遵循一定的原则。

（一）着装原则

1. *“TPO”原则*

“TPO”原则是国际上公认的着装原则，它是英文 time（时间）、place（地点）、object（目的）三个单词的首字母缩写。

“time”指着装随时间的变化而变化。四季更迭，气候变化，服装的款式与质地也应发生变化，夏季应轻松凉爽，春秋应注意防风，冬季应保暖舒适。冬季的着装切不可只追求风度而忘记了温度，追求时尚要在身体健康的前提下。教师的服装尤其要适应时代的变化，太超前与太滞后都是不合适的。

“place”指着装随地点的变化而变化。在校园中、在课堂上、在运动场、外出家访、郊游，衣着的选择都应有所不同。你不能穿着拖鞋去上课，也不能穿着运动服去家访。所以教师置身不同的环境时就应该有不同的服饰穿戴。

“object”是指着装随目的不同而不同。主要从两方面考虑：一是做事的目的，是想教学还是家访？是带领学生完成文化课还是体育课？二是想要给他人留下什么印象，活泼开朗还是严肃稳重，抑或知性高雅？要根据这一目的来选择服饰。

2. 整洁原则

无论在什么场合，服装的整洁干净是第一位的。穿的衣服再高档，再彰显个性，如果有污渍，皱皱巴巴，不仅没有美感，还会给人留下邋遢、不修边幅的坏印象。时尚的代言人香奈儿曾说：“你不可能要求我通过你邋遢的外表去深入了解你的内心。”可见穿着干净整洁有多重要。

3. 整体原则

正确的着装应考虑自己的年龄、体型、脸型、肤色以及周边的环境等诸多因素，各个因素相互配合，形成和谐统一的整体。着装时还应注意细节与整体效果的检查，跳线的丝袜、脱落的装饰纽扣，都有可能破坏整个着装效果，所以，这些微小的细节都值得我们在出门前仔细检查。

4. 三色原则

服装颜色的搭配不可以太多，上衣、裤子、鞋子、袜子、帽子、围巾、腰带等所有的着装配饰最好不超过三种颜色。如果太多，容易让人感觉主次不分，喧宾夺主，视觉上会有杂乱无章之感。当然，这里讲的“三色”主要指三种色系。

5. 个性原则

意大利影星索菲亚·罗兰说：“你的衣服往往表明你是哪一类人，它不仅代表你的个性，还能展现出你的兴趣爱好、心理状态等等。”每个人都应该穿出专属于自己风格的衣服，在合适的前提下，穿出自己的个性与风格，这样才能彰显魅力。

另外，从衣着搭配的整体而言，鞋子比裤子重要，裤子比上衣重要，打底衫比外衣还重要。选择衣服时更应依据自己的年龄、职业、形体条件进行选择，而不是盲目跟风，东施效颦。教师要根据自己的教育对象来选择衣着，小学低年级或幼儿园的教师应选择线条明快、色彩鲜艳的款式，这样有利于吸引少年儿童的注意力，启发孩子们爱美的天性。大学教师选择服装款式的范围相对宽泛一些，可以更具个性化。整体而言，无论面对哪个阶段的学生，教师的衣着都应该干净、整洁，大方中体现优雅，得体中体现内涵。

（二）着装搭配

着装的搭配要考虑很多因素，每个人的情况不一样，搭配的方式也会有所不同。教师的服饰风格不仅要庄重、典雅、整洁、大方，更要给学生留下成熟、稳重、练达、知性的印象。当然女教师与男教师的具体着装要点也会不一样。

1. 女教师的着装搭配（见图 1－2－1）

图 1－2－1

女教师的服装一般可分为社交服装与职业服装。女教师的社交服装分为礼服与便服，职业服装一般是指套装。在相关场合，套装中的套裙名列所有服饰首位。套裙最好选用高档面料缝制，可以是同一颜色、同一质地的素色面料，以冷色调为主，给人典雅、端庄、稳重的感觉；也可以上衣颜色浅，裙子颜色深，体现庄重、正统之美；如果上衣颜色深，裙子颜色浅，会给人充满活力与动感的印象。

套裙的样式有：上长下长、上短下短、上短下长，也可以上长下短。一般认为，裙太短则不雅，裙太长则无神。下摆恰好抵达着装者小腿肚子上最为丰满处是最理想的裙长。当然，可以根据个人的身材与流行时尚对裙子的长度进行调整，但不是越“迷你”越好，女教师的裙长不应短于膝盖上 10 厘米（三寸），更不宜露、透、紧。

与套裙相配的鞋子，宜为高跟、半高跟的船式皮鞋或盖式皮鞋。系带式的皮鞋、丁字式皮鞋、皮靴、皮凉鞋等，都不能与套裙搭配。鞋子的颜色以黑色为首选，此外，与套裙颜色一致的皮鞋也可以。

与套裙相配的袜子，应是连裤袜，高筒袜、中筒袜、低筒袜都不能和套裙同时穿。袜子的颜色多为肉色、浅灰、浅棕，并且要选透明的薄袜子，不能带有图案和花纹，彩色袜、厚的天鹅绒袜都不宜与套裙搭配。丝袜的大小要适度，太大会往下掉，太小又不利于血液循环。袜子一定要完好无损，有洞、跳丝、残破的袜子应立即更换，最好随身携带一双备用的丝袜，以防万一。女教师需要注意的是在正式场合身着裙装时，不穿袜子是不礼貌的，而且尽量不要在公共场合整理自己的袜子。

女教师着装的小贴士：

（1）任何场合都不要穿黑色的皮短裙。

（2）衣服不要过大或过小。

（3）在学生面前不穿露脐装或低腰裤，不穿所谓的“乞丐”牛仔裤，不要“内衣外穿”，不要将吊带、文胸的颜色、质地等外露。

（4）教授体育课的女教师上课不要穿裙子。

2. 男教师的着装搭配（见图 1-2-2）

图 1-2-2

男教师的服装款式相对比较简单，有休闲装，如牛仔装、运动装等；有便装，如夹克、短袖衬衫、西裤等；有正装，如中山装、西装等。这些服装除西装的搭配有较多讲究外，其他服装遵循一般的规律即可，所以这里只重点介绍西装的搭配。男教师经常要参加一些学术会议，有的还可能是国际性的，在学校也会经常参加一些大型的活动，如开学典礼、毕业典礼、颁奖典礼、论文答辩等，出席这些场合时，着西装应该是最佳选择。即使自己不穿，也可以指导求职应聘的学生正确搭配，所以，必须懂得西装的穿法。

西装也称西服，起源于 17 世纪的欧洲，是世界公认的男士较正式的服装，几乎所有的场合都可以穿。可以是上下面料完全一致的两件套，也可以加一件同质同色的马甲变为三件套。穿着西服时要注意以下几点：

（1）纽扣的扣法。

双排扣西装的纽扣要全扣上。单排扣西装有两粒扣与三粒扣之分，若为两粒扣，只扣上面一粒；若是三粒扣，可扣上面两粒或只扣中间一粒，最底下的纽扣永远都不要扣。单排扣的西装不可以纽扣全扣上，也不可以全部都不扣，前者会给人拘谨的感觉，后者又会让人感觉不够庄重。坐下时可将纽扣全部解开。

（2）西装与衬衫的搭配。

能与西装搭配的衬衫有很多，最常见、最正规的是白色或其他纯浅色的衬衫。领子是硬领，领口要直，不能有折痕。合适的衬衫领子大小是扣上纽扣后，还能自由插进一根食指。以肩部的衣缝处为参照，衬衫领子要比西装上衣的领子高出 1.5 厘米左右，衬衫衣袖要长出西装袖口 1.5 厘米左右，所以，短袖衬衫是不可以配西装的。衬衫的下摆要塞进西裤里，不能散在外面。

如果要在衬衫内添加保暖内衣，则务必选择小一码的内衣，不可以从领口和袖口处看到里面的内衣。

（3）领带的选择和使用。

领带是男士穿西装时最重要的饰物，在欧美各国，领带、手表和装饰性袖扣被称为“成年男子的三大饰品”。

领带的面料应选择真丝或桑蚕丝，不能选择棉、麻、绒、皮等物制成的领带。以蓝色、灰色、棕色、紫红色等单色为首选，最好与西服同色系。同一条领带的颜色不能超过三种，颜色过浅或过艳的领带也不宜佩戴。

领带上的图案以条纹，或圆点、方格等规则的小几何形状为主。领带的形状外观有宽窄之分，选择时要使领带的宽度与自己的身材成正比。下端为箭头的领带显得比较传统正规，下端为平头的领带显得较时尚随意。

日常所用的领带通常长为 130～150 厘米，领带打好之后，外侧应略长于内侧，标准长度应当是下端的大箭头正好触及皮带扣的上端。这样，当外穿的西装上衣系上扣子后，领带的下端便不会从衣襟下面显露出来。如果领带打得太短，它容易从衣襟上面“跳”出来，所以，不提倡在正式场合选用难以调节其长度的“一拉得”或“一挂得”领带。

领带夹过去是西装的重要饰品，现在国外已很少使用。如要固定领带，可将其第二层放入领带后面的标牌内。用领带夹的话，应将领带夹夹在衬衫自上而下的第四粒至第五粒纽扣之间。

（4）袜子与鞋子的选择。

最好选择黑色或者深色系列，质地为羊毛或纯棉的袜子，切不可一身深色系列的西装配一双浅色或艳色的袜子。

在正式隆重的场合最好穿黑色的皮鞋，不要有图案或者花纹，这样可以给人以简洁、大方的感觉。出门前记得擦亮鞋面，清理干净鞋底。

（5）“三一定律”。

着西服时，皮带、皮鞋和手中的公文包最好是同种颜色、同一质地。而通常黑色和褐色最容易与西服搭配，所以，男教师不妨准备这两种颜色的行头。

男教师着装的小贴士：

● 若穿西装，服饰的面料最好不要太繁杂，应以简洁、朴素、得体为主，不必刻意追求时尚。

● 西装商标一般位于左衣袖上，要及时去掉它，否则非常影响美观。

● 一般情况下，不要在衬衫外穿羊毛衫，如果非要穿，也一定得选薄且是V字领的，千万不要穿有纽扣的，会给人眼花缭乱，到处是纽扣的感觉。

● 口袋内不宜装太多东西，也不可在皮带上挂钥匙链，会显得很没有品位。

● 穿凉鞋时，必须穿袜子，不可以光脚。

● 夏天不可以穿背心上课，更不可以由于天热光着膀子，若是短袖上衣最好也是有领的T恤衫。

● 时刻保持服装的整洁与挺直。

二、教师饰物礼仪

饰物也叫饰品，指能起到装饰点缀作用的首饰。女教师的配饰种类很多，如头饰、耳饰、颈饰、腕饰、腰饰、手饰、脚饰等，具体有帽子、发卡、耳环、项链、围巾、胸针、胸花、手表、手链、手镯、腰带、手袋、手套、戒指、脚链等，眼镜也是很重要的饰品，而男教师的配饰相对比较简单，主要有领带、皮带、手表、戒指、公文包等。

配饰在服饰搭配中可起到画龙点睛的作用。教师在佩戴饰物时，不仅要求与其着装协调，体现个性，从而展现教师的品位与气质，还有一些职业的要求。

（一）教师佩戴饰品的原则

1. 整体协调的原则

在佩戴饰物时要综合考虑到交往对象、场合、心情、服饰风格等诸多因素，协调一致的搭配，恰到好处的点缀，才能达到配饰的美化效果。身穿西服正装时，金项链、玉手镯、珍珠玛瑙戒指一起佩戴，就会极不协调。佩戴的饰物最好是与所穿服装同色系。

2. 数量适当的原则

珍贵的饰物虽然夺目，但若佩戴过多，反而会喧宾夺主。选择的饰物数量为2～6个点，以少为佳。耳环虽然是一件饰物，因为分在面部两侧，所以要算两个点。若颈部佩戴了项链，手腕佩戴了手表，耳部佩戴了耳环，手指佩戴了戒指，就已经有5个点了，不宜再佩戴亮丽的发夹和腰带，否则会把人的目光锁定在饰物上，而忽略服饰和人的整体形象。

3. 同色同质的原则

配饰的种类繁多，其颜色也五彩缤纷，可我们选择的配饰应当同服装的材质、颜色搭调，配饰之间要讲究同色同质，如佩戴珍珠项链，那么耳环、戒指、手表也最好选择珍珠的或者有珍珠装饰的，不要手腕戴着象牙镯子，而手指佩戴黄金戒指，颈上又挂着珍珠项链，像开杂货铺，这是拙劣的佩戴方法。

4. 扬长避短的原则

佩戴的饰品要能突出自己的优点，掩盖缺点。如圆脸形的人适合戴长耳坠，使脸形显得长一些，而不适合戴大大的耳环。短而粗的手指选择戒指时要选择有花的、立体感强的，这样能在视觉上拉长手指，而不要选择简单的一个圈的戒指，那会显得手指更短。脖子较短的人，戴项链时要选择细长的，而不要戴紧贴脖子的粗项链。

5. 做工精致的原则

在正式场合或社交场合，一定要佩戴质地精良、做工精细的饰品，表示对活动的重视，对交往对象的尊重。粗制滥造的饰品不如不戴，否则会显得很没品位。

6. 符合身份的原则

教师佩戴饰品要与教师身份相符合，因为教师对学生有示范性，所以不适宜佩戴太夸张、没品位，甚至会产生消极情绪、带来负面影响的饰品，如骷髅头、刀剑造型等饰品。

（二）教师佩戴饰品的技巧

这里分别介绍女教师和男教师正确佩戴饰品的技巧。

1. 女教师佩戴饰品技巧

佩戴饰品的方法与技巧十分重要，佩戴不正确，不仅起不到画龙点睛的作用，还会使本有的形象格调大打折扣。对女教师而言，佩戴饰品的技巧应注重以下几点：

（1）玲珑耳环彰显女教师魅力。

佩戴耳环的方式主要有穿耳洞式、夹式和扭转式。穿耳洞的耳环佩戴较为烦琐，但是样式精巧，种类繁多；夹式的最容易佩戴，缺点是戴久了会阻碍耳部的血液循环，需每隔一段时间就摘下来，让耳朵休息一下；扭转式的可以依据每个人耳朵的厚度自行调节，但要注意的是随时有脱落的可能。

耳环的款式要与脸型搭配。脸圆润丰满的人，适宜佩戴长耳环或垂坠款式，让脸看起来细长些；瘦长脸的女性可选择纽扣型的耳环，使脸部显得较宽；瓜子脸的女教师应该说几乎任何造型都适合佩戴，尤以扇形耳环、水滴形耳环显得更妩媚。

耳环的大小要同身材相符。身材纤细瘦小的女教师，应佩戴小巧秀气的耳环，因为如果佩戴的耳环太大，会让人看起来头重脚轻；身材高大、脸宽大的女教师，应戴大型的耳环，才能衬托出大方的气质；而脖子过短或过长的女教师，不宜佩戴有长坠子的耳环，否则会更加暴露脖子的缺陷。

耳环的佩戴要应事应景。出席比较正规的社交场合，比如参加宴会、婚礼或庆典仪式，应当选用品位和质地较为高档的耳环，诸如钻石、翡翠、宝石镶嵌的耳环。耳环也要根据整体服饰来选择款式，服饰色调鲜艳的，宜搭配色泽淡雅或同色系的耳环，穿长衣时可选用大圆形的耳环，穿裙子时适宜戴小圆形的耳环。

但无论如何，女教师在课堂教学时不应该佩戴夸张夺目的耳环，适合佩戴耳钉，这样才不会分散学生的注意力。

（2）精致项链、胸针、戒指、手镯增添女教师光彩。

项链的佩戴对服饰有着不可言喻的作用。戴上一根合适的项链，可以使你散发出端庄高贵的气质，让人的目光一下集中在你的上身，因此，项链在所有首饰当中有着“贵重”的地位。穿长礼服时，佩戴珍珠或与礼服同色系的玉珠项链，可与礼服起到相互映衬的作用；穿套装时，可搭配一链式项链；穿休闲服饰时，可以随自己的喜爱，佩戴样式新颖、做工精细、夸张而有个性的项链，如木制或陶瓷的项链。

身着高贵材质的服装时，如能别上一枚镶有宝石的胸针，将会显得格外高贵典雅。而穿着裙装或休闲服装时，可以佩戴符号、动物、水果等具有个性设计图案的胸针。一般而言，镶嵌有珠宝的胸针较适合年长的女教师，这样可以衬托端庄稳重的气质，年轻的女教师应选择式样活泼或柔和色调的胸针。胸针的颜色最好与衣服的颜色产生深浅对比，能形成视觉上的差异感。胸针一般佩戴在左胸部位，高度最好选择在从上往下数的第一粒和第二粒纽扣之间。

在大多数场合，戒指都是很夺人眼目的饰物，即使是在葬礼上，戒指也可不必摘脱。平常的时候，戴上戒指更可增加手部的美感。戒指的款式应当同手指相配合，手指粗短者，应选择椭圆形的戒指，可使粗短的手指显得较为修长；细长的手指，可选择圆形的戒指。出席宴会时，可佩戴宝石或珍珠等艳丽的戒指，显得端庄大方。戒指戴在哪个手指上也有一定的讲究，通常恋爱中的男女会把戒指戴在中指上，已婚的男女会把戒指戴在无名指上，夸张个性化的大的装饰戒指宜戴在食指上，将戒指戴在小指上是告诉别人你是单身。

手镯是一种套在手腕上的环形饰品。手镯的佩戴，其审美功能往往是第一位的。手镯一般戴在右手上，最好是成对的手镯同时戴在手腕上，戴手镯时不宜戴手表。短粗胖的手，不宜戴宽手镯。对于教师而言，在讲课时最好不要戴手镯，因为在板书时会分散学生的注意力，但是其他场合可以根据实际需要佩戴。

（3）多彩腰带塑造女教师万种风情。

腰部是女性美丽标志的重要部位，女性都希望自己拥有一个曼妙的身段，尤其是具有水蛇般的腰部，装饰性的腰带就可以让美丽的腰部立显。

腰带大致可分为三种：纤细型、宽边型、个性型。纤细型腰带一般搭配优雅的连衣裙，一些职业感强的上装也可以使用，这样能起到很好的点缀作用，显得典雅、庄重、淑女味十足。简洁的宽边型腰带可以为本就面料不多的夏装带来丝丝凉意，增添几分动感，不但可以遮掩腰部的缺点，还能为服装赋予更多的时尚色彩。个性型腰带包含许许多多款式，有金属链相接式、皮链相接式、宝珠相配式、绳索式等各种款式，色彩缤纷，令人眼花缭乱。

对于身材高瘦的女教师，任何样式的腰带都适宜，而相对瘦小的女教师，应选用正腰高度的腰带；上身长的女教师腰身会显得很长，这类体型一般选用宽边腰带会使腰显得短些；臀部较宽的女教师应当避免使用低腰的宽腰带，宜用纤细型腰带，以简约雅致为主；体型较胖的女教师不宜选用腰带。腰带的色彩尽量要同服装的颜色相近或相同。

（4）艳丽围巾、帽子打造女教师潮流时尚造型。

随着时代的变迁、社会的发展，围巾、帽子已不再只是防寒保暖的必需品，它俨然发展成了散发女性时尚气息的装饰品。冬天气温低，人们所穿衣服的色彩会较暗，这时如果佩戴上适宜且艳丽的围巾、帽子，就会打破沉闷的氛围，使整个人都显得生动、活泼起来。

围巾、帽子的佩戴除了考虑时间、地点、场合外，也要考虑衣服、年龄、脸型、发型等因素。围巾与衣服的搭配最主要考虑的因素是色差，最好色差比较大，这样才能衬托出衣服与围巾的层次感。浅色围巾配深色针织衫，浅色针织衫就要配深色围巾，这样显得更出位俏丽，突出亮点，这是最经典的搭配方式。围巾与衣服搭配时还要考虑质地薄厚是否一致，薄的套裙，一定不能搭配厚的毛线围巾，要搭配飘逸的丝质或棉质丝巾；厚的大衣或棉衣，最好搭配厚的毛线或者羊毛质地的围巾，这样才协调一致。但无论如何不能让围巾的鲜艳掩盖了自己面部的本色，烘托面部也是选择围巾颜色的主要原则。

长脸的女教师最好不要戴高顶帽，宽边帽、帽檐向下的帽子较适合；宽脸的女教师不应该选择将额头遮住的帽子，适合小檐帽或者顶高的帽子；矮个子的女教师不要戴平顶宽檐儿帽，高个子的女教师不要戴高顶帽。女教师上课时不可以戴帽子。

2. 男教师佩戴饰品技巧

男教师的饰品较女教师会少一些，主要有眼镜、领带、皮带等。

眼镜的佩戴会影响到整个面部的轮廓。选择眼镜时要考虑两个因素，一是镜框外形与脸型是否相称，二是镜框颜色与肤色是否协调。方脸的男教师，宜选配近似方形的镜架，不宜选用扁形的镜架；圆脸宜选配扁或梨形镜架，不宜选用太圆太方的镜架。佩戴眼镜除了考虑脸型外，还要充分考虑肤色问题，如果肤色比较黑，切忌佩戴红白两色的眼镜，它们都是黑色的对比色，会让脸色显得更暗。

领带是男教师正装的灵魂，是打扮的焦点，已成为男教师正装不可或缺的装饰品。领带的搭配最重要的是考虑领带的色彩，应以衬衫或西装颜色为底色来选择。衬衫是白色的，那么领带上的图案最好带一点儿白色，以此类推，穿蓝色衬衫时，领带上最好带一点儿蓝色。如果西装颜色是藏青色，领带可以搭配蓝色斜纹的；西装颜色是咖啡色，领带颜色就可以是米色或黄色圆点的。最保守的搭配方式是选择与西装或衬衣相近的颜色的领带。也有反差比较大的搭配方式，但是要慎用，搭配好了会很时尚，搭配不好会很土气。蓝底米色圆点领带配白色衬衣，绛红色方格领带配黑色西服白色衬衫，蓝色领带配藏青色西服和蓝色系或白色衬衫，这些都是基本的搭配方式。但男教师出席开学典礼或学生的毕业典礼等较喜庆场合时，最好系红色、紫红色或绛红色领带，传递给学生高兴或祝福的信息。

男性的皮带已经不仅仅具有固定裤子，防止裤子下滑的作用，它还有装饰的作用。造型简单的皮带具有彰显男性气质的一股强大力量，但是这个作用很容易被男性忽视。

所以，男教师在选择皮带时要遵循配饰的整体性原则，不能穿一身昂贵的西服却系一根红色线织的绳子状带子（本命年扎的那种红色带子）。皮带要保持其亮度、新度，过旧甚至斑驳的皮带一定不要再使用，那样会使昂贵的西服大打折扣，有失身份。皮带的选择最好随着潮流的变化而变化，这很大程度体现在钩扣上，如代表高贵、优雅的纯金钩扣，其造型、大小都可以表现出男教师的魅力。皮带的长度应保持尾端介于第一和第二裤绊之间，宽窄应保持在3厘米左右。太窄，会失去男性阳刚之气；太宽，只适合于休闲、牛仔风格的装束。切忌皮带上携挂过多的物品，这样既不利于腰身的展现，也降低你的身份与品位。不同的季节、不同的服饰，都应佩戴不同款式的皮带。

饰品佩戴小贴士：

- 教师不宜佩戴叮当作响的饰品，这些饰品在讲台上发出声响会分散学生的注意力。
- 男教师配饰比女教师少，但实用性更强，更能显示其品位，所以在日常工作中要特别注意皮带、公文包、眼镜等的质地与颜色选择。

第三节 教师的仪态礼仪

仪态，又称为体态、举止，是指人的身体姿态和风度。姿态是身体表现出来的样子，风度是内在气质的外在表现。日常生活中站、坐、走、蹲、举手投足、一颦一笑都称为仪态。仪态和仪容仪表一样，能客观地传达出个人信息，从一个人的动作、身体姿态、手势常常能判断出其性格、能力、学识、修养；等等。

教师作为有知识、有涵养、教书育人的中坚力量，深谙一言一行、一举一动给学生带来的重大影响。在教学活动中仪态礼仪主要包括表情、站姿、坐姿、走姿、蹲姿和手势的礼仪。

一、亲切的表情

表情，顾名思义是从面部的变化上表达出来的心理活动和思想感情，而所谓“面部表情的变化”指的是眼睛、眉毛、嘴巴、鼻子和面部肌肉的变化以及它们的综合变化。

美国著名心理学家艾伯特·梅拉比安认为，人们传达的信息都是由视觉信号、声音信号和文字信号组成的，而视觉信号基本上占55%，声音信号占38%，文字信号占了7%。显然，面部表情属于视觉信号的范畴，由此我们可以看出面部表情在传达信息时的重要地位。教师的面部表情直观形象而又真实可信地反映着他的思想、情感以及心理活动，很容易被学生所察觉和理解，所以，教师面部表情的变化，对知识的传递、情感的表达都起着举足轻重的作用。

（一）教师面部表情应遵循的原则

1. 表现真诚

人与人之间的交往，最重要的原则是以诚相待，更何况师生之间。所谓相由心生，面部表情是可以反映出内心的。所以在学生面前要真诚，表里如一，所说即所想，在此基础上建立的师生之间的信任才坚不可摧。

2. 表现耐心

每个学生的接受能力、学习的悟性有差异。对于某个问题，有的学生一点就通，有的学生却总是理解不了；对于老师的要求，有的学生总是会按照去做，有的学生却怎么都不听。但学生本来就是来接受教育的，教育最大的成功应该是使后进的学生迎头赶上，甚至变为先进，这时，教师的耐心显得尤为重要，这样的耐心一定会表现为面部表情的不厌其烦。

3. 表现欣赏

每个学生有不同的生长环境、不同的性格、不同的认知水平、不同的修养，当然也会呈现出不同的接受能力、不同的学习态度，教师面对学生时切不可对品行好、学习好，或者长得漂亮、家境好的学生和颜悦色、笑脸相待，而对成绩较差，又比较刁钻古怪的学生嗤之以鼻、冷若冰霜。否则，学生会认为你厚此薄彼。教师应尽力发现每个学生的优点，多用欣赏赞许的目光、亲切温暖的笑容对待每个学生，如同欣赏自己的孩子一样，这样才能真正激发后进学生的潜能，达到教育的目的。

4. 表现适度

面部表情视时间、地点、场合的不同而不同，应做到与现场氛围及实际需要相符合。教师的表情要拿捏适度，不可夸张过分。对于学生的提问可以轻轻地皱眉头表示思索，学生回答问题不恰当时可以缓缓地摇头表示否定，学生回答问题很精彩时可以点头赞誉表示肯定与鼓励。

（二）教师面部表情的具体体现

1. 眼神

眼神，是对眼睛的总体活动的一种统称。常言道：眼睛是心灵的窗户，内心情感的传达主要靠眼神，它能够最直接、最自然、最准确地显示出一个人的内心活动，我们可以从一个人的眼神中读懂他的喜怒哀乐。同时，眼睛注视的时长、角度、部位、方式不同，表示的态度与意义也是不同的。

若注视交往对象的时间占全部相处时间的 1/3 左右，表示友好，而表示重视的比重为 2/3 左右，若注视交往对象的时间不到相处时间的 1/4，则表示轻视。

从注视的角度我们也能大致看出一个人对另一个人的看法。出于尊重或敬仰，人们会主动抬眼注视别人；平视（正视）说明双方关系平等；向下注视他人可能表示轻视，也可能是对小辈的宽容或怜爱；若面对面斜视对方，会让人觉得被冒犯，所以应尽量避免。

教师的眼睛是叩开学生心灵的钥匙。有的时候教师一个肯定的眼神就可以让学生重拾对学习的兴趣。所以说教师善于运用眼神，控制好目光，可以对学生进行心理控制，从而达到教学目的。教师在教学活动中常用的目光是正视，这种目光可以给学生庄重、严肃、平等的感觉。班级的学生不止一个，所以教师为了顾及全班学生，很好地吸引学生的注意力，就要运用扫视的目光。对于教师特别关心的某个学生，可以采用点视加以关注。例如在课堂上一个学生开小差，不注意听讲，小动作很多，为了不影响教学进度，教师可以只把目光专注于这个学生，用眼神让学生知道教师发现了他的小动作，使其自觉羞愧而专心听讲。还有一种特殊情况下使用的目光就是俯视。例如在学生感到羞愧或者忧伤时，教师自上而下的注视会给学生温暖、体贴的感觉。

2. 眉毛

双眉紧皱，可能正在为某一学生的成绩担忧；眉毛快速地上下抖动，神采飞扬，那应该是有喜悦之事；眉峰上耸，可能表示处于恐惧或者惊喜之中；眉角下拉，比较气愤，所谓横眉冷对就是这个意思。可见眉毛也是可以传情达意的，教师不可以忽略眉毛表情达意的作用。

3. 嘴巴

嘴巴的形状可以表示不同的心情。张大嘴巴表示惊讶，抿着嘴可能表示暗示自己坚持，有时候生气会噘起嘴巴，而对某人或某件事情感到鄙夷、轻视、不屑一顾时，人们可能会撇嘴。所以教师在学生面前要尽量少撇嘴或者噘嘴，否则会传递出很嫌弃或者不成熟的信息。

4. 微笑

《辞海》中解释笑是“因感喜悦而开颜”。笑其实是脸部肌肉和声音配合的结果，是内心情感的一种表达。它可以分为微笑、轻笑、浅笑、大笑、假笑、冷笑、嘲笑、窃笑和怪笑等。

教师的微笑有助于形成愉快和谐的师生关系。会运用微笑的教师是非常受学生欢迎的。教师在表扬学生时投以表里如一、声情并茂的微笑可以让学生真真切切地感受到对他的肯定与欣赏。真诚、自然的微笑要将眉、眼、口、鼻、齿以及面部肌肉全方位动用起来，否则将给学生做作、不真诚的感觉。

二、标准的站姿

站姿是最基本也是最常使用的一种静态形体举止。人们常用“站有站相”“站如松”等字眼来评价一个人的站姿修养。良好的站姿可以反映出自信和乐观的精神状态。教师在课堂上都是站着讲课，这就对教师的站姿提出了更高的要求。教师的站姿优美与否，对学生的感召力与吸引力是完全不一样的。

教师站姿的基本要领：关键在于脊梁的笔直，所以，挺立、直腰、向上是三大关键词（见图 1－3－1）。

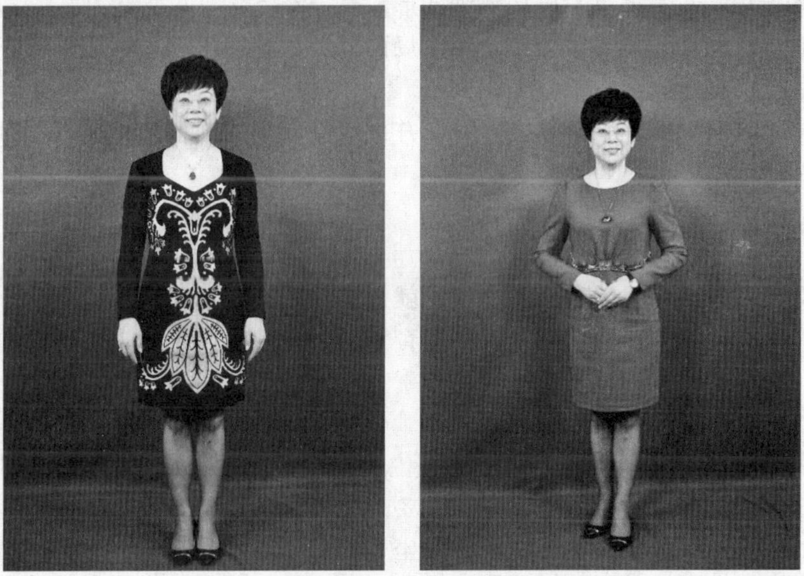

图 1－3－1

1. 挺立

站立时尽量让身体舒展、平缓，切忌东倒西歪、歪头斜颈、耸肩勾背、撅臀屈腿、含胸塌腰、趴伏倚靠、双腿叉开过宽等，否则给人一种无精打采、轻浮散漫的形象。

2. 直腰

端正直挺的脊梁是人体线条美的重要部分。从身体的正面或背面看，脊柱应当是垂直的，而从侧面看，有一条正常的弧度。站立时，下颌微收，胸部前挺，腰部、臀部和腿部的肌肉保持适度的紧张状态，能让人体脊柱的正常弯曲弧线保持适度和正常，给人端庄、直立的形象。

3. 向上

站立时，头要保持正直，并微微往上昂起，有种悬顶的感觉，仿佛你的头部被根绳索向上牵引着。颈部肌肉适度紧张，精神提振，臀部要用力收缩两侧肌肉和股肌，使之向大腿内侧包紧，并适当提髋向上。双腿应笔直，脚掌用力下压，上下抵住，让身躯保持站立的最佳状态。

为了提高教学效率，减少参阅教案与靠近黑板的时间，教师最好站在讲台与黑板的最中间，尽量不要站在讲台的前左角或者前右边角，这样会有一边的学生视角不好。在讲课或者演讲时，教师的两脚脚跟落地，站稳站直，胸膛自然挺起，不耸肩，不过分昂头。讲课时不一定要一直站在讲台上，为了抓住学生注意力，缓解长时间直立带来的疲劳，教师可以适当地在学生座位附近巡视、站立。教师在提问学生时身体应微微前倾，这种姿势表明对学生所说的话感兴趣，切不可在学生回答问题时将双手放在口袋里或者背后，一副居高临下的姿态。

教师课堂上站姿小贴士：

- 忌长时间手撑讲台。
- 忌身体不稳，左右摇晃，破坏教师的形象。
- 忌站时重心移动太快，掌控整个教学局面不力，给学生信心不足之感。
- 忌双手交叉抱于胸前，给学生距离感。
- 女教师站立时双膝应完全靠拢，双脚并拢或站成小的丁字步；男教师则可以双脚分开约一边肩宽。

三、典雅的坐姿

坐，相对于站来讲是一种放松。坐姿，就是人在就座之后所呈现的姿势。在生活、学习、工作中，坐相一定要稳重、端正。在教育活动中，教师典雅的坐姿可以向学生传递出自信、友好、热情、庄重的信息。

（一）教师入座的基本要求

入座又名就座或者落座，是人们坐到座位上的具体行动。在古代的社交场合入座时，要遵循许多礼节，比如入座讲究顺序排位，要礼让尊长，以右为大，从左入座，还要注意座位的方位、落座时动作幅度的轻稳。教师坐姿的总体要求是端正、文雅、自如。这里的端正是指头要端正，不可歪头扭头。落座后上身要直立，在教室就座，不应把上身完全倚靠在座椅的背部，最好不要倚靠；椅面不要坐满，最符合礼仪的是占椅面的 2/3 左右。

（二）教师落座的规范姿势

同站姿一样，端庄优雅、沉稳大气的坐姿能表现出人体的静态美。坐姿的关键在于入座后需要下肢与上半身协调配合，尤其是脚和手的摆放要得体。

1. 女教师常用坐姿类型

(1) 正襟危坐式（见图 1-3-2）。

这种坐姿可适用于课堂上或正规集会，要求入座者上身与大腿、大腿与小腿均成直角，并使小腿同地面垂直，双脚双膝一定要并拢，切忌两膝张开。不宜坐满椅面，可视凳子大小坐 1/2 或 2/3。

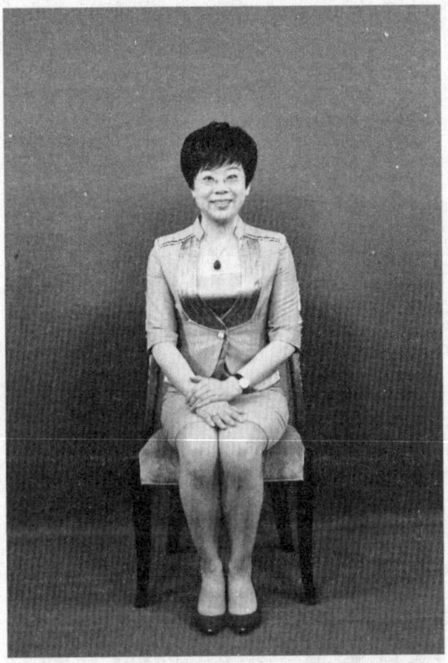
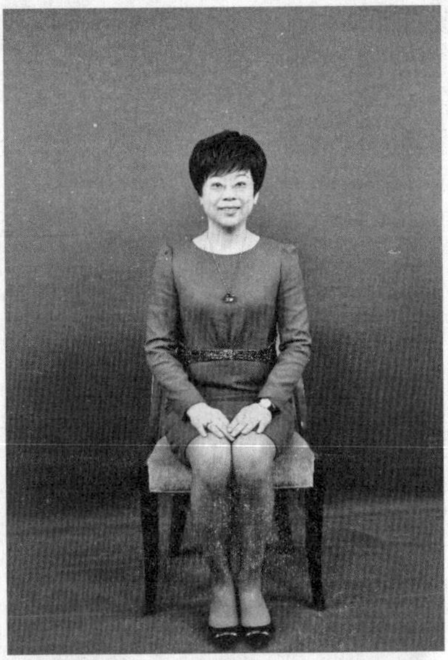

图 1-3-2

（2）双腿交叠式（见图 1-3-3）。

这种坐姿从正面看，双腿上下交叠，叠放在上的脚的脚尖应垂向地面，或收于另一脚小腿后而脚尖垂向地面，两腿交叠呈一条直线。双脚可根据座椅的高度选择自然斜放或垂放。穿裙子的女教师可以采用此种坐姿，但要避免手抱膝盖，因为这样会导致上身含胸驼背，看起来不太雅观。

图 1-3-3

（3）双脚斜放式（见图 1-3-4）。

坐在较低的座椅上时，双脚常常无法垂放，膝盖可能会高过腰部，尤其对于穿短裙的女老师，容易裙底“走光”，较为不雅，这时最好是将两脚并拢后向右侧或者左侧斜放，与地面成45°左右的夹角。

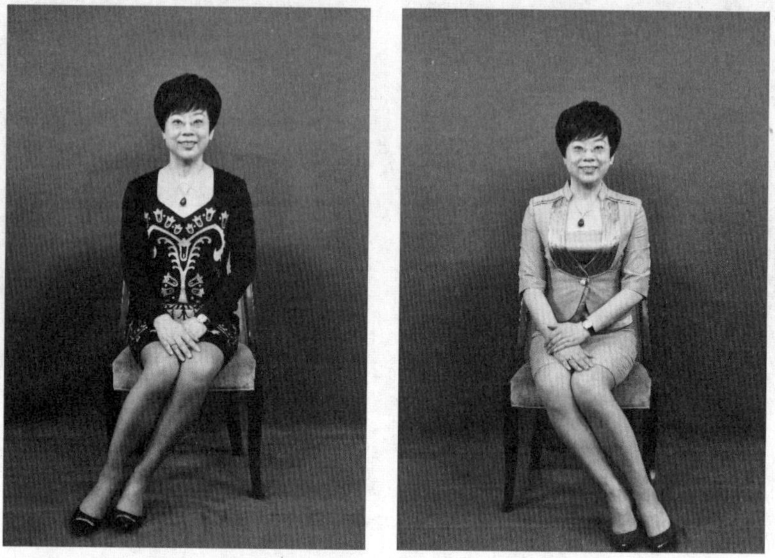

图1-3-4

（4）双脚微开式（见图1-3-5）。

膝盖靠拢，双脚稍稍张开，但是双脚最多只能开约肩宽，如果张得太开会让人觉得太随意，脚的线条美也会不存在了。

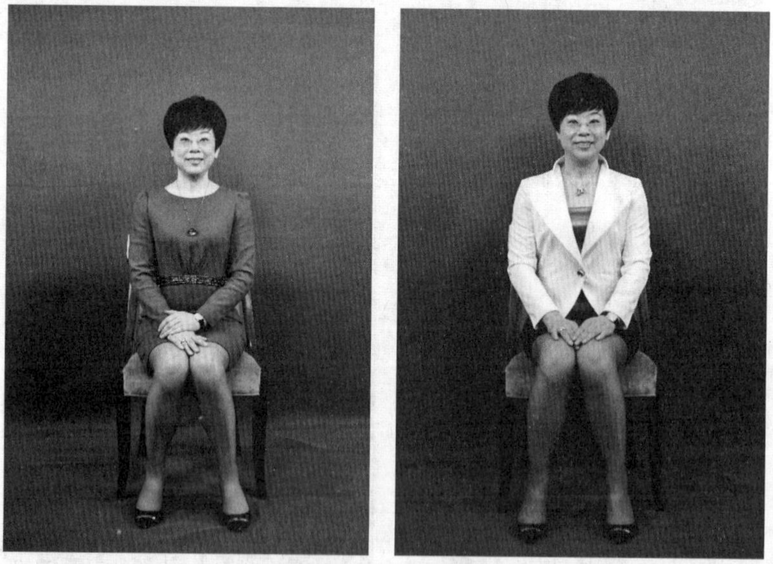

图1-3-5

（5）前立后屈式（见图1-3-6）。

这种姿势可以将重心均匀地分散在双腿之间。大腿保持并拢的状态，然后一条腿在前直立，另外一条腿稍屈紧靠前腿内侧，让前后两条腿呈一条直线。

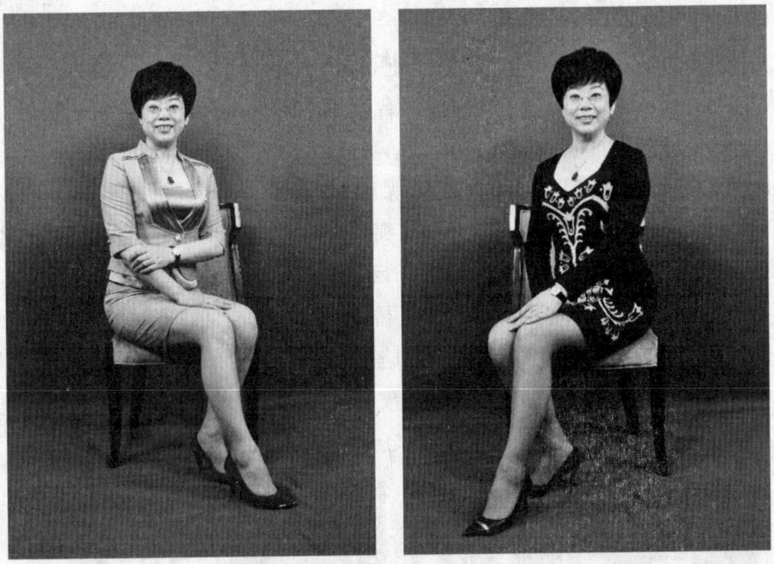

图 1-3-6

2. 男教师常用坐姿类型

（1）标准式：双目平视，上半身挺直，双肩正平，双膝并拢，双手平放在大腿上。

（2）前伸式：在标准式的基础上，左脚向前半脚，脚尖不要翘起。

（3）前交叉式：小腿前伸，两脚踝部位交叉。

（4）屈直式：左小腿回屈，前脚掌着地，右脚前伸，双膝并拢。

（5）斜身交叉式：两小腿交叉向左斜出，上体向右倾，右肘放在扶手上，左手扶把手。

3. 离座礼仪

离座时应当缓慢、稳当、讲究礼貌。首先要注意离座的先后，应先让身份高、辈分大者先离座；然后要注意起身的动作轻缓，不可猛起猛出，尽量不要发出声响，尤其在图书馆、会场等公共场所；之后要注意离开的方位，同入座一致，要坚持“左进左出”，出入如一；最后要站定再走，离座时要自然稳当，从容移步，不要匆忙离去或撞撞跌跌，防止给人轻浮的印象。

教师坐姿禁忌：

- 双腿交叉过大。
- 双腿直伸出去。
- 腿不停地抖动。
- 双手抱在腿上。
- 脚尖指向他人。

四、优美的走姿

如果将站姿和坐姿称为人体的静态姿势，那么走姿则是人体的动态姿势。走姿，顾名思义，指人在行走时的姿态，是站姿的延续动作。教师要以优雅、稳重、从容、大方的走姿提升在学生心目中的形象。

人们走路的模样千姿百态，各有特色，给人的直观感觉也有很大的差异。有的步伐稳健、自然、大方，给人成熟、稳重、斯文的感觉；有的步伐雄阔，给人以勇敢、无畏的印象；有的步伐敏捷，健步如飞，体态轻盈，给人以轻巧、飘逸、柔和之美。

走姿的规范要求是：从容、平稳、直线。起步时，身体稍稍向前倾斜，身体重心落于前脚掌。行走时要保持身体的直立，收腹立腰，头部端正，双目平视，两肩齐平，两臂放松在身体两侧自然摆送，手臂同身体之间的夹角一般在 10°～15°，摆幅在 30°～35°为宜。脚尖微微向外或向正前方伸出，步伐稳当、自然，跨步均匀且有一定的节奏感，精神饱满，面带微笑。尽量保持直线行走，双脚交替迈步，注意前脚着地和后脚离地时伸直膝部。男教师一般走平行线，即左右脚踏出的是平行线，两脚尖稍外展，速度比女教师的快一点，步伐很有力度，展示出阳刚之美。女教师走路时，两脚尖正对前方，两脚内侧交替走在一条直线上，步伐轻盈雅致，展现阴柔之美（见图 1－3－7）。

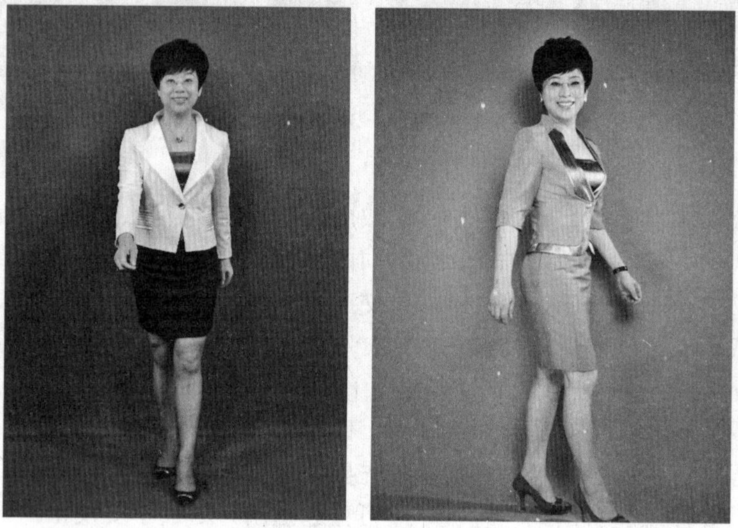

图 1－3－7

教师走姿禁忌：

- 忌身体摇摆。行走时晃肩摇头，上体左右摆动，显得人特别慵懒、轻薄。
- 忌内外八字。脚尖过于向内或向外，形成鸭子步或外八字步。
- 忌弯腰驼背。含胸弓背，低头无神，步履蹒跚，给人特别压抑、没精神的感觉。应抬头挺胸收腹，神采奕奕。
- 忌双手乱放。走路时，两臂在身体两侧自然随步伐摆动即可。不要把手插在衣服口袋里，或双手叉腰，或倒背着手走路。
- 忌拖泥带水。双脚不可在地上抬不起来，也不可重如打锤，脚步应干净利索。

五、规范的蹲姿

蹲姿类同于坐姿，但它并非臀部触及座椅，它又类似于跪姿，却又不是膝部着地。教师在教学活动中，尤其是幼儿园的老师会经常采用蹲姿。优雅大方的蹲姿可以展现教师优良的气质，低头撅臀、双腿叉开、平衡下蹲都是不雅观、不礼貌的蹲姿。所以教师采用蹲姿时，要做到姿态优美，举止从容。

（一）常用的蹲姿

1. 双腿高低式（见图1－3－8）

其要求是下蹲时，保持一条腿在前，另一条腿在后。前脚完全着地，后脚脚跟提起，后膝低于前膝，后腿内侧可靠于前腿内侧，形成前腿高后腿低的姿势。臀部向下，上身微微向前倾，基本靠前腿支撑身体，维持平衡。采用此种蹲姿，女性应双腿并拢，这样在造型上也是较为优美的。男性选用这种蹲姿时，两腿之间可以有适当距离。

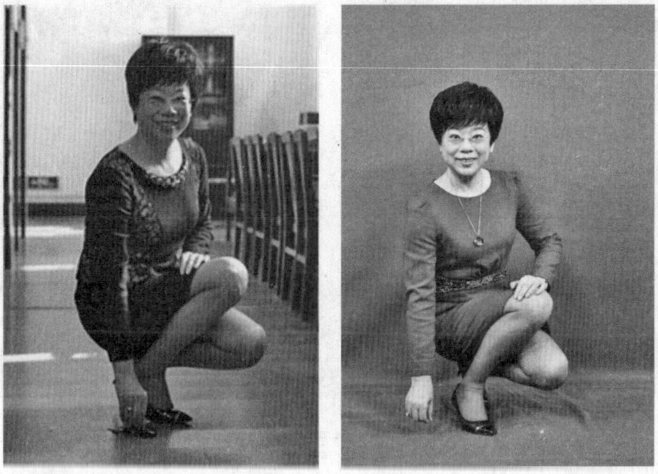

图1－3－8

2. 双腿交叉式（见图1－3－9）

这种蹲姿适合身穿短裙的女性采用。要求在下蹲时，一条腿居前，另一条腿靠后，前腿垂直于地面，脚掌着地，前腿在上、后腿在下的方式交叉重叠，后腿膝盖从后下方伸向前腿内侧，脚跟抬起脚尖着地，两腿前后靠紧，合力支撑身体平衡。

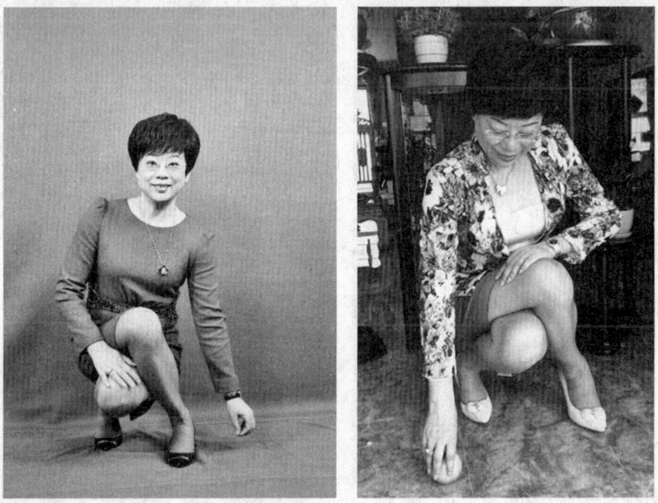

图1－3－9

3. 双膝半蹲式（见图 1－3－10）

此种蹲姿多在行进中采用，即身体半立半蹲，要求在蹲下时，上身稍稍下弯，但不宜与下肢构成直角或钝角，臀部向下，双膝微微弯曲，角度根据实际情况稍作调整，身体的中心应当放在两条腿上，两腿不宜过度分开。

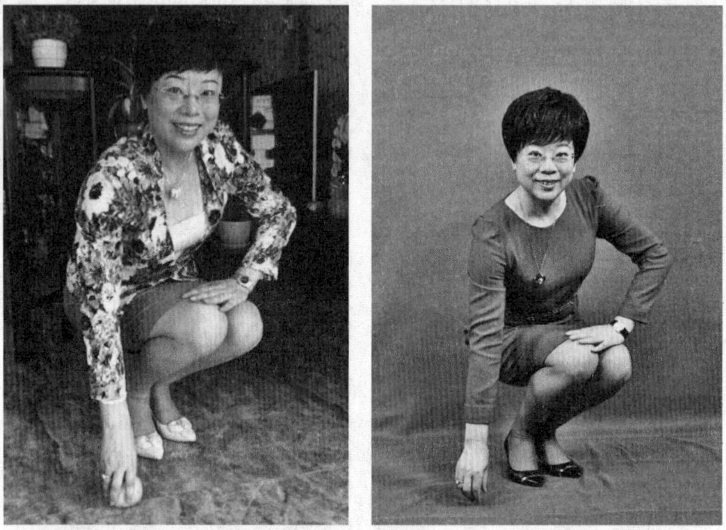

图 1－3－10

4. 双腿半跪式（见图 1－3－11）

这种蹲姿同双膝半蹲式一样，是非正式的蹲姿，多适用于下蹲的时间较长，常见于军事训练中。其基本特征是双腿一蹲一跪，要求是下蹲以后，改用一条腿单膝着地，以其脚尖点地，而让臀部坐于脚跟上，另一条腿应当全脚着地，小腿垂直于地面。双膝必须同时向外，双腿宜尽力靠拢。

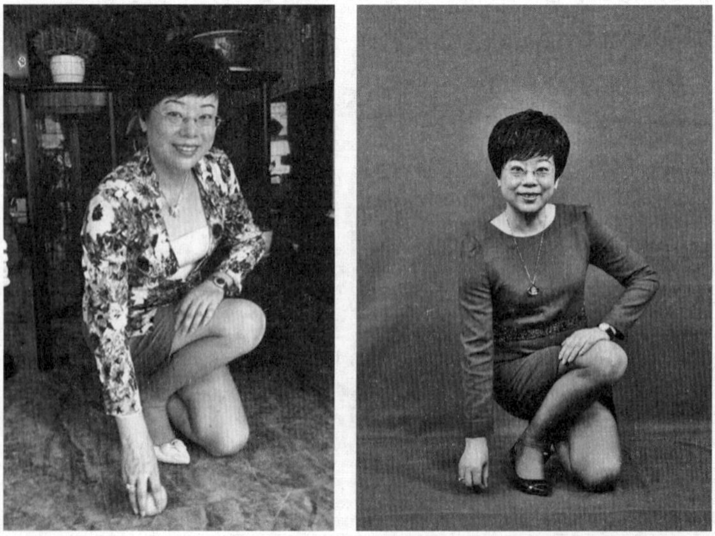

图 1－3－11

双腿高低式和双腿交叉式这两种蹲姿是最常用的，男教师一般采用双腿高低式，女教师一般采用双腿高低式或双腿交叉式。

（二）蹲姿的禁忌

（1）忌毫无遮掩。在大庭广众之下采用蹲姿时，特别是穿裙装的女教师，蹲下后两腿一定不能分开，走光是一种很不礼貌、没有修养的行为。

（2）忌方位不当。下蹲时，如果身边有其他人，最好是与之侧身相向。正面对着他人下蹲，或者背部对着他人下蹲，都是不礼貌的。

（3）忌距人过近。下蹲时，身旁如果有人，应与他保持一定的距离，不可挨得过近。如果几人同时下蹲，更不能距离太近，否则很容易彼此“迎头相撞”。

六、得体的手势

相貌的美高于色泽的美，而优雅合适的动作美又高于相貌的美。手势就是指用手指、手掌和手臂的动作和造型来表情达意的一种体态语言。人际交往中，手势的作用非常多，既可以配合有声语言传情达意，也可以仅表达一些简单的含义。通过手势，还能看出一个人的内心活动。教师善用手势，可以让话语更有立体感、形象感，帮助学生理解所学的内容，强化表达的情感，从而增加共鸣（见图 1-3-12）。

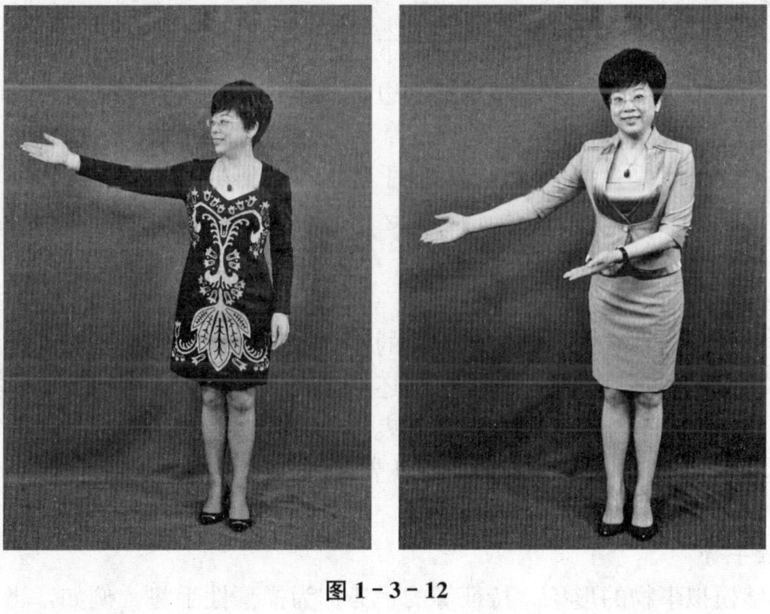

图 1-3-12

（一）手势的基本要求

（1）简单明快。手势不能过于频繁和复杂，以免使人眼花瞭乱。

（2）优雅得体。手势的幅度不能过大或过小，否则显得太随意或太拘谨。

（3）协调自然。做手势时要配合相应的肢体语言或有声语言，不能单单只做手势，显得突兀僵硬。

（4）因事而异。一般来讲，教师上课时手势不宜太频繁，幅度不宜太大；登台演讲或场面很大，手势可夸张些。

(5) 因人而异。教师手势运用还应考虑学生的年龄、性别、体型以及教师本身的个体差异。例如男教师的手势一般会果断、刚劲、有力量，手势幅度大一些；相对而言，女教师的手势就会柔和、舒缓，手势幅度较小。就体型而言，矮胖者可多做一些高举过肩的手势；而高瘦者可多做一些平直横向的动作以保证整个人体形象的平衡。

(二) 教师手势的分类

在教育教学中教师的手势可以说是千变万化，也有着不同的意义。按照手势的表意功能可以将其分为象征性手势、表情性手势、会意性手势、指代性手势、描摹性手势和评价性手势。

1. 象征性手势

象征性手势是指以手部动作来表示某种抽象事物的手势。有些象征性手势不用言语配合即可表达某种抽象概念。例如，象征胜利的 V，象征可以的 OK。

2. 表情性手势

这是一种以手部动作表达内心思想感情的手势。例如，手拍胸脯表示敢做敢当，挥拳表示下定决心，猛拍大腿表示懊悔或者兴奋。教师在教学活动中，若发现学生没有信心时，教师可以握拳上举，表示："加油，努力！老师相信你一定行！你真棒！"当学生做出了成绩，表现很优秀时，教师伸出大拇指，表示肯定和赞赏。

3. 会意性手势

这是一种在不易明说或不便明说的情况下运用的手势。例如，回答完问题的学生还没有坐下来，老师会边手掌向下按示意坐下，边讲解题目；教室有个别学生低声讲话，老师会食指放在嘴边轻"嘘"，表示不要出声；等等。值得注意的是，运用这种手势，主、客观之间应彼此相互了解或关系密切。这样，手势传递的信息才能被对方接收，达到"心有灵犀一点通"的效果。教师学会正确适当地运用会意性手势不仅可以准确传递信息，而且减少发声，节约了时间，事半功倍。

4. 指代性手势

指代性手势就是指具有指示、替代作用的手势。例如，我们指示方向时会用手指指点上、下、左、右、中间等。除此之外，手势还可以表示数字，伸食指表示"1"，伸出食指与中指表示"2"，五指全伸出并使各指叉开表示"5"。上述指代性手势会经常用到，尤其是在低年级数学教学中，恰当运用不仅可以节省时间提高效率，而且可使教学更加直观形象。

5. 描摹性手势

我们将能够模拟事物的形象、特征等的手势称为描摹性手势。例如，当给幼儿园的小朋友讲"牛"时，可以将双手置于头顶模仿牛；"我买的大南瓜这么大"(用双手比划大小)；"那条鱼有那么长"(双手分开一段距离)。这些都是描摹性手势。课堂上使用这些手势可以将抽象的内容变得具体，使学生加深对知识的理解和记忆，很多学生就是先记住老师的手势再想到课程内容的。

6. 评价性手势

用来判断行为价值高低的手势被称为评价性手势。当学生做出了成绩，表现很优秀时，教师伸出大拇指，表示肯定和赞赏。在课堂上还会经常用到的一种评价性的手势是鼓掌。当学生获得成功时，教师会和全班同学一起鼓掌为学生祝贺。

手势的种类繁多，变化微妙，不可能全部概括。这些分类的目的是希望教师从中寻找到容易掌握的规律性的东西。

教师手势禁忌：

- 不要对学生指指点点，不要用手指指人，更不能对人竖中指。
- 不可用拇指指自己，指向自己时，应掌心向内，拍在胸脯上。
- 不可当人面做不雅动作，如掏耳朵、搔头皮、擦眼屎、抠鼻孔、剪指甲、挠痒痒等。
- 上课时不要玩弄粉笔或者衣扣。
- 不要在高兴时做拉袖子等不文雅的手势动作。
- 不要在交谈时指手画脚、手势过多过大。

第二章 教师的言谈礼仪

语言是人类社会交际的工具，是人们表达意愿、思想感情的媒介和符号，是一种特殊的社会现象。教师是人类灵魂的工程师，“传道、授业、解惑”三点核心工作内容中的任何一点都离不开语言。

教师语言，是教师在教育教学实践过程中，逐步形成的符合教育教学需要，适应教育对象心理特征，遵循语言规律的一种职业语言。它是教师在育人过程中所使用的语言的总称，包含课上语言，如课堂教学的组织、教学内容的呈现与讲解、课堂活动的组织与实施、师生双向交流、学生行为评价等过程中使用的语言；课下语言，如课间师生之间、教师与教师之间交流所使用的语言等；其他育人活动，如家长会、主题班会、作业批改、讲座、野营活动等过程中使用的语言。

教师语言是沟通师生心灵的桥梁，是帮助学生打开知识宝库的钥匙，是点燃学生智慧之光的火种，是播撒在学生心田的种子。“凡是当教师的人绝无例外地要学好语言，才能做好教育工作和教学工作。”那么，对一名合格的人民教师来说，在言谈中又应当注重哪些礼仪细节呢?

正所谓“言为心声”，言谈是思想的衣裳。

相信每一位教师，读到2016年制定的《人民教师誓词（征求意见稿)》时，内心都将涌上强烈的职业荣誉感，更加会感受到教师这份“太阳底下最光辉的职业”所带来的使命感和责任感，这种情感源自对“教师”这份职业的热爱，而只要内心始终坚守着这样一份热爱，就将不负于“人民教师”这一神圣的称谓。

谈及“言谈礼仪”前，以“誓”之名来阐述“教师”这一职业的特殊性，也再一次印证了“心有敬而形于外”的道理。教师的“敬”在于对职业的热爱，在于对学生的热爱，在于“春蚕到死丝方尽，蜡炬成灰泪始干”的执着坚守。脱离“爱”而大谈特谈教师言谈的技巧，一定是无源之水、无本之木，是不具备任何生命力和说服力的。

作为一名合格的教师，要首先做到心有“三爱”，即爱学生、爱教书、爱生活，然后会努力追求“三美”，即师德之美、课堂之美、修养之美。对于一名真正热爱“教师”这样一个职业、热爱他的学生、热爱生活本身的老师来说，从他嘴里说出来的任何一个字、词和句子都是充满爱的语言。他会通过言谈和自身的人格魅力，去影响求知的学生往真、善、美的道路上行进。

第一节 教师课堂的言谈礼仪

课堂，是教师教学的主阵地。苏联教育学家苏霍姆林斯基认为教师的语言“在很大程度上直接决定着学生在课堂上的脑力劳动的效率”，是“一种什么也代替不了的影响学生心灵的工具”。在学校里，我们常常听到学生抱怨：“这节课讲得真没劲，我什么东西也没学到。”教师也经常发牢骚：“这些学生水平真差，上课一点儿主动性都没有。”不同的角色，相反的结论，却提出了一个共同的问题，即课堂教学中如何进行师生间良好的双向互动。

有人回忆闻一多先生，说他在上课时神采奕奕，能把本来枯燥的考证讲得层次分明，引人入胜，逻辑性很强，而又文词生动，讲话节奏感强，顿挫铿锵，很有“穿透力”。而另一位学者谈到对著名哲学家黑格尔讲课的印象则认为：“他的讲话简直叫人受不了，说一句就咳嗽一阵，声音给吞掉了一半，他的颤抖的哭泣似的语调几乎不能把最后一句话说完。”可见教师语言对教学效果的影响是多么的直接和深刻。

“工欲善其事，必先利其器”。如果将“教学”比作“事”，将“语言”比作“器”的话，如何“利其器”将是每一位教师面临的一个难题。有位教育学家曾经说过，运用语言和游泳、打乒乓球没有本质的区别，任何能力都需要实际操作的培养，也就是说，教师的语言是一个熟能生巧的过程。教师的言谈本身是一门学问，里面蕴含许多科学性、规律性的知识，是有一定规律可循的。教师应在教学中不断总结探索语言运用的规律，努力追求语言的艺术，从而形成具有鲜明特色的教学语言风格。

一、教师课堂语言的基本要求

教师语言是以一种带有书面色彩的规范口语，在语音、语汇、语法上追求规范化和标准化，是一种较高层次的口语，因使用范围、对象和语境的不同而呈现出特有的形态特点，其使用时具有特殊的要求。

（一）语言内容要有思想性、科学性、针对性、简明性

1. 思想性

“语言是一切事物和思维的衣裳”。教师语言内容的选择不同于其他人际沟通时语言内容的选择，它不仅要把知识传递给学生，更重要的是要激发学生思考和创造的能力。戴尔·卡耐基曾说：“一个人的成功只有15%归结于他的专业知识，还有85%归于他表达思想、领导他人及唤起他人热情的能力。”德国著名教育家第斯多惠也曾经指出：“教育的艺术不在于传授本领，而在于激励、唤醒、鼓舞。”

一位真正的教育工作者，给学生最大的感受就是：“他不仅教会了我们怎样去做，更教会了我们怎样去思考。”学生能够通过教师良好的语言表达把握他们的思维过程，从而

模拟并创新出自己解决问题的模式，这就是通过语言内容的思想性，将“鱼”变成“渔”的过程，真正起到“听君一席话，胜读十年书”的醍醐灌顶之功效。

2. 科学性

在教学中言语表达内容具有科学性，包含两层含义：一是在概念定义、原理定律、知识框架等教学中的叙述、描述、说明和议论都蕴含本学科的科学知识。二是言语表达形式具有科学性，符合语音、语汇、语法、语义、逻辑等规则，要清晰、明白，要准确、完整。

3. 针对性

教学语言具有很强的针对性，这种针对性是由教学目标决定的。

20世纪50年代末，美国教育学家布卢姆提出了掌握学习的策略，其核心内容就是目标教学。教育目标既是教学的出发点，也是教学的归宿，它应用于课程教学的整个过程中，是开展课堂教学活动的指南。在课堂教学中，教师为主导、学生为主体，围绕所设定的教学目标展开教学活动，使学生的学习方式由单纯的被动接受型向主动求知型转变，这样将大大激发学生思考能力和创新能力。一些没有经验的教师因为不能让学生明白一节课的目的是什么，所以感到无所适从，也无法达到满意的教学效果。因此要求教师在教学过程中应制定清晰、准确的课程目标，必须运用适宜的、能完成每堂课教学任务的语言，让学生明确每一堂课应该掌握的知识和技能，并认真去完成各项任务，从而达到预定的课程目标。

4. 简明性

孔子有云“辞达而已矣”，说的是言辞达意就可以了。《礼记·学记》中也有关于教师语言简明性的相关论断：“善歌者，使人继其声；善教者，使人继其志。其言也约而达，微而臧，罕譬而喻，可谓继志矣。”意思是：善于唱歌的人，能使人乐于仿效接续他的歌声；善于教学的，能使人继承他的志向。教师的言语，简洁而通达，精微而完美，比喻少而意思明了，可以称得上能让人继承他的志向了。

教师的语言应该简洁清楚，干净利落，恰到好处。那种啰啰唆唆、夸夸其谈的叙述，那种毫无目的、毫无选择的旁征博引，尽管讲得天花乱坠、绘声绘色，学生却抓不住教学的中心，效果仍很差。正如鲁迅先生说的那样：“用最简练的语言体现出最丰富的内容。”教学语言不同于普通交流语言，其语言是特殊的，是职业性、工具性语言，所以每个词、每个句子都必须简洁明了。

（二）语言形式必须准确、规范、清晰、流畅、鲜活

语言形式是固定的，而语言形式的表现则是多种多样的。对于教师语言来说，无论是语言的哪一种表现形式，都需要具备以下几点：

1. 准确

准确是教学语言的灵魂，没有“灵魂”，教学语言就没有生命。准确性就是其深度和广度都应符合教学大纲的要求，讲得准确，确切地使用概念、判断、推理，做到传授准确无误。否则，就会导致概念模糊，或者造成判断上的模棱两可，进而出现推理上的错误。缺乏准确性的语言，无论用词如何考究，语言怎样华美，都会显得苍白无力，甚至对学生形成误导。

2. 规范

语言的规范主要是从语言学的角度来讲的。语言是人类交际的重要工具之一，它由语音、语汇、语法三个要素构成。语音是语言的物质外壳，语汇是语言的建筑材料，语法是语言的组合规律。所以，语言的规范既包含语音的标准，也包含措辞的准确及句子的流畅通顺。教学语言的规范性要求使用标准的普通话，做到发音标准，用词、用语、用字规范。

教师语言的规范性要求教师在课程教学的过程中使用普通话，尽量不要使用方言土话，不要使用繁体字、异体字等。同时，应当注意使用文明用语，禁止使用污言秽语，杜绝使用侮辱性言辞，避免形成不良的言语表达习惯。尽量做到文明行为与文明言语相一致，真正让受教育者感受到言语的美学内涵。

3. 清晰

语言清晰是对教师有声语言的起码要求，教师的每一个字、每一个词、每一个句子都要让学生听得清清楚楚、明明白白。

清晰有两个方面的具体要求：一是语音清晰，教师尽量使用标准流畅的普通话教学，口齿清晰，音量适宜，语速适中；二是语义清晰，语言通俗易懂，深入浅出，使学生明确地知道教师所要表达的内容以及教师本人赞成什么，反对什么，避免模棱两可、似是而非。

4. 流畅

朱光潜先生认为："节奏是一切艺术的灵魂。"我们经常可以听到这样一些观摩课：教学的过程环环相扣，教师的语言似行云流水，师生的呼应如珠联璧合，我们没有发现一分钟的浪费，也没有发现一点预想不到的周折，一节课就如一个精雕细刻的艺术品。

教学的流畅性取决于教师流畅的语言表达，教师流畅的语言表达取决于教师良好的学科素养。好的教学不怕有坎坷，善导则流，善疏则畅，只有善于将课前的教学设计和临场的应变能力紧密结合起来，将预定的教学目标和学生问题的解决以及创新精神的培养紧密结合起来，才能取得提高学生素质的实效，也是教师应该追求的流利与通畅。

5. 鲜活

19世纪的西方语言学家洪堡特曾说：我们不应该把语言视为一种僵化的制成品，而必须在大得多的程度上将它看作一种创作过程。语言绝不是产品，而是一种创造活动。我们若将语言记录成文字，得到的也只不过是不完善的、木乃伊式的保存，而这一保存以后所需要的还是人们重新把它具体化为生动的语言。语言就其真实的本质看，是某种持续的、每时每刻都在向前发展的东西……

课堂语言具有创造性，它是思想的外在表达，是教师一种无限的精神活动，是一种不间断的创造活动，也是一种鲜活的体现，所以，教师应该是一个对民族、对国家、对社会、对生活、对一切新生事物都极度关注和热爱的人，是一个喜欢阅读的人，以确保课堂语言常用常新，生动鲜活，正所谓"问渠哪得清如许，为有源头活水来"。

（三）语言脉络呈现统一性、逻辑性、完整性

语言的脉络就好比串起那些珍珠的丝线，是连接教学"血"与"肉"的血管。

1. 统一性

课堂教学应主线分明、重点突出，师生围绕一条主线来学习，前后联系、首尾呼应，利于形成完整的知识体系，促进学生对知识的理解和记忆。同时，脉络明晰、重点突出，让学生知道“是什么”“为什么”和“怎么样”，避免云遮雾罩、拐弯抹角兜圈子。

2. 逻辑性

语言脉络还要讲求逻辑性，要条分缕析，层层深入，特别是在教学过程中，逻辑性强的语言能够紧紧扣住学生的心。斯大林曾经这样描述列宁的演说：“使我佩服的是列宁演说中那种不可战胜的逻辑力量，这种逻辑力量虽然有些枯燥，但是紧紧地抓住听众，一步一步地感动听众，然后把听众俘虏得一个不剩。”“列宁演说中的逻辑好像是万能的触角，从各方面把你钳住，使你无法脱身，你不是投降，就是完全失败。”

教师在课堂教学讲解时，不仅要思考“讲什么”，还要思考“怎么讲”，其逻辑性要求合理分布教学内容，做到整个教学框架有条理，结构清楚，逻辑严谨，层次分明。不可只讲结论而不注重分析或推导得出结论的推理过程，必须一环扣一环，一步接一步，由浅入深，由此及彼地使学生顺其自然地达到一个由听懂、理解到融会贯通地掌握知识的过程，如同剥笋，一层一层，由表及里。

3. 完整性

课堂教学是由几个相互联系的环节组成的一个完整的统一体，包括新课导入、新知学习、练习反馈、课堂小结、布置作业等环节。课堂教学需要良好的开端，也需要圆满的结局，让课堂呈现“浑然天成”的效果。所以，教师课堂语言的完整性不仅表现在开头和结尾，更表现在起承转合的衔接上。

二、教师课堂语言的审美性

教学活动中，我们往往会注意说了什么，却忽略了怎么说。有时同样的一句话，不同的人说，效果往往不同。或者同一人说同样的事情，但采取不同的方式，也会取得大相径庭的效果。所以言语表达不仅要注意说什么，还要注意言谈的方式及技巧，好的内容还得要有好的形式承载。

孔子云：“言之无文，行而不远。”意思是说：说话如果没有文采，不讲艺术性，就不能打动人，因而也不能广泛、长远地流传。由此可见，中国古代的教育家对语言就颇为重视。课堂语言要“行而远”，就应该体现出一定的审美特性，其具体表现在真善美和音韵美两个方面。

（一）真善美

1. 教师课堂语言的“真”

教师课堂语言的“真”首先体现在语言的规范性方面，这既是对教师的最基本要求，也体现了教学的工具性特征。语言的规范性主要指语音标准，用词准确，语法合乎规范。

教师课堂语言的“真”还体现在教学语言的真实性和真挚的情感性上。教师课堂上所说的话应该是自己完全相信认可的。所以，面对学生，我一定会真诚地表达：“我所讲的一定是我所信的，我所信的一定是我照着去做的。”同时，教师课堂上还需要满怀激情，满怀对学生的爱，否则其语言必然苍白无力，其态度冷漠无情，不能感染、激发学生。只有真挚的感情、和谐的语言才能启迪学生的思维，引起学生强烈的共鸣。

2. 教师课堂语言的“善”

教师课堂语言的“善”是以教师语言的“真”为前提，主要体现在教师语言的纯洁与健康。教师要做到心中有学生，以学生的成长与发展为根本出发点。教师要以学生的学情及身心特点为依据，与学生的生活实际相联系，善于挖掘教材中的德育因素并用生动形象的语言形式表达出来，说学生善听、乐听的教学语言，做到真正尊重学生，以学生为本，引导学生在“善”的教学语言中向“善”从“善”。

3. 教师课堂语言的“美”

教师课堂语言的“美”体现在语言的生动形象及趣味性方面，这是教师授课艺术的体现，也是提高教学效果的需要。生动形象的语言可以唤起学生头脑中的表象，激发学生的再造想象和创造想象。趣味性的语言可以增强教师的幽默感，营造和谐愉悦的课堂氛围。总之，生动形象和趣味性的课堂语言可以使枯燥的概念、公式通过新颖、鲜明、形象的渠道，灵活而顺利地传递给学生，引起学生的学习兴趣，激发学生的学习热情，使教学效果事半功倍。

（二）音韵美

对于语言的音韵美，明代谢榛在《四溟诗话》中说道：“诵之如行云流水，听之金声玉振，观之明霞散绮，讲之独茧抽丝。”著名作家王蒙也说：“声音是世界上最奇妙的东西，无影无踪，无体积无重量无定形，却又入耳牵心，移神动性，说不言之言，达意外之意，无为而无所不有。”

美的语言是清脆的，有如“大珠小珠落玉盘”；美的语言是灵动的，有如“清水出芙蓉，天然去雕饰”。一位好的教师，吐字一定是清楚、准确，声音清亮、圆润、甜美，语气、语调、声音、节奏富于变化。

朱自清在散文《春》中就展现出语言的音韵美。“小草偷偷地从土里钻出来，嫩嫩的，绿绿的。园子里，田野里，瞧去，一大片一大片满是的。坐着，躺着，打两个滚，踢几脚球，赛几趟跑，捉几回迷藏。风轻悄悄的，草软绵绵的。”在教学时，教师要能用动情的语调范读取代课文的讲解分析，范读时，配以背景音乐，创设意境，让学生去体验感受语音的轻重、停顿的处理、语调的抑扬、节奏的快慢等，反复朗读中品味文本语言的精妙、情感的起伏和意境的深远。相信这样的课堂语言不仅会让学生更快地理解课文，还会让学生受到美的熏陶，激发他们对生活的爱，对美好事物的向往和追求。

三、教师课堂语言的创造性

（一）贴近时代

新的时代需要新型教师，这是时代发展的需要，也是历史发展的必然。随着时代的变迁，学生接受的新鲜事物越来越多、越来越快。在这快速变化的时代面前，如果教师还一味守着传统的思想，所传的“道”、授的“业”学生能信服吗？如果教师还用传统的思维方式，所解的“惑”学生还能接受吗？如果教师还说着过时的语言，必将被学生视为“古董”。

1. 善于接受新事物、新思想

作为一名教师，应该有强烈的时代感，要善于接受新事物、新思想，只有如此才能跟上学生的节拍，和学生产生心理共鸣，才能更好地和学生沟通交流。据调查，98%的学生都喜欢思想年轻甚至“前卫”的教师。比如，有一种内涵颜值叫“主要看气质”，有一种辞职情怀叫“世界那么大，我想去看看”，有一种伤心难过叫“蓝瘦，香菇”，“生活不止眼前的苟且，还有诗与远方的田野”……这些当今学生中流行的新思潮、新“语言”，如果教师能在课堂上适当运用，一定会瞬间拉近师生间的距离。

2. 善于学习新知识、新技术

教育是为未来培养人才的。未来社会会往哪个方向发展？对人的素质有什么要求？作为教师应该有比较清晰的了解和判断。所以，教师课堂语言也应该贴近时代脉搏，时刻关注社会热点、焦点，善于学习新知识、新技术，了解未来社会的趋势，构建适应学生实际需要的、真正喜欢的课堂，让学生在潜移默化中收获知识和智慧。

教师的物质生活可能清贫一些，但可以让精神生活变得高贵；教师日复一日的教学工作可能会单调琐碎，但可以通过研究，通过阅读、思考、写作让教育生活变得丰满，变得有创造性和成就感。贴近时代，本质上是让教师自身始终保持一颗儿童般的好奇心，始终对未来充满希望，让自己有源源不断的活水注入，这样才不会觉得工作单调重复，对消除职业倦怠也极有好处。

（二）贴近学生

课堂上，教师想要创造性地把学生带入知识的殿堂，就需要努力生活在学生之中，蹲下身子，走近学生，关注学生，做学生的引领者，做学生的伙伴，做学生的学生，达到教学相长的目的。

在日常的教育教学中，教师在学生的心目中，很可能是站在他们心中的“对立面”的。在学生们的心里，这其实是一个漫长的博弈过程。他们既要从老师那儿获取知识，又无法忍受来自老师的各种要求、期许。针对学生的这种矛盾心理，教师可以使用“幽默”这件法宝来达到贴近学生的目的。

生活中，我们每个人都喜欢和幽默的人做朋友。课堂上，学生也往往喜欢贴近生活、说话幽默风趣的教师。德国著名学者海因·雷曼麦曾说过：“用幽默说出的严肃的真理，比直截了当地提出更能让人接受。”幽默是教师的法宝，把幽默的语言运用到课堂上，能够保持学生大脑的兴奋，活跃课堂气氛，消除紧张和疲劳，增强学生的学习兴趣，营造一种轻松的教育氛围，还能让学生在笑声中感悟、深思。

将幽默带进课堂的例子有很多，比如有一次鲁迅先生给北京大学学生上分析《红楼梦》中林黛玉人物性格的课时，上课就问：“同学们，你们爱不爱林黛玉？”一语激发了学生的兴趣，开启了学生思维的闸门。学生各抒己见，议论纷纷，相持不下。有学生反问鲁迅：“您爱不爱林黛玉？”鲁迅笑道：“我不爱她，我嫌她哭哭啼啼。”一语未了，引起学生哄堂大笑。“哭哭啼啼”生动形象地概括出了林黛玉的性格特点，鲁迅先生正是凭借自己高超的语言艺术，既导入新课，又吸引了学生的注意力，活跃了课堂氛围，更让学生一下子记住了林黛玉的性格特点。

再如，在一次期中考试时，学生们各怀心思，甚至有个别学生备着“小抄”，班主任作为监考老师走上讲台，说了一句“同学们，你们可以做武林高手，但切莫做‘舞’（舞弊）林高手。”一句幽默的语言，既进行了善意的提醒，也大大缓解了学生考试的紧张情绪，可谓一举两得。在实际的教育教学活动中，这样的例子不胜枚举。

所以，在教育教学中适度使用幽默用语可以营造轻松愉快的氛围，缓解教与学中的疲劳，培养学生乐观向上的情绪。同时，富有幽默感的教师更能展示自己的亲和力，一定会受到大多数学生的欢迎、喜爱。

一般来说，教育教学中运用幽默的手段有：讲笑话，列举趣事，运用机敏的妙语、警句，开展生动有趣的描述或评论，旧语新用，等等。此外，一个幽默的动作、一副幽默的表情，同样能收到很好的效果。

（三）贴近生活

著名的绘画大师罗丹曾说："美到处都有的。对于我们的眼睛，不是缺少美，而是缺少发现。"无论是午夜星辰还是晨露朝阳，无论是平湖秋月还是丛林山川，生活之美无处不在。在教育教学活动中，如何更好地贴近生活，让生活之美融入课堂，吸引学生的眼球，激发他们的求知欲望，更是值得每一位教师不断探索。

著名作家沈从文在他总结自己的创作经验和向他人传授创作经验的时候，把"贴近生活"看作文学创作最为重要的条件。在他的作品中，总以《清明上河图》似的逼真和细腻来描绘湘西。

"贴近"在沈从文先生的作品中具有特殊含义：它指的是对生活最为广泛、丰富、细腻的观察和感受，以及在此基础上情感和心灵对感官所感受到的一切的化育，让世间一切的光影深入作家的心田，并在创作时接受作家情感的召唤，通过回忆重现于作家心田；既要求非常丰富、广泛，也要求永远鲜活生动，鲜活生动到可以用"官能"来回忆、来重新触摸体味的程度。只有对生活有最为丰富而又细腻的观察、感受，再经由情感化育，才能产生好的文学作品。所以，和生活贴得越近的人，越有成为作家的可能。

同样，和生活贴得越近的人，越有成为优秀教师的可能。教学脱离不了实际，不能背离生活，不能不留意甚至回避生活中存在的一些热点、难点、焦点问题，不能远离了学生。如果教师在教学过程中不贴近生活，仅仅从概念到概念进行灌输，这样就会使教学变成无的放矢的说教与空谈，从而丧失了教学质量的根基。

德国思想家胡塞尔认为，生活世界是直观的、具体的、现实的和历史的，因而生活世界也是丰富的，它给人以感性的生存基础。一名"接地气"的教师应深入丰富多彩的现实生活，寻求理论与社会生活的结合点，捕捉学生感兴趣的问题与话题，从日常生活中寻求生动鲜活的事例，使用通俗易懂的语言，创新教学方法，激活理论知识，引导学生观察、体验、感知、感悟、发现及探究，把课堂还给学生，构建生活的课堂，使学生理解"为什么"，明白"怎么看"，知道"怎么做"。

四、教师课堂语言的板书呈现

板书是课堂教学重要的组成部分，也是教师完成教学任务的必要手段之一。教师在传授知识时，仅凭生动的语言、形象的手势和丰富的表情是难以完成教学任务的，还需要辅以直观、形象的板书来表现教材的内容和形式、教者的意图和思路、学者的途径和方法。教学实践证明，在单位时间内，学生的各种感官获得知识的效果是不等的，其中视觉效果最好。其次分别是听、嗅、触觉等。由此可见，我们在教学过程中，应该采用听觉和视觉相结合的方法，通过直观性的教学来提高学生获得知识的效率，以达到优化教学过程、提高教学实效的目的。

（一）课堂板书的作用

课堂板书，包括黑板上的板书和多媒体课件的板书，是教师为辅助和强化课堂教学而写在黑板或展示在幻灯片上的文字、符号、图形和表格，是对教学内容的高度概括及对教学过程提纲挈领式的浓缩。课堂上既要有教师妙趣横生的讲授，又要有赏心悦目的板书展示。

(1) 板书能体现教师对教材的深刻理解和巧妙处理，显示出教师的教学思想和教学风格。

(2) 板书对学生理解记忆知识点、有条理地复习巩固具有极重要的作用。好的板书就像一把钥匙，通过区分、对比等，激发学生学习兴趣，启迪思维，帮助学生将知识归类、延伸，将内容串联。使学生能用它打开知识的大门，自己去发现知识、获得知识、掌握知识。

（二）课堂板书的要求

教学板书是一门“实用美学”，既要“中用”也要“中看”。总体说来，板书应以鲜明醒目、重点突出、条理清晰、言简意赅、活泼多样为好。

1. 简洁明了

板书是一种浓缩的“提炼”艺术，它的文字必须具有高度的概括性、纲要性和指示性。把冗长的文字浓缩成一个图表，简洁而明快地勾出文章的脉络，即使是几个词、短语或线条箭头都会具有特殊的含义。板书设计应抓主要内容，以少胜多，简明扼要，精确恰当。好的板书，使人能掌握整堂课的框架，一下就能抓住要点和中心。

2. 美观实用

板书形式要优美，要遵循图示结构的美学原理，要能引起学生注意，能激发学生的学习兴趣。形式美主要指文字美、结构美、线条符号美、色彩美以及图示美。但板书的目的是使学生更好地理解和掌握知识，因此，板书首先要切合教学实际，要实用，这是追求板书形式美的前提。

3. 整体系统

板书是一个艺术整体。无论字数多少都要展示一个完整的整体，无论哪种形式、结构，都要展示一个完整的组合框架。要做到既系统体现课程的体系，又展示教学的思路，或用线条，或用文字，把各部分联系起来。常采用循环式、对称式、综合式、表格式等进行设计。

4. 直观新奇

板书本身就是一种直观形象。直观是指板书所反映的形象能让学生凭借视觉就能感受到，在感性认识和客观事物之间不需要其他中间环节。板书设计的形式不能千篇一律、囿于一格。板书设计的思维应是多向性的，应根据不同教材、不同对象、不同要求和重点进行板书设计。思维的起点要灵活，要善于多角度、多侧面、全方位地构思设计。要经常变换模板，防止“审美疲劳”。

知识延伸

课堂语言五法

音质优美，音量适中；
高低起伏，语速适中；
语言规范，条理清晰；
风趣幽默，文雅得体；
巧用态势，加强互动。

课堂语言八性

健康文明，勿忘育人，具有思想性；
吐字清晰，措辞准确，具有精确性；
条理清楚，环环相扣，具有逻辑性；
深入浅出，旁征博引，具有通俗性；
描人状物，情景逼真，具有形象性；
绘声绘色，真挚感人，具有生动性；
言简意赅，切中要害，具有精练性；
穿插事例，引趣质疑，具有趣味性。

课堂语言十诫

语苛训人	教条盈耳	语病时出	粗言秽语	平淡枯燥
离题闲扯	夸夸其谈	喋喋不休	语无启发	常说土话

第二节　教师谈心的言谈礼仪

教育是心灵的沟通、灵魂的交融和人格的对话。教师不仅应该传授给学生文化知识，更应该关心学生的心理健康，及时为学生的心理把脉，指导他们走出内心的迷惘。教师还要及时与家长沟通，与家长真诚合作，共同关注孩子的成长。

一、与学生谈心的言谈礼仪

与学生谈心是教师教育教学工作中的一项重要内容，它对于师生间融洽感情、增进了解有着非常重要的作用。但是，现实中常有这样的情况，有的教师的谈心就像一把金钥匙，一下子打开了学生的心头之锁，解开了思想疙瘩，使之豁然开朗，焕发青春热情；有的学生却因教师的谈心加重了思想包袱，或者觉得受了伤害，甚至产生“叛逆”情绪。因此，教师与学生谈心需要讲究方式方法。

（一）谈心内容的选择

美国语言心理学家罗西·萨尔诺夫说过，“交流是双行道”，“没有回应的谈话是无效谈话，说话艺术最重要的应用，就是与人交谈”。交谈的过程，实质上是交谈双方互相发出信息与接收信息的过程，你说我听，我说你听，是一种双向交流。

教师在与学生进行交流的过程中，需要注意言谈内容的选择。如果已经提前约定好交谈的主题，则适当寒暄之后，可很快进入主题，例如，问题研究、学习探讨、征求意见等。在没有约定交谈主题的情况下，可随意交流，但要注意选择合适的话题，迅速融入交谈的氛围，拉近彼此的距离。在此过程中不宜选择的话题有：学生个人的伤心往事、个人隐私以及令学生反感的敏感话题等。具体来说，应针对学生及有关情况的实际，因材谈心，因事谈心，因境谈心。

1. 要针对学生的生理心理实际选择谈心内容

学生由于年龄、个性心理的不同，以及其家庭背景和成长经历的不同，往往表现出不同的心理特点和性格特点，从而影响其谈话的心理反应。个性好强的学生，对刺激其自尊心的话语非常反感；父母离异的学生，对家庭方面的话题非常敏感；与性格开朗豁达的学生谈心可开门见山，与性格内向敏感的学生谈心则需做些铺垫或拐点儿弯。

2. 要针对学生的学习生活实际选择谈心内容

与思想观念不同的学生谈心，谈话的方式及内容都应有所不同。思想疲沓不求上进的学生，往往对正面的谈话没有积极反应，谈心难以收到明显的教育效果，但从寻找其不易被人察觉的特点、优点入手，采用激将法却往往能事半功倍。

谈话时要根据不同事件的内容和性质，确定不同的谈话内容。同时，谈话要因事论事，不可随意扩大、缩小或迁移，以免引起学生的猜疑。有的教师批评学生时，爱“算总账”“揭老底”，这样只能造成师生情绪对立。因此谈话要针对学生思想实际，抓住病结，切中要害，对症下药。

（二）谈心前的准备

（1）提前通知，有所准备。谈话最好提前与学生打招呼，让学生有思想准备、心理准备，这既是对学生的尊重，也是让谈话得以顺利进行的基础。

（2）挑选场地，营造气氛。谈心要选择合适的环境，谈话环境不同对学生的心理影响也不同，在教室当众谈，在办公室个别谈，在校园里边走边谈等，学生都会有不同的反应。确定了与学生谈心的地点，教师可提前到达，甚至可以做一点儿准备，或泡一杯茶，或布置一下环境，让学生感动于老师的诚意，进而愿意向老师敞开心扉。陶行知准备四块糖果与学生王友谈心就是最典型的例子。

（3）设计流程，有仪式感。与学生的谈心并不需要太过频繁，但每一次的谈心总要有所收获，或加深与学生彼此间的了解，或打开学生久闭的心扉，或改变学生的某种观念。要想让每次的谈心有成效，有收获，教师必须设计好谈话的流程，包括开头、导入、衔接、结尾等，甚至要想好学生的种种应答及自己可根据其应答调整的内容。教师还应注意自己的形象，让学生感觉你对此次谈话的重视，用当下时髦的话来讲，就是让学生觉得有“仪式感”。“仪式感”最重大的意义就在于它能唤起人们内心的尊重，从而去尊重生活，尊重他人。所以，教师一定要克服谈话的随意性。

（三）谈心的基本原则

与学生谈心不仅是一种言语交际行为，也是一种思想教育的工作方法，需要遵循学生思想活动规律，贴近学生思想实际，符合学生的心理特征，一般应遵循如下原则：

1. 平等原则

与学生谈话是一个双向交流的过程，教师不可居高临下，盛气凌人。不要把自己的观点强加于学生，要把学生放在与自己平等的地位，消除学生的顾虑与拘束，允许学生发表自己的观点和看法。让学生在平等、和谐的气氛中受到启发，学会换位思考，得到教育。

2. 真诚原则

“精诚所至，金石为开。”教师要真心诚意对待学生，关心爱护学生，做到以情感人。唯有真心才能引起学生心灵的震撼，才能与学生在思想上产生交流，心理上有沟通，心灵上引起共鸣，学生才能敞开心扉，将内心袒露无遗。在谈话过程中，如果教师带有厌恶的情绪，甚至皱一皱眉，有一点走神，学生都会敏锐地觉察到。若让学生产生一种被轻视、被愚弄的愤怒感觉，就会引起师生间的对立情绪，影响谈话效果。

3. 尊重原则

找学生谈话时，要态度和蔼，给对方以亲切感、实在感，要倾听对方的诉说，让对方把心中的体验、感受、困惑、怒气、忧愁尽情地倾诉出来，不要随意打断学生的话语。不要言过其实，故意夸大事实，也不应传播不利团结或道听途说的事情。不要高声训斥，挖苦讽刺。要与人为善，正面引导，鼓励帮助，尊重学生，理解学生，这样学生才会与你交心。

4. 差异原则

找学生谈话的方式要因人而异，因事施法，不可千人一面。要根据对方的性别、年龄、性格特征、情绪心态、表现情况，根据谈话的内容、主题、环境等诸多因素，具体问题具体分析。有的同学是直性子，性情豪爽，谈话就要开门见山。有的同学自尊心较强，谈话就应含蓄一些，旁敲侧击，不要硬把一层“窗户纸”捅破，让对方难受。

（四）谈心的艺术方法

沟通是一种技能，是一门艺术，更是智慧，是博弈。谈话是语言学、心理学、教育学、逻辑学等学科知识的综合运用，富有艺术性的谈话，能收到成功的教育效果。

在这个世界里没有永远抗拒的人，只有顽固且不具弹性的沟通者。就像有些话必然会激起听者的抗拒，但也有些话能使听者敞开心门，愿意与你沟通。有弹性的沟通者能充分尊重别人的看法，适度且不断地改变自己观点，以期达成目标。他们不会以力压人，不会威胁恫吓，从头到尾都保持愿意调整的弹性态度。因此，在与学生谈心的过程中，要力求成为一个具有弹性的沟通者，具体来说，有以下几种基本方法：

1. 多激励，少记账

苏联著名教育家苏霍姆林斯基曾说：“教师无意间的一句话，可能造就一个天才，也可能毁灭一个天才。”培根也曾说：“欣赏者心中有朝霞、露珠和常年盛开的花朵，漠视者冰结心城，四海枯竭，丛山荒芜。”学生的自尊心很强，也特别敏感。作为教师，应充分肯定学生的优点和进步，用辩证的观点对待学生的错误和缺点。

激励性的语言可以激发学生的自信心，给学生面对挫折的勇气，让学生感受成功的喜悦。例如，“你真棒！”这样简简单单一句评语，会使学生信心大增，特别是那些自信心缺乏的学生。

孔子是最知名的老师，天下的许多英才都千里迢迢来拜他为师。有一天，孔子收了一个新学生，叫子夏。子夏看到孔子后，非常吃惊，因为孔子看起来是一个普通的老头子，论相貌并不英俊潇洒，论身材也不壮硕，论谈吐或聪明也只是普通而已。子夏就想："我的老师是天下最有名的良师，可是看来并没有什么特异之处呀！会不会是传言太过头呢?"子夏又反观自己的同学，个个几乎都是人中龙凤，有许多人身材相貌比老师英武得多，还有一些谈吐和聪明也不输给老师。子夏想着："这到底是怎么一回事呢？这些人既已比老师优秀，又何必从各个国家千里迢迢、翻山越岭地来追随老师呢?"有一天，他实在忍不住了，就跑去找老师，想问个明白。他跪在老师的身边，急切地提出问题。子夏问孔子："老师，您觉得颜回的为人怎么样?"孔子知道子夏的心思，就说："颜回的仁义比我好。"子夏："那么，你觉得子贡为人怎么样?"孔子说："子贡的口才比我好多了!"子夏："那么，子路的为人又如何呢?"孔子说："子路的勇敢远远胜过我呀!"子夏："那么，子张的为人又如何呢?"孔子说："子张的为人庄重是我万万不及的呀!"子夏本来是跪着的，这时吃惊地跳起来，说："老师！这就是我一直想不通的问题。这些学生都比您好，为什么他们要拜在您的门下学习呢?"孔子笑了起来，说："来，你不用跪着，也不用站着，坐下来，让我告诉你。颜回的仁义心很强，但是不知道变通；子贡的口才很好，但是不够谦虚；子路非常勇敢，但是不懂得退让；子张为人庄重，但是和人合不来。这些学生，各有所长，各有所短，我可以看出他们的长处和短处，发掘他们的优点，改善他们的缺点。他们虽然都有比我强的地方，却并不是完美的，这是他们一直跟着我，不愿离开我的原因啊!"

海涅曾说："言语之力，大到可以从坟墓唤醒死人，可以把生者活埋，把侏儒变成巨无霸，把巨无霸彻底打垮。"语言既有如此大的力量，就更加要求教师务必要把握好言语这根弦，不能因个人情绪，或贪图一时之快，或带有主观偏见去有意或无意中伤学生。学生的心是一个晶莹的玻璃球，稍不小心就坠地破碎。加之学生的逆反心理本来就很强，如果教师说出一些过气过激的话，可能会使学生在人格和感情上受到伤害，反而产生更加抵触的情绪，甚至酿成无可挽回的悲剧。

心理学家赫洛克做了一个有名的实验，他把学生分成四个组，学习同一难度的内容。第一组为受表扬组，经常受到表扬，成绩扶摇直上。第二组为受谴责组，责备经常不断，这些责备，开始起点作用，后来就"疲"了，成绩就持续下降。第三组为被忽视组，只是在一旁静听前两组所受到的表扬与谴责，自己既得不到直接的表扬，也不遭受直接的谴责，学习成绩比前两组都差。第四组为控制组，既不给予任何表扬与谴责，也不让他们听到对前两组的表扬与谴责，学习成绩最差。由此赫洛克得出结论说："奖惩都是必要的，不给予奖惩会引起学习下降，而奖励比惩罚对学习的促进作用更大。"

无论是孔子的教学，还是赫洛克的实验，都向我们阐明了一个道理：高明的教师，一定是善于激励学生的教师，运用期待、赞美、表扬、谅解和激励鼓励学生奋发向上。天下没有完美的学生，如何激发学生潜能，使其优点长处得以发挥，并改掉缺点，弥补短处，才是教育者的责任。因此，在与学生的沟通中，教师应尽量做到"四多四少"，即：多一点赏识，少一点苛求；多一点表扬，少一点批评；多一点肯定，少一点否定；多一点信任，少一点怀疑。

2. 多尊重，少威胁

“良言一句三冬暖，恶语出口六月寒。”教师的语言，最忌讳“冷、硬、辣、嘲、斥”。在沟通中，教师要注意语气和用词，最忌居高临下的训话。例如，“这么简单的问题你还不会，你怎么学的?”“你怎么还听不懂?”“站起来，给我回答问题，答不对就给我站着!”“你再这么冥顽不化，我会请你的家长来!”……这些居高临下的训话不仅会使学生与教师有距离感，使学生不愿也不敢与教师谈心，有什么不懂的问题也不想去问老师，有时还会伤害到学生的自尊心，使学生讨厌，甚至因为讨厌这个老师而厌恶这个老师所教的课程。

因此，教师在与学生沟通时应力求做到“五个转变”：

(1) 由命令式的语言转变为商讨式的语言，体现教师与学生地位的平等；

(2) 由评判式的语言转变成建议鼓励式的语言，激发和保持学生学习的兴趣；

(3) 由灌输式语言转变为引导式语言，变学生被动学习为主动学习；

(4) 由统一的语言转变为开放的语言，培养学生的创新能力；

(5) 由单一的评价语言转变为评价语言多元化，实现师生共同进步。

3. 多倾听，少责备

倾听，是沟通的一种方式。倾听是理解，是尊重，是接纳，是分担，是共享快乐。学生需要一位好的倾听者，在学生的心目中，教师应既是“良师”，又是“益友”。

认真聆听需要注意：

(1) 和说话者的眼神保持接触；

(2) 以谦虚、宽容、好奇的心胸来听；

(3) 不可凭喜好选择收听，必须接收全部信息；

(4) 提醒自己不可分心，必须专心致志；

(5) 点头、微笑、身体前倾、适当做记录；

(6) 在心里描绘出学生正在说的；

(7) 多问问题，以澄清观念；

(8) 完全了解了学生的重点后，再提出反驳；

(9) 归纳总结学生所说，让学生检测正确与否。

常言道，“善说能赢得听众，善听能赢得朋友”。教师只有耐心聆听学生的诉说、学生的心声，真正了解了学生的诉求，了解了事情的来龙去脉，才能在谈话中有的放矢，切中要害。

4. 多启发，少训斥

语言作为一种感人的力量，它真正的美离不开言辞的热情、诚恳和富有启迪性。因此，教师一定要努力把活生生的灵感和思想贯彻到自己的话语中去，使“情动于中而言溢于表”，从而打动学生的心，使学生产生强烈的共鸣，受到强烈的感染。我们有时会有“听君一席话，胜读十年书”的感慨，而那些烙印在记忆中精辟而富有哲理的语言会一辈子都忘不了，终生受用。

某校一位高中男生拿着自己的日记给班主任看，班主任看过之后，大吃一惊，原来他遇到了最头痛的问题：这位男生早恋了，并且是恋得死去活来。这位班主任读了学生的日记，首先产生的思想活动是感动，十分感动。要知道一个学生把自己“见不得人”的东西拿给班主任看，这需要付出多大的勇气，对班主任抱着多大的信任啊！感动之余，这位班主任也感到了问题的严重性。但是他并没有马上找这位男生来做思想工作，而是等待能够把早恋危害说透的时机。契机终于来了。几天后这个班的全体同学一起在橘子洲头义务劳动，这位早恋同学看着湘江水说：“我从这儿丢下一片木片，它能漂到海里吗?”班主任说：“可能吧，因为它总不停地向前漂去。”班主任接着对他谈起自己第一次见到湘江时的感受。听着班主任的话，这位男生产生了共鸣，最后对班主任说：“湘江两岸生活过的人难以数计，可真正留下姓名的人太少了。老师，您看我能做出一番事业，留下姓名吗?”班主任趁机说：“我看不行!”学生愣住了。班主任接着说：“一个成就伟大事业的人，就得把全部的身心精力投入追求的事业中。尤其一个人在青春年少之时，更要创造光辉的人生前景。像你丢下去的木片，本来可以顺着湘江流入大海，可中间被什么东西挡住了，搁浅了，它就永远看不到海上日出的壮丽景象了。”学生这时心领神会地笑了。可他低头沉思后突然又问：“难道伟大人物就不恋爱结婚？马克思、傅雷不都是早恋吗?”这一下问题明朗了。班主任想了想说：“伟大人物也是要恋爱结婚的，但只想恋爱结婚的人显然成不了伟大人物。如果这与他们追求的伟大目标相冲突，他们一定能够战胜自己，处理好这一矛盾的。反过来说，能克制感情的盲目冲动，恰是伟人的素质之一。”学生心悦诚服地点点头。

显然，这是一次非常成功的谈话，因为谈话中没有武断的训斥，也没有不分青红皂白的批评，而是以“理”打通学生的思想，使这位男生沿着“理”的道路重新找回了自我的位置，重又回到正确的轨道上来。这一番谈话产生了很好的效果，因为这位班主任把道理说透了，讲清了，但又不露痕迹，没动“声色”，用道理解开了学生心中的“死疙瘩”，自然会取得好效果。

二、与家长沟通的言谈礼仪

家庭教育和学校教育是学生教育不可分割的两个部分，只有学校、家庭明确分工，统一认识，协同步调，加强合作，形成合力，才能保证最佳的教育效果。这样，学校与学生家庭就必须保持密切的联系，教师与学生家长必须经常交流沟通学生的情况，让学生不仅在学校是好学生，走出校门后也是好孩子、好公民。

（一）建立沟通

1. 改变观念，保持沟通

一项调查显示，大约47%的教师只有在孩子犯错误时，才产生与学生家长交流的想法；另一方面，在不少家长眼里，教师与家长主动沟通，还被视为“非正常”的“告状”“求助”，38%的家长在孩子犯较大过错时才有与教师交流孩子情况的想法。

当前，教师和家长通过有效沟通以加强合作的意识还有待提高。师道尊严，往往过于强调教师的权威，这就很难与家长平等沟通而产生沟通障碍。家长也深受传统师道尊严观念束缚，加上来自含蓄、内敛型文化的内在约束，许多家长还不习惯、不愿意与教师进行主动、积极的交流。因此，双方应充分认识沟通的必要性，真正重视沟通。教师应当发挥更多的主动性，通过多种方式与家长保持经常性联系与沟通。

2. 建立信任，加强合作

信任是沟通的重要前提，而沟通本身又是促进家长对教师信任程度提升的手段或途径。教师在与家长沟通的过程中，要表现出一种与家长合作的真诚愿望。

构筑信任，就要充分发挥“爱”在教育中特殊而奇妙的功能。苏霍姆林斯基说：“教育技巧的全部奥妙也就在于如何爱护学生。”只有爱学生的教师，才可能教育好学生。“爱”主要体现在关心学生，爱护学生，帮助学生解决学习和生活中的困难，消除学习心理障碍，为学生创造一个舒适的学习环境上。在与学生家长沟通中，教师真诚流露出对学生的爱，会迅速、有效地缩短家长与教师的心理距离，“亲其师而信其道”，大大增强家长对教师的信任感。

（二）沟通的准备

1. 沟通内容的选择

教师与家长谈话常有两种情况：一是事先约定，我们称之为正式沟通；二是不期而遇式的非正式沟通。如果是前者，教师就要对所谈话题充分考虑，与家长见面时才能有条不紊地交换意见，从而实现预定计划。如果是后者，教师就要善于“临阵磨枪”，将孩子在校的情况简明、扼要地向家长反映，并提出希望沟通的目的与计划。教师与家长的交流很多都是不期而遇的非正式沟通。因此，教师平时对每位学生都应心中有数，以便家长问到孩子情况时能对答如流，让家长对你接下来的建议信服，从而积极配合学校的教育。

2. 沟通场合的选择

对于表现好的学生，教师大可公开表扬，这对于家长和学生都是一种鼓励，能够促使他们朝着更好的方向发展。而对于表现差的学生，则不仅要注意场合，还要注意沟通的方式，尽量站在家长的角度思考，注意语言的婉转，既要使家长能够清楚了解自己孩子的真实表现，又要能冷静地看待孩子的问题，还要让家长“有脸面”，不致太尴尬。所以，可以选择个别交谈，也可选择当众谈；可以选择当着孩子的面谈，也可选择与家长单独交谈；可以与其他任课教师联合与家长交流，也可以一个人与家长私谈。场合的选择应视事情的严重程度、学生的具体情况，甚至家长的态度而定。

3. 沟通方式的选择

教师与家长的沟通方式，通常有两种：一是集体沟通；二是个别沟通。集体沟通主要通过家长座谈会、亲子互动、家长观摩日等多种方式，促使家长主动、积极参与学校教育，将家长的角色由“旁观”变为“参与”。而个别沟通则包括以下内容：

（1）电话、邮件、QQ、短信、微信联系。这是最现代、最常用的沟通方式，长处是及时方便，简单的问题（如迟到、缺课）一说就明，效率较高，但沟通有很大的局限性，不易把复杂的问题说清楚，效果一般。

（2）约请谈话。请家长在约定的时间到校，有目的有针对性地告之情况，共商对策，处理发生的问题。这往往是问题发生后不得不采取的补救措施。

（3）家访。家访是教师与学生家长建立联系的一种重要方式。教师适时适度、恰到好处地进行家访，会让家长感受到老师积极主动的工作态度，还可以更直观地了解学生的生长环境、成长氛围，从而更有针对性地对学生进行教育。可惜这种与家长沟通的方式因为各种因素的影响，现在的教师并不常用。

(4) 书信交流。这种方式也许现在几乎没有老师再用，但我却仍想提出来，是因为我常常在感慨，高科技给我们的生活带来便捷的同时，也留下了一些遗憾。现在的年轻人也许难以再有我曾拥有的那种幸福，因为他们已几乎不再提笔写信。每当我想念已离开13年的父亲时，我总可以拿出30多年前我读大学时，父亲每星期写给我的一封封书信，满满的一纸箱，展开每一封，那遒劲潇洒的字迹、良苦用心的谆谆教诲，总能勾起我美好的回忆，父亲的音容笑貌恍如眼前。正是因为现在的人已很少使用书信进行沟通交流，教师如果偶尔用这种方式与学生或学生家长交流，一定会收到意想不到的效果。

实践中，教师应根据实际情况从中选择合适的沟通方式与家长交流，同时要熟练运用各种沟通策略与方法。

(三) 沟通的艺术

1. 公正评价，一视同仁

教师应在公正的前提下，正确地评价学生，实事求是地向学生家长反映情况，做到不夸大，不缩小。通常应先讲学生的优点，再提缺点，最后提出帮助和教育学生的建议和措施。切忌"告状"，滔滔不绝大谈学生的缺点和过失，对学生的成绩和长处闭口不谈或轻描淡写地一带而过。这样做，会令学生家长很难堪，也易激起学生家长的怒气和反感，甚至导致家长对孩子极为不满，孩子又觉得老师很可怕、很可恶，形成一种恶性循环，以至于无法获得家长的理解与配合。

同时，教师也绝对不能因为学生的家庭贫富、成绩好坏而用不同的态度对待其家长。家长之间的差异是客观存在的，学历、职位、性格均有所不同。无论家长间存在什么样的差异，从他们将自己的孩子送到学校的那一天起，就与教师开始了共同的历程——教育好孩子，这是教师必须明白的。

2. 注意态度，真诚交流

教师与家长沟通时，首先要以平等的态度来对待家长，尊重他们的人格与观点，要耐心、虚心、诚心地听取家长合理有益的建议，努力营造和谐、轻松、愉快的交流环境，这样对孩子的教育才能保持协调一致。教师还要多赞美孩子、肯定孩子的长处。教师一句微不足道的称赞，都会让家长感到高兴，直至影响家长对待孩子的态度。例如，摸摸孩子的小脸蛋说："你真棒！老师很喜欢你。"这种奖赏性的行为和语言在一定程度上强化了孩子继续努力的心理，也能使家长轻松、自信、愉快地面对老师，主动向老师提出孩子目前存在的不足，期望得到教师的指点与帮助。这样，交流的主题就会得到延伸，就能有效促进教师与家长的互动交流。

与家长谈话的态度、语气务必热心诚恳。诚恳意味着不推诿责任，说真话，表里如一，言行一致。不怕丢面子，不欺骗，对工作中处理不当的问题，有勇气向家长致歉。对家长的需要，能办则办，办则办好；不能办，则坦言相告，争取他们的谅解。同时，要虚心接受家长的批评，要引导家长充分发表意见，让他们知无不言，言无不尽，通过平等商讨，得到家长的理解、配合与认同。

3. 审时度势，因人而异

沟通要因人而异，因时而异，因情而异。与不同的家长，在不同的情况下交流，需要用不同的方法与策略。

(1) 考虑家长身份、文化程度方面的多样化。

在沟通中，不少教师都认为与学生的爷爷奶奶沟通比较困难，他们不能理解自己的意思，这是因为学生的爷爷奶奶与教师在年龄、经验、文化背景、思想观念等方面存在一定差距，而且双方语言表达方式也有不同。因此，面对这样的家长，教师要尽可能简化语言，并适时改变自己的语言表达方式和习惯，以对方能理解的方式表达意思，这样才能使双方的沟通障碍尽可能减少。

(2) 考虑家长个性的多元化。

对性格粗暴、刚愎自用，甚至不太讲理的家长，要以冷对“热”，以静制动，以柔克刚。越是难以理喻，就越要坚持晓之以理。而对于性格随和、通情达理的家长，要在友好交谈中用心听取他们对学校工作的意见，不能因他们“好说话”而冷淡了他们。那些快人快语、胸无城府的家长，他们的性格外露，不喜隐瞒，喜欢直率地表达自己的意见，且心口一致，教师与他们谈话时也要干脆利落，让家长看到你的直率，感到你可以信赖。对说话喜欢绕弯的家长，则要集中精力听出他们表达的中心，对未听清的，则要通过提问让他们表达清楚，意思含混的，还要细心琢磨，领会其主旨，才能有的放矢。

(3) 考虑家长的自尊心和面子。

这种情况在学校经常会碰到：家长为了孩子的事情对学校的某种做法有意见时，怒气冲冲地找教师或校长交谈，显然，在这种情绪不快情况下的沟通是很难顺利的，有时不但不会解决问题，还会引起冲突。这时，教师要察言观色，根据家长的情绪运用不同的谈话方式，同时多设身处地，换位思考。对学校和老师有意见而处于气头上的家长，有强烈的排斥心理，这时教师不能火上浇油，而应努力使他们克制情绪，恢复常态后再相机而动，对症下药。

任何情况请家长到校，教师都应主动给家长让座、倒水，特别是学生犯错误时要求学生家长到校时更应注意这一点。当沟通双方由于某种原因产生情绪时，最好暂停沟通，直至恢复平静后再进行沟通。曾记得有一位家长怒气冲冲到我办公室说：“我的孩子成绩明明排在前几名，为什么没有拿到奖学金？成绩比他差的都有奖学金，今天你必须给我个说法！”说话的语气非常强硬，脸色也很难看。我边说“您好”边转身去搬了一张凳子给她坐，并倒了一杯水给她，当我把水送到她手里时，家长本来紧绷的脸开始勉强地露出了一点礼貌的笑容。当我再温和地说道：“您辛苦啦！先喝杯水，我再跟您解释。”这时，我明显地看到家长脸上有了一丝愧色，她可能也感觉到了自己刚刚的失礼。接下来当我说明情况时，她一直都在耐心地听，最后，她不仅表示了对我们工作的认可，还再三为自己的失态道歉。如果一开始我也要态度，针尖对麦芒，肯定会僵持不下，最后不欢而散。

知识延伸

与家长沟通“六要五不要”

一要坦诚相待，不要盛气凌人；

二要实话实说，不要添油加醋；

三要一分为二，不要以点概面；

四要留有余地，不要把话说死；

五要褒奖学生，不要推卸责任；

六要报喜巧报忧。

第三节　教师言谈礼仪的提升途径

教师的教育教学工作都要用言语来完成，所以，教师言谈礼仪的好坏会直接影响教育教学工作的效果，那么，在日常的生活和工作中，教师可以通过哪些方式或途径来提升自己的言谈礼仪呢？教师的言谈礼仪又与哪些因素密切关联呢？

一、思想悟性是根本

人的生命蕴含的重要潜能是悟性，它最大的特征就是创造性。凡有成就者，对社会和自然的生态、内在联系及其规律有着不同于常人的理解和深刻领悟。《名师的教学成长之路》中写道："教师有悟性，教学才有个性。"

悟性，也称领悟、感悟、顿悟，是主体在知识的整体体验基础上，运用直觉、灵感、类比、分析、综合、归纳等手段，了解、领会、判断、把握事物本质的创造性思维，是人类生命中特有的思维能力。

言语交谈中，我们常有这样的感受：对有的人说十句他懂三句，对有的人说三句他想到十句，这就是悟性不同。悟性决定思维能力，是打开思想宝库的金钥匙。如果不通过感悟，外界的东西对主体来说，始终是没有意义的，而逐步深入的感悟，则可以使被感悟物，如一本书、一篇文章、一个观点、一个事物，消化成为主体的思想，变为精神的一部分。

悟性靠积累，顿悟总是从渐悟而来。知识阅历沉淀多了，思想之土肥沃了，就能生长出悟性之花。常言道："师傅请进门，修行靠个人。"这里的"修行"，我们就可以理解为"领悟""感悟"，是一种举一反三、触类旁通的能力。这种能力能够使人突破原有知识的束缚，感悟出新的见解，是悟性的最好显示。正是由于有悟性，人才能总是处于不断创造中。所以，教师要不断地提高自己的思想悟性，从一件事、一句话、一个场景、一个眼神，甚至于一件摆设中都能感悟出别人所无法体会的意义和内涵，那么，言语表达的内涵就会丰富而深刻。尤其是现在的很多年轻教师，是中国改革开放红利的最直接受益者，生活太过顺利，几乎没有经历过什么挫折和坎坷，难以感受到当下生活的来之不易，难以有幸福感和满足感，更难以理解生活艰辛、社会混乱、国家动荡的滋味，所以，不会换位思考，更不懂得珍惜今天的幸福生活。因而他们总是只看到现实生活中存在的问题，上课时喜欢发牢骚，喜欢抱怨社会、民族和国家。当一个教师失去了基本的家国情怀时，即便他的普通话再标准，声音再美，口才再好，"育人"的目标也是不可能达到的了。所以，教师必须通过悟的心境，毫无障碍地剥离种种外在的表现，可以毫不犹豫地将那个东西或本体一手擒来，直接见到事物的本质。多样化的现代社会更需要综合性的悟性，需要教师做的就是"在每时每刻的行为中用心去体会或直观这些已先验存在的本质，经常互换角色，设身处地从对象的角度来领悟对象"。正如柏格森所说，我们每个人都是自己生活的创造者，而且每一瞬间都是一种创造。只有这样，才能不断提高自己的言谈技巧，提升自己的言谈礼仪。

二、道德情操是核心

习近平指出，做好教师，要有理想信念，要有道德情操，要有扎实的学识，要有仁爱之心。这“四有”是当代教师的为师之要，也是当下社会群体对广大教师的要求。

“德高为师，身正为范”。教师高尚的道德情操应表现在个人思想上能够做到不被权力所动、不被利益所惑，并始终坚守符合社会伦理道德规范的道德信念；在行动上始终以一定的道德原则做事，即以身作则，恪守道德底线，做到以德施教，率先垂范，当好榜样，树立楷模，成为当代学生、社会群体的人生标杆。

所谓“言为心声”，教师只有具备了高尚的道德情操，才能在言语表达中充满了正能量，才能真正让学生有醍醐灌顶、胜读十年书之感，也才能达到“育人”的目的。教师有家国情怀，就会处处引导学生爱家人，爱朋友，爱民族，爱国家；教师有正确的是非观，就会时时告诉学生明真假，辨是非，去伪存真，惩恶扬善；教师诚实守信，言语中就一定会让学生感受到“你所讲的一定是你所信的，你所信的也一定是你照着去做的”。所以，教师要想真正提高自己的言语表达能力，提高道德情操是核心。

三、思维能力是保障

任何新见解、新观点、新理论、新方法都是独创性思维的产物，教师的创造性教学源于教师的独创性思维。思考的过程就是将知识内化、深化、升华的过程。不思考，无法推理、归纳、注释，无法想象探索，无法去认识与掌握客观规律。思考可以去伪存真、去粗存精。探索真理，其乐无穷。教师要善于总结自己或他人成功的教学经验，学习他人的长处，结合自己的工作实际，形成独到的见解，这个过程就是思考的过程，就是思维能力的体现。

思维能力包括形象思维能力和逻辑思维能力。教师的形象思维能力在讲课时最直接体现为“情景再现”，语言描述生动形象，具有画面感。例如，分析朱自清先生《荷塘月色》中“叶子出水很高，像亭亭的舞女的裙”这一句时，教师的形象思维能力若很强，分析的语言一定会引领学生阅读时眼前仿佛出现一群穿着绿色舞裙、旋转律动，充满朝气和活力的身材修长的舞者的画面，会让荷塘的美景顿时富有了灵气。当然，这样的形象思维既有可能来自生活的经验，也有可能完全出自教师的凭空想象。而逻辑思维又称抽象思维，是思维的一种高级形式，其特点是以抽象的概念、判断和推理作为思维的基本形式，以分析、综合、比较、抽象、概括和具体化作为思维的基本过程，从而揭示事物的本质特征和规律性联系。逻辑思维能力直接体现为教师的语言脉络分明，条理清晰，言之有序，环环相扣。

教师对教材要有真知灼见，能够于平凡中见新奇，更要能够联系当下青年学子的生活实际、思想实际，见人之所未见，想人之所未想，这就是一种思维能力。经过这样思考的一堂课就会如同一首诗、一幅画、一段旋律、一项发明，是独一无二的创造，学生听这样的课就像是在独享一片风景。所以，思维能力是教师言谈礼仪的保障。

四、知识涵养是源泉

知识涵养是教师的立身之本。知识是人们在改造世界的实践中所获得的认识和经验的总和。知识涵养，使人严肃而不孤僻，使人活泼而不放浪，使人稳重而不呆板，使人热情而不轻狂，使人沉着而不寡言，使人和气而不盲从。借用时下流行的一句话：每个人的气质中，都藏着读过的书，走过的路，爱过的人。教师的言谈也是如此，言语中每一个细节无不体现出其自身的知识涵养。

教育家马卡连柯曾说："学生可以原谅教师的严厉刻板，甚至吹毛求疵，但不能原谅他的不学无术。"教师要做到慧于心而秀于言，这就必须在知识储备上下功夫。苏霍姆林斯基在《给教师的建议》中说："教师所知道的东西，就应当比他在课堂上要讲的东西多十倍，以便能够应付自如地掌握教材，到了课堂上，能从大量的事实中选出最重要的来讲。"的确，教师不仅应该是他那一门学科领域的专家，也应是博览群书的饱学之士。有了丰富的知识底蕴，教学语言才能言简意赅，精辟扼要；才能取精用宏，以简驭繁，厚积薄发；才能高屋建瓴地把握教材的要义和实质。所谓"巧妇难为无米之炊"，一个教师普通话再好，声音再美，没有丰厚的学养，有"嘴皮"没"肚皮"，语言一定是无源之水，无本之木。学生期待这样的教学：见解深刻，独具只眼，旁征博引，循循善诱，充满智慧，精益求精。所以，知识涵养是提升教师言谈礼仪的源泉。

五、沟通技能是方法

沟通是人与人之间传递信息、传播思想、传达情感的过程，是一个人获得他人思想、情感、见解、价值观的一种途径，是人与人之间交往的一座桥梁，通过这个桥梁，人们可以分享彼此的情感和知识，消除误会，增进了解，达成共同认识或共同协议。

拥有高尚的情操、良好的悟性、渊博的学识、严谨的思维的人也许能成为一位优秀的科研工作者，而优秀教师除了拥有科研工作者的素质外，还应具有高超的沟通技能，因为教师对学生价值观念的植入、文化知识的传授、思想情感的表达，最终都是靠言语沟通来实施。那么，教师如何提升言语沟通技巧呢？

1. 价值观和性格模式是影响沟通的两大因素

价值观是人们判断是非黑白的信念体系，是人们行动决策的依据，是人们的行为准则，也就是大脑中决定是否执行的系统，它决定一件事值不值得干、该不该干、该怎么干。价值观会主宰我们的人生方式，影响我们对周围一切的反应。

价值观的冲突是一切矛盾的根源。所以，师生之间要想沟通顺畅，首先要在价值观上保持基本一致。当教师了解了这一点后，与学生沟通前，要尽可能地了解学生的价值取向，设身处地，换位思考，站在学生的角度、用学生的语言进行沟通，在双方不发生冲突的前提下慢慢引导，以达到有效沟通的目的。

性格是指一个人表现在态度和行为方面的稳定的心理特征。性格模式主宰了一个人的处事态度和行为方式：积极与消极、果断与寡断。性格模式之于人脑，如电脑程序之于电脑，如果你想与电脑沟通，就得了解它的程序；若想与人沟通就得了解他的性格模式。人的性格模式大致可以分为追求型与逃避型、自我判定型与外界判定型、自我意识型与顾他意识型、配合型与拆散型、可能型与需求型。例如，需求型的人做事是因为不能不做，特别注重已知的、安全的事物；可能型的人做事是因为"想去做"，希望从中找出蕴藏的机会。所以说服需求型的人只需告诉他为何要这样做，而说服可能型的人则要告诉他这样做可能创造的机会。熟悉交谈对象的性格模式，沟通不仅更有针对性，而且一定会事半功倍。

2. 围绕中心，表达明确

沟通过程中要不断地问自己："为什么要沟通?"无论是寒暄铺垫，还是提问与回答，要尽量围绕中心话题、用对方的语言沟通，千万不可信马由缰，冲淡主题。当讲到重点问题时，应放慢语速，加重语气，提高音量，重复表述，加以强调；讲到一些难以理解的问题时，可以多举例，类比或对比，让表达更明确易懂；讲到特别专业的术语或问题时，要尽量用通俗易懂的语言或图表来阐释。

所以，沟通时尽量把要讲的内容厘清条理，建立"思维路标"，提炼"关键词"，做到言之有物，言之有序。

3. 认真聆听，确认信息

沟通高手首先是一个热衷于聆听的人，聆听是建立信任最有效的方法。常言道："善言能赢得听众，善听能赢得朋友。"

有效的聆听是一个主动而非被动的过程，要用耳听，用眼看，用心悟。字眼提供我们字面上的信息，而语调及肢体语言让我们了解到说话者的情感和精神层面。有调查显示：语言中7%的意义取自字面，38%来自语音和语调，55%来自面部表情、姿势和手势。所以，交谈时要和说话者的眼神保持接触，不可凭喜好选择收听，必须接收全部信息。提醒自己不可分心，必须专心致志，以谦虚、宽容、好奇的心胸来听，并用点头、微笑、身体前倾、记录等加以呼应。多问问题，在心里描绘出对方正在说的，确认所听到的信息，以澄清观念。最后归纳总结对方所说，让对方检测正确与否。

这里的"确认"有三个层面：第一层面是对说话者的用词加以确认；第二层面是对接收的一段信息加以确认；第三层面是对说话者的语言、语调和肢体语言加以确认，也就是对言外之意加以确认。

4. 做一个富有弹性的沟通者

一个高明的沟通者，一定是一个富有弹性的沟通者。美国著名的政治家、思想家、发明家富兰克林说："寻找推动任何可能引起争论的事情时，我总是以最温和的方式表达自己的观点，从来不使用绝对确定或不容许怀疑的字眼，而代之以下列说法：据我了解，事情是这样子；如果我没有记错，我想事情是这样；我猜想事情是不是该这样；就我看来，事情是不是该如此。像这样对自己看法没多大把握的表达习惯，多年来使我推动许多棘手的问题一帆风顺。"

具体沟通时尽量将"但是"换成"也"，"你说得很有道理，但是……"，一个"但是"，就等于把别人说的否定了，让说话者难以接受。若把"但是"换成"也"，这么说："你说得有道理，我这里也有一个好主意，不妨我们再议一议，如何?"既没有全盘否定说话者的观点，又说出了自己的意见。所以，沟通时多使用"合一架构"："我感谢你的意见，同时也……""我尊重你的看法，同时也……""我同意你的观点，同时也……""我尊重你的意图，同时也……"

第三章 教师的工作礼仪

“师者，所以传道授业解惑也。”韩愈先生用传道授业解惑六个字概括了教师的职责。随着社会的发展和教学手段的进步，教师的工作内容发生了很大的改变，教师工作礼仪的内涵也随之有了很大的扩展。从广义来讲，本书各章节的各项活动均属教师的工作范畴。但从狭义来看，教师的本职工作还是以传道、授业、解惑为核心。因此，本章节所探讨的教师工作礼仪，还是围绕教师与学生之间的教学活动展开的。

依据教学环节，我们可以将教师的工作分为课前、课中、课后和考试四个阶段，并分别介绍相关的礼仪常识，以帮助各位教师朋友树立良好的工作形象，提升课堂表现力，展现教师的人格魅力。

第一节　备课与教研礼仪

古人云，“凡事预则立，不预则废”。备课与教研活动是整个教学活动开展的基础。备课和教研活动的开展，直接影响课堂教学的具体实施和效果，是教师教学观念的系统展现。

在实际的操作层面，教师不仅要遵循备课和教研活动的基本规范、标准，更要怀着对教学活动的“敬”意，本着对他人劳动成果负责和对学生负责的态度，讲求一定的礼仪规范，从而创造性地设计出目的明确、方法适当、效果显著的教学方案。

一、教师备课的礼仪

所谓备课，是教师根据学科课程标准的要求和本门课程的特点，结合学生的具体情况，选择最合适的表达方法和顺序，以保证学生有效进行学习的教学活动。特级教师张子锷曾说：“我教物理 50 年了，同教 3 个班，课已经讲了 150 遍了，但是到最后一遍，不备课我还是不敢上课。”可见，备课对于教师教学活动的开展至关重要。

（一）备课的基本要求

讲求备课的礼仪，理应从备课的核心和本质出发，熟悉学科课程标准和课程特点，保证备课的专业化。一般来说，教师想要备好一门课，钻研学科课程标准、教科书和阅读相关参考书等是必不可少的，这也可以说是教师备好一门课的基本要求，是使备课规范的前提基础。

课程标准是规定某一学科的课程性质、课程目标、内容目标、实施建议的教学指导性文件，它对不同阶段的学生在知识与技能、过程与方法、情感态度与价值观等方面提出了基本要求。因此，课程标准是检验教师教学效果的重要标准。教师认真对课程标准进行钻研，以其为教学、评估和考试命题的依据，是备好课的第一步。

一般来说每门课程的教授，都以教科书为基础，即使进入高等教育阶段，也要为学生提供相关的参考书目。那么教师便要成为教科书的研读者，不仅要对全书的知识要点和知识结构有一个系统性的把握，还要对教材的编写意图、知识重难点、讲解方法等有自己的理解。此外，“要给学生一杯水，教师要有一桶水”，仅仅靠单本的教材完成备课是远远不够的，教师应在钻研教科书的基础上广泛阅读有关参考书和相关资料，精选材料来充实教学内容。

（二）备课的类型与礼仪

按照参与主体的不同，备课可以分为个人备课和集体备课。这两种形式都是当下较为流行的备课方法，都对教师课堂教学的开展起着至关重要的作用。教师在备课时，要想达到备课的基本标准，除了注重自身的钻研和研读外，还必须讲求一定的礼仪规范，这样才能从各类材料中汲取精华，才能在吸纳他人经验的过程中有较为愉快的经历和成长。

1. 个人备课与礼仪原则

备课是对课堂的预设，其目的是明确教师上课的思路。一直以来，个人备课作为一种传统的备课方式为教师所用。个人备课也是集体备课的基础，教师必须在资源共享的基础上有自己的思考和架构，才是对备课资源利用的最大化。当然，个人备课也要讲求一定的礼仪原则，具体来说可以从以下几个方面切入：

（1）遵循“因材备课”的原则。

因材备课要考虑学生的年龄特征和身心发展特点，根据学生的具体情况进行课程设计。就班级学生而言，即便是平行班级，每个班级的学生也是有差异的，不同于工厂用来生产标准化产品的原材料，学生们的身心发展、知识摄取都需实际考虑，不能按照统一的标准化工序来加工。就一堂课的重点和难点而言，授课内容也因学生的差异而不尽相同，甚至差异很大，教师需要因材施教才行。

一般来说，幼儿园老师当以启智为主；小学老师当以引领认知为主；中学教师则更注重知识系统的搭建和知识点的重点讲解；进入大学，则要注重开发学生的自主学习能力和思考表达能力。此外，教师还应对班级班风、学生的思想状况、学习态度、学习习惯、知识掌握程度等进行全面的了解，从心理换位的视角去理解学生。这样的“因材备课”，就是对学生的负责，对学生的尊重，就是礼仪基本原则中“尊重原则”最直接的体现。

（2）讲究统一性原则。

备课目的是服务于教学，而在具体实施过程中，教师要将教学目标、教学进度、作业训练、资料使用、检测评估保持统一，特别是教学进度和目标检测的统一。一旦失去了各个环节的统一，就不能在具体的教学过程中让学生获得准确一致的信息，就会让学生莫衷一是，无所适从，也就无法实现课程的教学目标。因此，教师要格外注重备课内容的统一，让各部分内容为同一个目标服务。

（3）注重规范性原则。

教师备课不能敷衍了事，它不是为了应对检查，而是对教学内容的预设。因此，备课要讲求规范性，系统地包含各项内容，如教学目标和要求、教学重点和难点、教学时间和安排、具体教学步骤、提问和讨论设计、板书设计、课后作业、参考资料，甚至教学后记。不仅内容上要系统规范，表述、格式也应系统规范。不仅要让自己心中有数，也要让他人一目了然。

2. 集体备课与礼仪禁忌

随着教学改革的进行，集体备课以其开放、共享、互动等优势赢得了越来越多老师的青睐。所谓集体备课，是指各教研组或课程组为备课小组，组织教师集体开展相关备课活动，通过集体研读大纲和教材、分析学情、制订学科教学计划、分解备课任务、审定备课提纲、反馈教学实践信息等系列教研活动来完成备课。

随着集体备课的深入开展，其弊端也开始日益显现。简单的“包干＋合并”、偷懒式的“搜索＋下载”……这些更多形式上的东西大大影响了备课效果，削弱了众多教师独立备课的能力。作为一种集合多人智慧的备课方式，集体备课由原本个人备课的“自我交流”也变成了“人际交流”，在这种背景下，需要正确处理好个人钻研与集体讨论的关系，绕开一些集体备课的礼仪禁忌，从而真正实现集体备课的意义，实现资源共享，使 1＋1 大于 2。

（1）忌“拿来主义”。

安徽省特级教师李祥辉在其博客上指出，备课既有一般可遵循的规律和原理，同时更具有很强的自主性、差异性。虽然同级同科目教师讲授的内容大抵相同，但每个教师的风格不一，在相同的内容中找到最适合自己的授课风格，才是教师展现个人魅力的最佳方式。

在得到共享的备课资源后，教师不能一味借鉴，拿来就用。所谓“功夫在诗外”，教师在尊重他人劳动成果的同时，自己要仔细钻研消化，形成自己的理解，只有这样才能更好地将知识传授给学生。否则，备课就将演变成“背课”，讲课也变成了“复述”，课堂氛围将索然无味。

（2）忌趾高气扬。

教师行业和其他行业一样，也有名师、普通老师、新入职老师之分，不管是个人备课还是集体备课，不同的老师都有其优势，切不可因为自己有“名师”头衔而趾高气扬，认为自己的“干货”“好货”都无偿给了别人而心有不满；也不可因为自己年轻气盛，对网络等新兴教学手段有天然的亲近感、敏锐度，就小瞧他人。教师授课的核心都是为了学生能更好地掌握知识，只有大家相互借鉴，取长补短，发挥各自优势，才能最大限度地实现资源共享，真正让学生最大化地受益。

(3) 忌怠惰因循。

作为集体备课的一分子，每位教师都应早做准备，积极主动收集资料，钻研大纲和教材，先形成自己的教学思路，以便集体讨论时能提出自己的方案和想法，抛砖引玉，取长补短。切不可懒惰懈怠，依赖别人，最后不劳而获。如果因为一人的懒惰拖沓而影响共同的进度，势必影响课堂教学的正常开展，也会让自己的形象在同行面前大打折扣。

二、教师教研活动的礼仪

波斯纳提出了一个教师成长公式："经验＋反思＝成长。"教研活动便是促进教师专业成长的主要途径。所谓教研，即教育教学研究，是教师总结教学经验，发现教学问题，研究教学方法，提炼教学思想，形成教学成果等活动的统称。除了前文提到的备课，教师参与的教研活动还包括听课评课、教学比武、学术研讨、经验交流等。这些活动不仅能促进教师之间的交流，更能促使教师不断进行自我反思和调整，促进自身的专业化成长。但必须明晰的是，在参加教研活动中，教师必须端正自己的心态，注重礼仪规范，方能在教研活动中展现自己，提升自己，交到朋友，得到认可。

1. 摆正心态

尺有所短，寸有所长，教研活动是对教研成果的整合，是不同分工或不同水平教师的互动过程。每位教师都有不同的定位和优势，这就要求参加教研的教师有"空杯心态"。所谓空杯，顾名思义就是把自己想象成一个"空的杯子"，以便通心力，和不同。教研活动中，或是把不同分工的钻研者成果整合成为集体的、系统的教研成果，或是较高水平的钻研成果被教研者认可并直接吸纳。

对于一般教研者来说，参加教研活动对教育教学工作的促进作用是显而易见的；对于水平较高的教研者来说，不仅可以吸收他人长处，还可从中实现自我价值并获得满足感。因此，教师参加教研活动时不可心高气傲、目中无人，也不可敷衍塞责、不当回事儿，更不可功利心太强，将教研活动作为自己评选先进和晋升职称的敲门砖。

当然，"空杯心态"也不是一味地否定自己，而是要怀着否定或者放空过去的态度，去融入教研环境。该发表意见时也要大胆地发言，只要你是真正本着求真探讨、虚心学习的心态，即便措辞激烈，据理力争，别人也会理解和接受。因此，教师一定要在教研活动中秉持谦逊的态度，做好各方面的准备，以博采众长，提升自我。

2. 善于钻研

孟子有云："有为者辟若掘井，掘井九轫而不及泉，犹为弃井也。"这段话很明确地指出了教研的目标。做教研就好比掘井及泉，教师们聚在一起交流体会，取长补短，求同存异，分享成果，恰恰就是一种"钻研"。

教研的目的是促进教师专业发展。根据教研指向的目标，教研可以分为职业道德教研、教学设计教研（或称课前教研）、教学实施教研（或称课中教研）、教学评价教研（或称课后教研）及课题教研。这"一德四元"均需教师认真思考，善于钻研。既能在集体讨论中发表自己的观点以给他人借鉴，又能带着问题去寻求答案以提升自己，这样的状态参加教研活动才能够树立良好的形象，也才能将各个知识点弄透，才可能将知识点清晰准确地传授给学生。

3. 积极参与

教研活动中，经常要各位参与者进行点评、发言等活动。交流发言时，应少说空话、套话，实事求是地进行点评和发言。在评课时，既要指出授课人的优点，又要指出不足，而且要提出改进的设想等。进行教学交流时，一定要从自身的教学经历和经验出发，谈自己的真实感受，诚心真挚地与他人交流，融入教研的氛围中，尽力促成教研目标的达成。

教研是再生力。支持他人提升和发展的心理能力被称为再生力，这种再生不仅体现在教师之间的相互影响上，还势必延伸影响学生的学习效果，可大大提高授课效率。因此，教研活动中每位教师都要积极主动地参与，抱着虚心求教，与人为善，成人之美的心态，展现良好的个人形象。

第二节 课堂教学礼仪

课堂教学可以说是教师工作的关键环节。一堂课 45 分钟，教师的课堂表现是前期备课和教研活动的最佳展现，它不仅关系到师生之间的交流，还直接影响课堂氛围的形成和教学质量的优劣。

教师课堂教学礼仪，是指教师在课堂教学活动中应遵循的礼仪规范，是教育工作者必须掌握并娴熟运用的师生交往技能。一直以来，教师都被称为“用人格来培养人格，以灵魂来塑造灵魂”的“人类灵魂工程师”，其职业的教化功能会被成倍放大，其形象和行为会潜移默化地影响学生，这种影响不仅贯穿学生受教育过程的始终，而且会影响学生的一生。因此，在理论讲授、案例分析、组织讨论、展示和操作教学工具、指导学生学习和结束课堂教学等诸多课堂教学环节上，教师都应当注意自己的仪表仪态、言行举止，不仅给学生以知识，还要树立教师美好的形象，真正起到“润物细无声”的作用。

一、课前准备礼仪

在正式开始上课之前，教师要做好以下几个方面的准备：

1. 准备用品

进教室前，教师应整理好上课用品，教案、教具、电脑、课件等，甚至还包括水杯、餐巾纸等生活用品都应准备好。准备越充分，课堂会越从容。特别是现在进入信息化社会后，教师普遍使用幻灯片进行授课，在进入课堂之前，教师必须确认自己的优盘或者移动硬盘内存有上课需要的内容。当然，互联网时代云端储存也大大提供了便利，教师可以尝试将自己的授课内容利用网盘等工具进行备份存储，以备不时之需。

2. 打理形象

在第一章中我们已经系统地论述了教师的形象礼仪，但在进入教室之前，教师应该再次确认自身形象是否得体。例如，头发是否整理好了，扣子是否扣好了，裤子拉链是否已拉好，眼镜是否擦拭干净了，口气是否清新，甚至应对着镜子看看牙齿上是否有残留的食物，应确保以整洁得体的形象站上讲台。我所在学校的每栋教学楼的每层楼都有一间教师休息室，每间教师休息室的门边都有一面穿衣镜。每次上课，我一定会提前 15 分钟来到教师休息室，调整一下状态，对镜整理一下自己的形象，走进教室时也就更从容自信。

3. 提前到达

准备妥当后，教师应该以饱满的精神状态提前进入教室，摆放好上课用品，拷贝课件资料，检查黑板是否已擦干净，课件或视频是否能正常播放，提前做好上课准备。教师以提前5分钟走进教室为宜，太早给学生一种压迫感，过早进入严肃的上课状态；踩着铃声进课堂又无法按时开讲，学生也很难从喧闹的课下氛围中调整过来，势必影响正常的教学秩序。提早进教室准备好一切后如果还有时间，教师也可以走下讲台，尝试以“朋友”的身份和学生进行交流，以拉近彼此距离，为课堂营造轻松的氛围。

二、课堂语言礼仪

语言是教师完成课堂教学的第一介质，教师表达思想、传授知识、启迪智慧乃至塑造心灵，语言都是最基本的工具，也是最重要的桥梁。特别是在课堂教学中，清晰的语言表达、准确的知识传递是影响课堂效果的关键。因此，身为教师要自觉培养自身的语言修养，注重自身的礼貌谈吐，遵循语言使用的规范，掌握语言表达技巧，讲求语言的艺术性，学会用语言的魅力提升学生学习的积极性。

通过对课堂语言的功能进行分类，我们可以将课堂语言分为讲课语言、提问语言、评价语言。课堂上，这些不同功能的语言都有不同的使用艺术，讲课时语言当以“准确”为第一原则，讲求话语的有效性和准确性；而在提问和评价时，师生双方之间的互动得到最大程度的加强，语言则必须以“得体”为第一原则，讲求话语的可接受性和互动性。总而言之，所谓课堂语言的礼仪，就是教师要让嘴里说出的话“更好听”，这种“好”不仅仅指知识容易被学生所理解，还指话语让学生听着舒服，乐于接受，从而有表达和交流的愿望。

（一）讲课语言艺术

目前，我们学校课堂的开展，均以教师的讲授为主。可以说，一堂课的大部分时间都是教师在说，讲课语言的准确、生动与否成为了学生听课好坏的关键。课堂教学中教师所使用的课堂教学语言既不是严谨的书面语言，也不同于日常生活中使用的口头语言，课堂教学语言是“科学严谨的书面语言和灵活生动的口头语言的高度统一”。

总的来说，讲课语言必须讲求话语的“有效性”，即教师所要传达的信息，要通过“说”准确无误、清晰透彻地传达给学生，并让学生理解、接受。

那么如何达成这种有效性呢？具体来说应该做到以下几点：

1. 语言层面：发音准确，用语规范

教学语言不同于普通交流语言，其语言是特殊的，是职业性、工具性语言。教学语言的规范性要求使用标准的普通话，做到发音标准，用语、用字规范。目前，教师教学用语的规范性得到了法律、法规与政策的保障，具有强制性的要求。教师走上讲台前都需要通过普通话水平等级测试，各级各类学校的语文老师要有二级甲等及以上证书，而其他所有专业的教师，都要达到二级乙等及以上水平，才能获得教师资格证。但尽管有准入层面的约束，由于我国方言片区广大，所谓“三里不同音，十里不同俗”，所以很多教师的普通话水平还是没能完全符合要求，课堂上用比较标准的普通话教学的情势仍不容乐观。

普通话作为现代汉民族共同语，是各民族各地区人民畅通交流的基础，它由三大要素构成，即语音、语汇和语法。所以，语言规范既包括了语音的标准，也包括了语汇和语法的规范。现在，国家推广全国通用的普通话，作为教师，更应该为普通话的普及做出示范。对于大学前的学生来讲，教师语言是否规范对其有最直接的影响，特别是学龄前儿童和小学生，校园是其进行普通话交流的最主要的场所，教师的普通话发音直接成为孩子们效仿和学习的对象，影响其语言习惯的形成。而进入高校，学生来自全国各地，在语言上存在较大差异，这就意味着高校教师在课堂语言表达上，不能根据自身习惯随意使用方言，而要用标准的普通话进行教学，以最大限度地提高信息的准确度和传播效果，将知识有效地传递给学生。

2. 表意层面：逻辑性强，引发思考

在解决基本的发音和用语问题后，想要提高语言的准确度，教师必须在表意层面下功夫。也就是说，教师在课堂教学的过程中，语言必须是精心组织的，必须讲究其逻辑性，语言表达必须准确流畅，条理清晰，衔接自然。

首先，教师的课堂语言要词准意切，通俗易懂，能准确地表达知识的内涵，不会产生歧义和误解。言语的组织既要有书面语言的严谨精确，又要有口头语言的通俗易懂。

其次，教师的课堂语言要围绕中心内容，注重逻辑。教师的课堂教学要讲究语言的逻辑性，要条分缕析，层层深入，围绕一个核心，有头有尾地完成分析讲解，而不是几句话说完就“跑偏”。可以把教师讲课语言的组织形象地比喻成“剥笋子”，一层一层地剥去外壳，最后露出笋子。层层推理，最后得出结论。只讲结论而不注重分析或推导得出结论的推理过程，学生会对知识点似懂非懂，甚至听得云里雾里。

最后，教师的课堂语言要善于引导学生，能够引发学生的思考，使学生真正能将知识与生活实践相结合，这就是教师语言的启发性。这种启发性就是保证学生不仅在“听”，还得在“想”。《学记》有云：“故君子之教喻也，道而弗牵，强而弗抑，开而弗达。道而弗牵则和，强而弗抑则易，开而弗达则思。”这句话的意思是，高明教师的教学，在于善于引导，引导学生而不牵着学生的鼻子走，严格要求学生而不压抑学生，启发学生而不代替学生做出结论。引导学生而不牵着学生走，师生关系才会融洽；严格要求学生而不压抑学生，学生学习起来才会感到安心；启发学生而不代替学生做出结论，学生才能独立思考。所以，教师的课堂语言不仅要言之有序，更要能引导学生主动获取知识。

3. 表现层面：生动形象，张弛有度

教师想要让一堂课变得“有趣动听”，必须在语言的“动听”上下功夫。同样一篇课文，甲老师仅仅能准确无误地读出，而乙老师却能有抑扬顿挫、有轻重缓急，声情并茂地朗读，形成“大珠小珠落玉盘”的美感，两者的课堂效果差异是显而易见的。教师课堂语言的表现层面，可从语言的各个元素进行剖析。

(1) 音色要优美。

优美的音色如同给语言穿上了一件华丽的外衣，第一时间就会吸引听者的注意力，教师优美的音色更是能让学生产生依赖性。当然，音色的好坏主要是由先天因素决定的，但后天可以通过一些方法改善音色，至少可以用一些方法保护好嗓子，如少吃辛辣食物，尽量少感冒，当嗓子已有疲劳感时不要再高声说话，常练练“气泡音”，常喝些清火润喉的汤水等，充足的睡眠也会让嗓子得到很好的休息。

（2）语汇要丰富。

不少人用英语进行交流时，常常因单词匮乏而无法开口。教师上课的语言也是如此，教师掌握词汇的丰富程度，直接影响着教师课堂语言的表达，因为如果把语言比喻成一个建筑物，那语汇一定是所有的建筑材料，建筑材料越多，房子便可建得越高大。同样，教师的语汇越丰富，语料库越充实，语言的组织才会越快，语言的表达才会越丰富越形象。词语匮乏很容易造成表达苍白单一，或频频出现口头禅，极易使学生产生厌烦感，甚至词不达意，让学生笑话。

值得一提的是，随着互联网和社会的发展，网络语言也不断得到丰富和发展，并在年轻人中间形成“风靡”之势。网络语言中，也不乏妙趣横生的词语和表达方式，教师如能适当运用于课堂教学，不仅可以让课堂语言生动起来，让课堂“活”起来，还可大大拉近师生之间的距离，让学生感觉到你的“时尚”和“与时俱进”，从而尽量消除“代沟”。当然，使用网络用语必须以语言规范为前提，要在准确把握语意和语境的基础上正确运用。

（3）语调要起伏。

语调，即说话的腔调，就是一句话里声调高低轻重的起伏和变化。教师在课堂教学中要讲究语调的变化，说话的抑扬顿挫，不仅能消除学生上课的疲劳感，而且能最大限度地调动学生的积极性，引起学生对重点内容的关注，从而提升课堂效果。提高音量、降低音量、沉默等都是教师在教学中常用的手段。一般而言，教学中讲到关键点时，或需要强调突出某个问题时，可以提高音量，放慢语速，加重语气。在讲一般性陈述和过渡性的内容时，可用中低声调交替讲解，加快语速。当发现学生出现疲态时，应及时变更语气语调，以引起注意，让学生重新兴奋起来。我在课堂教学中就常对学生说，要问我什么是课程重点或要考试的内容，当我“提高音量，放慢语速，加重语气”时，讲的内容就一定是很重要的知识点，也往往是要考的知识点。所以我所教的课程从来没有考前的复习或划重点，靠平时讲课时语调的变化来让学生关注重要信息，这样学生上课也会更认真。

（4）节奏要有度。

日常生活中，人们说话的速度一般是每分钟220～240个音节。可教学实践表明，教学语言的速度以每分钟100～120个字为宜。节奏过快，很容易让学生无法及时处理教师传达的信息，囫囵吞枣；反之，节奏过慢，又会浪费课堂时间，大大影响课堂效率。一般来说，学生年龄越小，年级越低，越要相应地放慢讲话速度，增加停顿。当教师要通过讲述一个生动具体的故事来激发学生学习兴趣时，教师的讲述可以快一些，这样能较顺利地激起学生的学习兴趣；当教师要通过摆出几件事实，启发学生思考得出一个科学结论时，教师的语速要放慢，增加停顿，给学生以充分的推理判断和思考的时间。

4. 情感层面：热情鼓舞，形神合一

课堂语言的艺术性还应上升到情感层面，这是师生在课堂上最高层次的交流。教师只有在课堂上充满热情地讲课，才能让学生感受其用心，感受到教师对生活的爱，对教育事业的爱，对学生的爱。所谓情动于衷，形之于外，言为心声。以情感为纽带，以情带声，激发学生的热情，启迪学生的心智，这样的课堂学生怎么会不喜欢？这样的教师又怎么会不被学生爱戴？

（二）提问和评价语言礼仪

课堂教学并不是教师的独角戏，45分钟的课堂除了老师的讲解，还需要师生之间形成良好互动，营造轻松愉悦的课堂氛围。课堂语言表达也由教师讲解的单向传播转变为师生交流的双向传播。在教学提问和评价环节，教师应该注重语言的可接受性，讲求语言的礼貌得体，既活跃课堂气氛，让学生积极思考，愿意回答问题，表达观点，又让学生真正感受到了课堂主体的身份。那么，课堂提问和评价的语言到底要注意那些礼仪规范呢？

1. 礼貌发问

我们可以对比以下两组语言表述：

（1a）教师对学生："你来给大家朗读这一段课文。"

（1b）教师对学生："请你为大家朗读这一段课文。"

（2a）教师对学生："说清楚一点！"

（2b）教师对学生："你能说得更清楚一点吗？"

显而易见，a组表述虽然表达出了教师的意思，也能让学生进行教学配合，但听起来却远不如b组舒服。因此，教师在对学生进行提问时，要习惯使用"请""谢谢""可以吗"等礼貌用语或商量的语气，让学生感到被尊重。切忌"今天，你们要认真听讲，认真回答问题""你要认真想才行""你真笨""你怎么连这都不知道"的表达，这些语言将严重挫伤学生的自尊心。

2. 鼓励发言

有些教师的课堂气氛不佳，大多数学生只是机械式地听教师讲，课堂氛围沉闷缺少活力。实际上，这种死气沉沉的课堂氛围并不利于教学的开展。在对学生进行提问或者讲课时，教师要鼓励学生积极发言，大胆提问，打破唱独角戏的僵局。

教师要经常性地使用鼓励性语言，让学生在课堂上乐意表达所想。例如："没关系，你大胆讲。""你想到什么就说什么，不要有任何顾虑，老师都能理解。""你的观点很新颖！""你想到了我没想到的。""你的看法很独特，比老师的还要好！""你的建议很有道理。""你的分析让我看到了当下年轻人活跃的思维。"……即便学生回答得完全不对，也不要全盘否定，至少可以肯定他回答问题的勇气。很多教师在课堂上舍不得打断自己的既定思路，对学生的问题要么置若罔闻，要么一笑而过，恰恰忽视了最宝贵的教学资源，忽视了真正的问题，使学生觉得反正说与不说都一个样，也就完全没有了说的愿望。学生在课堂上的反馈，能及时让教师了解学生对知识的掌握程度，帮助学生查漏补缺。而教师给予学生的肯定和鼓励，也更能激发学生的学习热情，会让整个教学过程形成良性循环。

3. 耐心倾听

在鼓励学生发言后，身为教师应该耐心倾听。粗暴地打断、强行插话都是不礼貌的，势必影响学生回答问题的积极性。要想让师生互动水到渠成，教师要学会倾听，不仅要学会倾听学生的答案，还要学会倾听"矛盾"的声音、反对的声音、不同的观点。当学生真正把教师当朋友了，一切问题也将不会是问题了。

4. 用心评价

点评的语言要富有鼓励性、赞同感，更要有针对性和指导性，是真正"走心""入心""中肯""有高度"的评价。对学生的表现予以肯定，并委婉地指出错误或者不足之处，提出改进的意见和方案，使学生真正心服口服，从你的点评中学到知识，得到提高。学生经过思考，表达了自己的观点之后，如能得到老师中肯的点评和改进的意见，这个知识点会让他记得更牢，理解更透，其他学生也会印象更深刻。所以，教师对学生的评价忌讳简单、千篇一律、不痛不痒的“模式化”语言，这样不仅会让学生产生“审美”疲劳，也会让教师的形象大打折扣。

总之，教师在课堂上清晰、平等、尊重而富有感情的话语，是学生的阳光，是课堂的生命。只有这样，学生才能从低头不语、愁眉苦脸转向满脸轻松、兴高采烈，才能营造民主、平等、和谐、宽松的课堂学习氛围。

（三）课堂语言禁忌

美国加州大学伯克利分校的语言学教授莱可夫曾描述了三种不同的、说话人可以遵守的礼貌规则：规则一，不要强求于人；规则二，给对方留有余地；规则三，增进相互间的友情。教师课堂教学中的语言不仅要遵循以上三条礼貌规则，还会有很多禁忌。

1. 忌粗言秽语、牢骚抱怨

脏话痞话、粗言秽语是身为教师最不该使用的语言，这种语言会使教师形象瞬间坍塌，哪怕只是一两句。也有的教师喜欢把个人生活中的不愉快带进课堂，因而牢骚满腹，怨声载道，吐槽同事，吐槽学校，抱怨社会，抱怨制度，甚至发表一些攻击性言论。教师的这些言论轻者影响课堂教学效果，使教师形象打折扣，重者让是非观模糊的学生深受影响而仇视社会，在幼小的心灵里种下仇恨的种子。所以，教师的课堂语言应该充满了积极向上的满满的正能量。

2. 忌重复啰唆、有口头禅

一堂课只有45分钟，教师如何在这45分钟的时间内快速、有效、精准地传授知识、表达思想？言简意赅是关键。在课堂教学中，教师的语言切忌重复啰唆。此外，教师的语言表达还要尽力避免口头禅的出现。一是“废话口头禅”，比如“对不对”“所以呢”“这个”“那个”“然后”等词语反复出现，不仅让学生分散注意力，产生烦躁、疲惫的情绪，对教师产生反感，还显得课堂拖沓杂乱，信息量缩水。还有一种“傲语口头禅”，比如“你懂什么”“你得了吧”“我告诉你”等，这种表述居高临下，让师生之间形成一道鸿沟，不利于师生之间的交流互动。

3. 忌讽刺刻薄、盛气凌人

教师的口头禅可能无意间透露出盛气凌人，有的教师还会用语言直接表达讽刺刻薄之意。所谓“良言一句三冬暖，恶语伤人六月寒”，伤人之言，犹如万剑穿心，比扇人几个耳光给人带来的伤害还大。所以，教师课堂评价或批评学生时，措辞要尊重委婉，语气语调要和蔼友善，就事论事，真心诚意地帮助学生解决问题。切忌讽刺挖苦、正话反说、揭短出丑，伤学生自尊，让学生难堪。比如，“你真是扶不上墙的稀泥”“你真是没有家教”“你太聪明太有本事啦（明明学生做得不好）”“难怪你个子这么矮，就是因为不积极参加活动”等等，类似的表达都是教师不应该采用的。

三、课堂举止礼仪

美国著名心理学家艾伯特·梅拉比安的一项研究认为：信息的全部表达＝7％语言＋38％声音＋55％非文字语言，也就是说，一个信息要准确传递，7％来自语言，38％来自声音，还有55％来自表情、服饰和肢体等非语言信号。这样的一个比例也许在不同场合、不同的人表达不同内容时会有所不同，但无论如何，教师在课堂中传授知识、表达情感时，除了有声语言至关重要外，非文字语言的辅助作用也不可低估。非文字语言包括表情、服饰、形体、姿态和手势等。有的内容在前面的章节中有过详细的说明，这里重点探讨的是教师的目光语、表情语和态势语等课堂辅助语言。

（一）课堂辅助语言的礼仪

教师课堂上的一个眼神、一个表情、一个手势以及身体移动等，都可以折射出其文化素养、心理情感以及道德涵养。因此，在课堂教学中，教师应时刻注重自己的言行举止，利用表情和身体等辅助语言更好地表情达意。

1. 目光语

课堂教学中，目光是传递教师情感最重要的渠道，这种信息的传递伴随其他课堂活动进行。作为学生，除了希望从教师身上获得知识，更希望得到老师的认可、肯定、鼓励、赞许和欣赏。教师要善于用目光语表达自己的观点和情感。当学生回答不出问题时，应给予鼓励、信任的眼神，而不是怒目而视；当学生流利回答时，要给予肯定、赞扬的眼神，要让学生从教师的眼神里看到认可和欣赏，而不是漠然视之；当学生听课的注意力开始分散时，教师可边讲课边走向他，并用眼光注视他，让他警醒，而不是视而不见……教师的眼神也大大影响其上课效果，目光呆滞游离，往往给学生一种心不在焉的感觉，无法吸引学生的注意力；目光炯炯有神，会向学生传递饱满的情绪，感染学生，从而使课堂气氛积极活跃。

教师在课堂教学中最应该避免的是“零目光接触”。有些教师上课不喜欢看着学生，而是只顾着看教案、看黑板、看电脑，有的甚至一直看天花板、看墙壁，或“目空一切”，眼神空洞，这种无意识的眼神躲避，会让学生觉得教师“目中无人”，或是缺乏自信。也不可大多数时候眼光都只落在一个点或一个方位，让学生感觉“厚此薄彼”，而应该顾及全场，让所有的学生感受到被关注。

2. 表情语

除了目光，面部表情变化表达出来的心理活动和思想往往可以真实反映教师的思想和情绪波动。特别是一些微妙的、隐藏的情感，很容易通过面部表情而无意识地显现出来。因此，面部表情可以说是教师内心最真实的语言。

教师的面部表情，首先要自然，要让学生感觉到表里一致；其次要适度，不要用过于夸张的表情，表情的变化不可过多、过频，否则，容易分散学生的注意力，使学生的关注点从知识转移到教师的表情上。

此外，教师应擅长利用“微笑语言”，正如培根所言：“含蓄的微笑，往往比口若悬河更为可贵。”微笑会让学生觉得老师可亲、可敬，会大大拉近师生之间的距离，促成心与心的真诚交流。

3. 态势语

课堂授课过程中，教师不可能一直站在讲台上纹丝不动，也不可能只张嘴说而不“动手”，其站姿、手势都要随着课堂教学的开展而有所变化。可以说，肢体语言是课堂第二语言，它可以起到以下几方面的作用：

（1）辅助课堂教学。讲到某一知识点时，教师用手指轻扣黑板以示强调；讲解某个问题时，教师可以利用肢体模仿某种动作来表达，让问题更形象直观，清楚透彻；朗读课文时，更是可以用肢体动作来表情达意，增强作品的感染力。

（2）传达教师情感。课堂时间有限，一些评价性、鼓舞性、提示性的语言可以通过肢体来表现。学生回答问题很精彩，教师可以竖起大拇指，或带头鼓掌表示赞扬与鼓励；学生上课注意力不集中或趴在桌上睡觉，教师可以边讲课边走到这位学生身边，轻拍其肩膀表示提醒。

（3）体现教师涵养。上课时，教师要多用敬语“请”和尊敬的态势。教师邀请学生回答问题时，不可用手指指着学生，而是要手指伸直并拢，手与前臂成一条直线，肘关节自然弯曲，掌心向斜上方，不仅让学生感受到了教师的礼仪修养，也会让他们感觉到明确的指向性；教师课堂上标准的站姿、走姿（第一章中所描述的）等仪态都会让学生感到教师良好的精神风貌和涵养，如教师走到学生中间讲课了，当要回到讲台时，最好是边讲课边退着走，既没有背对学生，又始终保证了眼神跟学生的交流，小细节彰显的是大爱。

（二）课堂举止礼仪的禁忌

教师在课堂教学中言谈举止是否得体，是否体现出对学生的尊重与关爱，不仅会直接或者间接地影响学生“学”的情绪，影响整个课堂氛围，而且对学生还有很强的榜样示范作用。所以，教师课堂上的行为举止除了必要的得体规范外，还有一些是要尽量避免的。

（1）延迟下课。有的教师上课几乎不听铃声，下课铃响了，却完全没有下课的意思，使学生坐立不安，怨声载道。将心比心，我们做学生时也很讨厌拖堂的教师。所以，把握好课堂的节奏，既能完成该完成的教学任务，又能准时下课，这也是教师时间观念及效率的体现。

（2）回礼怠慢。上课铃响了，学生已起立致敬，教师却还气喘吁吁，忙着摆放教材教案；下课了，学生都还在座位上讨论课堂的内容，教师却埋头收拾自己的东西，急匆匆离开教室，这些都是教师要尽量避免的。

（3）背手踱步。教师在课堂上倒背着手，嘴中念念有词，在教室里来回走动，一副优哉游哉，“胜似闲庭信步”的姿态，就有了长者的架子，有了长者的架子，学生就会敬而远之。所以，教师在课堂上任何时候都不可以懈怠。

当然，熬夜导致上课哈欠连天，频频看时间看手机，用手掌擦拭黑板，打喷嚏咳嗽不加遮挡等行为举止也要尽量避免。

四、课堂板书礼仪

板书作为一种传统的教学演示手段，在教学中具有十分重要的作用，即使在多媒体教学手段广泛应用的今天，它仍然不能被完全取代。

台湾树德科技大学教师钟全斌的课堂板书，就让学生以及网友惊叹。钟老师在视觉传达专业教授插画、解剖艺术与绘画技巧，在他看来，带领同学们去动手，远比照本宣科更能加深理解。他的课堂板书不仅图文并茂，而且准确传神，让学生不仅容易理解和掌握，更让学生如痴如醉，对钟老师敬佩有加。

大学教我唐宋文学的老师的板书也堪称一绝，三十多年过去，一直是我们大学同学聚会谈论的话题。每每提及，大家都是赞不绝口，敬佩之至。老师一手极潇洒遒劲的行楷，从黑板的右上角开笔，竖行从右往左，往往写到最左下角的最后一个字时，也是下课铃响起的时候，而且一堂课下来从不中途擦黑板。这种功力，真不是一个“好”字可以形容的。

当然，并非要求每位教师的课堂板书都“精彩绝伦”，最重要的是要注意以下几点：

(1) 教师上课要有板书的意识和习惯。现代化的多媒体教学手段大大提升了教学效率，可以把很多抽象的知识点用直观形象的方式加以呈现。但优秀教师的课堂必定会有很多即兴的东西，学生课堂的反应会给教师的讲课带来灵感，带来调整，临时调整增加的内容是不可能事先准备好课件的，而有的字或图形不板书出来学生是无法领会的。所以，教师还是会要随时板书，应该养成上课板书的好习惯。

(2) 教师的课堂板书要书写规范。要以楷体或行楷书写得规范、工整，图要画得规矩、形象，不用潦草难辨的字体，更不可出现错别字。

(3) 教师的课堂板书要讲究布局。要充分利用版面，切忌信手写画，杂乱无章。当然，也不能以写代讲，浪费学时。

第三节　课后教务工作礼仪

教师的教学活动是一个完整的体系，不仅包括课堂教学，还包括教学辅导、作业批改讲评、出卷监考、评阅试卷、试卷分析、成绩登录等环节。因此，教师的工作礼仪还必须贯穿整个课后教务工作。教师只有将礼仪常识贯穿于课前、课中、课后各个阶段，有始有终，才能真正树立起良好的形象。下面重点谈谈教学辅导、作业批改讲评、出卷监考和评阅分析试卷环节的礼仪。

一、教学辅导礼仪

教学辅导是检验学生学习情况、帮助学生更好地消化课堂知识的重要环节，也是教师解决学生差异化矛盾的重要途径，方便教师针对不同学生的特点进行有针对性的辅导，让程度较高的学生进一步拓展，让程度较差的学生把基础打牢。教学辅导可以分为课堂辅导和课外辅导。教师对学生进行教学辅导，不仅要从教学上进行把握，掌握一些技巧和方法，还要善于处理师生之间的人际交往，主动热情地为学生排忧解难。

1. 掌握技巧

教学辅导是45分钟课堂时间的补充教学，特别是利用自习课的课堂辅导，更是要讲求时效性和实效性。“工欲善其事，必先利其器。”教师要想出色完成教学辅导工作，可以着重掌握以下辅导技巧：

(1) 点拨思路，不要直接作答。

“这个题怎么做?”学生提问往往奔着标准答案而来，这时候教师不宜直接给出答案，而是为学生提供思路，引导其作答。在为学生进行讲解时，也不要草草了事，要为学生展现由表及里、由此及彼的解题过程，启发学生思考，让知识点真正地烂熟于学生之心，并且能举一反三，灵活运用。

（2）多用反问，不宜直接纠错。

当发现学生解题错误或者回答有偏差时，教师尽量不要直接对其纠错，而是适当地对学生进行反问，了解其想法和思路后再进行提示，这样能让学生及时自我反思，追根溯源，找到错误的根源，这样得来的知识，学生会扎实地记住。

（3）激发创新，不设条条框框。

有的教师在教学辅导中敷衍应付，仅仅告知学生答案或者一种解题方法，当学生提出质疑和不同的想法时，还不耐烦地予以拒绝或置之不理。教师在教学辅导中应该鼓励学生走出条条框框，大胆质疑，引发发散思维，即便最终结果行不通，也至少知道了一种不可能，也远远强过不动脑筋不思考。创新型人才就是在一次次失败，重来，再失败，再重来中磨砺而成的。

2. 平等互动

课后教学辅导中的平等互动主要有两层含义：

一是教师与学生之间的平等，即教师在对学生进行教学辅导时，不应该把自己摆在高高在上、藐视学生的位置，认为自己一定比学生高明，或对学生颐指气使，或把学生的观点想法不当回事儿。殊不知，“三个臭皮匠，赛过诸葛亮”“智者千虑，必有一失”，更何况承认学生优秀，绝不会让教师丢脸。

二是教师对待不同的学生要公正、平等。不能根据成绩好坏、问题的难易、平时的表现、性别，甚至身材长相、家庭背景、经济状况来区别对待学生。既然学生选择发问，那么说明学生有主动学习的积极性，在某一方面存在认知死角，教师应当主动热情地为其进行解答。

3. 因材施教

教学辅导，主要任务是引导成绩较为优异的学生拓展思路，给成绩普通的学生答疑解难，为后进生夯实基础。所谓因材施教，是指考虑学生的差异性，根据学生的兴趣、爱好和性格等特点，从实际出发给予针对性强的指导。在教学辅导中，要对后进生倾注更多的心血，要用真诚和爱意来调动每一个学生的学习积极性。所以，既然是教学辅导，就不要再像课堂教学那样面向全班同学去答疑。当然，面对大多数学生都质疑的共性的问题，辅导时间又不够时，可以统一作答。

4. 协调时间

很多教师总是担心自己所教课程学生学得不好，因而千方百计要找时间、挤时间为学生进行教学辅导，不管学生愿不愿意。这当然是其责任心强的表现，出发点也是好的。但毕竟要考虑到，学生面对的是多门功课，他们需要平衡发展，也需要有放松放松、自我调整、自行消化吸收的时间。不顾学生实际情况，见时间就占的教学辅导必定事倍功半，费力不讨好。所以，教师安排教学辅导也要“以人为本”，全面协调。

二、作业评阅礼仪

作业是让学生巩固所学知识的过程，也是检验学生阶段性学习成果的重要途径。此外，作业还常常有超乎其本身职能的功用，有的老师在作业批改上更多地倾注个人情感，将作业变成了师生交流的阵地。曾有老师就以作业为突破口，对班上一位来自离异家庭的女生疏解开导，让她放下了思想包袱，变得乐观开朗起来，也端正了学习态度，学习成绩大幅提升。至今我也记得，大一的第一篇作文，写作课老师在我的作文后写了这样一句评语“因为你出自书香门第，所以你的身上总是有一种书香气!”这句话不仅让我兴奋了好多天，还成为这些年鞭策我努力成为一名优秀教师的不竭动力。所以，身为教师，围绕作业的布置、批改、讲评，也是有很多值得注意的礼仪细节的。

(一) 布置作业的礼仪

曾经有媒体报道过这样一个现象，不少家长，特别是孩子上幼儿园和小学的家长，经常性地遇到一些难题——学校布置的亲子互动作业很让他们为难，甚至有人大呼“奇葩”!陪孩子夜观天象，帮孩子做手工，这些亲子互动已经成为不少家长的“必修课”。

教学方法的创新毋庸置疑，但频率过高、要求过怪，总会让家长朋友有负担。学校应该更加注重的是孩子们的课堂教育，而对于类似的“互动作业”应该给予家长们更多自主安排的空间。

中学和高校的作业也是如此，孝行活动、自主创新等大多流于形式。布置作业的最佳原则应该是契合课堂教学，是课堂教学的辅助和补充。西南政法大学就创新性地开设了一门“恋爱选修课”，而课程的作业则是写情书。这是高校引导学生正确处理情感问题的有益尝试，不仅具有现实意义，体现了对学生的人文关怀，还可以有效提高学生的情商，让他们的感情生活更美好。

此外，还值得一提的是，中学教育大多以应试为主，特别是初三、高三年级的任课教师，往往喜欢用题海战术来帮助学生提高成绩。但教师必须明确的是，学生中学阶段的学习并不只有一门功课，每位教师布置1张试卷，9科教师加起来就有9张试卷，一个学生一天完成如此巨大的作业量，难免有些吃力。我们也常常看到这样的场景，往教室里一看，看不到学生，只看到堆在学生面前的比学生的头还高得多的课外习题集和试卷。等到学生高考完后，清理他们的书本资料时发现，很多都还是崭新的，一个字也没写，有些甚至还没拆封。与其草率敷衍，疲于应付，浪费资源，还不如少而精，讲求实际和实效。

总之，教师在布置作业时，一定要考虑几个方面，即学生的时间和能力、作业的目的、各科目的题量配合以及相关人员的承受能力，好让作业真正达到巩固消化已学知识、检验学习成果、为接下来的课程内容做预习的目的。

(二) 批改作业的礼仪

作业布置后一定要批改，否则，会做的题永远会做，不会做的还是不会做，布置作业又有何意义呢？当然，教师可以灵活地选择作业批改方式，但不论哪种方式，及时、认真是基本原则，真实地获取教学反馈信息，促使教学手段的最优化是目的。具体而言，教师在批改作业时，应当注意以下细节：

1. 不只以对错论“英雄”

有的教师批改作业，喜欢用简单的√和×进行批改，有时候批改到激动处，还喜欢在学生的错误答案旁画上一个大大的×。实际上，教师可以尝试用“?”“√̸”（半对半错符号）等进行批改，或分步骤使用√和×，用更为委婉的方式让学生轻松接受。

2. 适当提示

作业批改不仅仅是使用习以为常的小符号判断正误，实际上还应是师生交流的良好平台。教师在批改作业时，不要简单地只以对错等符号来进行批阅，可以进行适当提示。比如在批改判断题时，在错误的关键点下面画横线，以此提示学生要重点关注此处；对文字性题，若有遗漏，可在遗漏处打个添加号，示意学生此处应该要加几个字；本该回答三层意思，可学生只回答了两层，教师可在后面写上“3. ……”，引导学生思考补充。这样的一些标记，使学生回过头来复习时，一眼就能看出自己当初的问题，更便于查漏补缺。

3. 添加批语

批语是教师利用作业与学生沟通交流的有效渠道。教师在作业批改中要多肯定学生，要擅长利用积极客观的评语鼓励学生。即便学生回答错了，也要尽量语气委婉。所谓积极客观的评语，即教师根据学生作业的实际情况进行客观准确的、具有一定鼓励意义的评价。尤其对于一些成绩相对较差的学生的作业，必须慎重对待，对于这样的学生的作业，教师要更多发现学生的优点，多用鼓励的语言，用心进行交流，让学生打开心扉，正确对待作业。

4. 手段多元

除了传统的批改方式，教师还可以尝试一些创造性的批改方法，如学生互评、二次计分、小组批改、与学生面批、成绩好的学生先改再教师抽检等，让学生在互相监督中成长。

此外，随着教学手段的日趋先进，作业的批改还可以借助其他手段。比如，最新出现的“零作业批改”概念，即教师在课堂上像往常一样布置作业，同时也通过手机发布作业及参考答案。学生完成作业之后，使用手机或平板电脑打开移动应用，即可查看教师的参考答案。再比如“慕课”，也出现了后台阅卷，即答即评的批改方式。但是，借助网络教学不是让教师当甩手掌柜，而是要让技术成为辅助课堂教学的手段，这就要求教师做好线下的统计工作，对学生的答题情况做好追踪，让学生学会自我管理。教师也要学会从作业中发现问题，优化作业设计，减少重复和无效作业，做到有的放矢。

（三）讲评作业的礼仪

我读书时就特别期待老师讲评作业，尤其是作文课上。特别是我自认为前一篇作文写得不错时，总盼望老师大声念出我的作文。如果老师说因为某种原因作业还没有批改完，讲评要到下次课时，我总会觉得很失落。所以自己从教以来，总会特别注重作业讲评。我总会仔细批改完作业后，再把学生的作业进行分类，完全正确的、90分以上的、进步明显的、字迹卷面最美观整洁的、答案很有特色的、完成得不好的等等，然后再写出讲评的教案。这样，很多学生第一次作业并不是很认真，但当我详细地、针对性很强地讲评完第一次作业后，原来不认真对待作业的学生也开始认真完成作业了。所以，讲评作业也是有很多礼仪细节的。

1. 讲究时效性

学生作业交上来后，教师要及时评阅，及时讲评，讲究时效性。一般在作业交上来后的第二周就要讲评，既让学生感受到教师做事的行动力，也让学生在对自己作业的内容还有较清晰的印象时趁热打铁。

2. 要有针对性

讲评作业切忌泛泛而谈，蜻蜓点水。要总结共性的问题，更要有针对性地指出个性的问题，尤其要帮助作业中错误较多的学生解决问题，使他们真正掌握已学的知识。

3. 要有激励性

讲评作业一定要有理有据，奖优罚劣，肯定做得好的，树立榜样。每次的作业讲评，我总会请做得最好的同学站起来说说自己的想法和感受，也借此机会更好地认识学生。

三、出卷监考礼仪

考试是检验学生阶段学习成果的重要手段，也是教师总结反思前一段教学情况的重要途径。作为试卷的出题者、考试的监考人、试卷的阅评人，教师可以通过考试的各个环节了解教学情况，总结经验教训，改进教学方法。所以，教师要注重考试的各个环节，从小处着手，既体现考试的严肃性、公平性、权威性，又促使学生通过考试发现自己学习上的问题，以便改进学习方法，提升学习效果。

（一）出卷礼仪

出卷是一项严谨细致的工作，它直接关系到考试效果的好坏，包括学生的真实水平、教学效果的反馈，甚至影响到对学生的奖惩。所以，出卷时教师要注意的细节很多。

1. 依据教学大纲出卷

教学大纲是教师“教”和学生“学”的纲要，也可以说是指挥棒，所以，教师出考试试卷时也应该不超出大纲范围。当然，可以以教学大纲的内容为原点，考查学生灵活运用基本概念或原理解决问题的能力，也就是说把题目出活点儿。同时，各章题量的比例也应按照教学时量的比例来安排。

2. 难易适中

如果教师按照教学大纲认真讲授了课程内容，那么，学生的考试成绩应该是80%以上及格，20%左右优秀，60%的学生的成绩处在及格和良好的水平。如果所有的学生都及格了，甚至一半以上都是优秀，又或者大部分同学都不及格，那说明试题出得太容易或太难。所以，百分制的试卷基础知识题一般占60%，需要学生灵活运用基础知识才能解答的试题占20%左右，考查学生综合分析能力，偏难的综合题占20%左右。要让真正学得好的学生得高分，不认真学习的学生难及格，奖优罚劣。

3. 题量适中

题量应保证90%以上的学生在正常思考和书写的速度下能在规定的时间内完成答题，而且全部答完了后最早交卷的学生也应耗时3/4以上。如果大部分学生只用1/2的时间就答完了题，或在规定的时间内大部分学生都答不完题，那说明试卷题量太小或太大，这样都不利于检验学生的真实水平。

4. 出卷禁忌

（1）忌题型单一。有的教师为了省事，要么纯客观题，要么就考几个简答题，无法综合考查学生知识掌握的情况和解决问题的能力。

（2）忌题显答案。有的试卷在学生作答时居然可以在试题中找到答案或得到明确的启示，让考试的严谨性大打折扣。

（3）忌疏漏出错。有的试卷到学生手上后才发现错误频出，如分值算错了、有错别字、表述不严谨、答题留白太少、印刷不清晰等等。于是教师又每间教室去向学生说明，这样既容易中断学生的思路，影响学生答题，又让学生觉得不严肃。所以，试卷印出来后，教师应认真校对，确保试卷准确无误。

（二）监考礼仪

教师在监考前，一定要认真阅读监考准则和要求，留意每个细节。

1. 记住时间，提前到达

由于考试起止时间与平时上下课时间并不一致，因而很容易将考试开始时间记错，所以教师一定要记牢自己的监考时间，可以记在手机的记事栏中提醒自己。领取试卷后应该提前 15 分钟走进考场。

2. 做好准备，营造氛围

提前进入考场后，监考教师应观察教室环境，如灯光亮度如何、黑板是否擦干净了、课桌是否整齐；将自己的手机调至静音或关机；要求学生将手机关机，并将书本资料放进抽屉或旁边空位上；按行数和每行人数分好试卷和草稿纸；大学的监考教师可能还要查验学生的有效证件，因为监考教师并不一定就是课程的任课教师，不一定认识学生……总之，监考教师需提前做好各项准备工作，让学生进入考试氛围，以便准时开考。

3. 强调纪律，预防在先

考试开始前，监考教师要用清晰的语言强调考场纪律，并将相关的注意事项写在黑板上。这样不仅体现了考试的严肃性，也许还会让有作弊想法的学生“知难而退”，防患于未然。

4. 严肃认真，忠于职守

在监考过程中，要集中注意力，不做与监考无关的事，不得吸烟，不看报纸和杂志，不玩手机，不关注窗外景物，不要只站在讲台上，也不要将注意力长时间停留在某个考生身上。

5. 注重细节，妥善处理

女教师最好不要穿高跟鞋监考，来回踱步会发出声响，影响考生作答。发现考生作弊，应及时予以提醒，登记相关信息后交由考务组处理，不要粗暴对待，以免影响其他考生作答，更不应该有人格上的侮辱，给学生心理上的打击。考试结束前的 30 分钟和 15 分钟，应该提醒学生。考试结束铃响，应要求学生停止作答。收试卷时，要认真清点，看收上来的试卷数与参考人数是否相符。最好按学生的学号顺序叠放试卷，以便任课教师阅卷登分。

四、评阅试卷礼仪

（一）批改试卷礼仪

传说清朝末年北洋大臣李鸿章有个远房亲戚，他去参加乡试，由于不学无术，试卷到手却什么也不会，最后到交卷的时候没辙了，就在试卷末尾写了一行歪歪斜斜的字：“我是李鸿章大人的亲妻”。他不会写“亲戚”的“戚”，竟写成了“妻子”的“妻”。这位主考官相当幽默，顺手批了六个字“所以我不敢娶”，他将错就错，把“录取”的“取”写成了“娶妻”的“娶”。

虽然这只是一个传说故事，但在试卷批阅中，也不乏教师批改试卷的“趣”闻。在试卷批改的过程中，讲求一些方法，注重礼仪原则，往往让事情的处理变得更为顺利。试卷是重要的教学原始材料之一，是衡量教师教学效果和评定学生学习成绩的依据，也是教学水平评估检查的重要的教学文件，所以试卷的批改是一项严肃、认真的工作，具体来讲，批改试卷时要注意以下细节：

1. 规范评分标准

教师在批改试卷时一定要根据评分细则，规范严谨地进行批改，确保分数的科学和公平。

2. 统一评分标示

必须用红笔批改，字迹端正。有的教师习惯标示得分，有的教师习惯标示扣分，二者都可以，但必须统一，而且要清晰明了。

3. 确保得分准确

我从事教学督导工作抽检考试试卷时，就发现有的教师阅卷非常认真，评阅也很准确，标识也很清晰，但最后的得分不对，原来是分数的加减有误。所以，统分时最好算出分数后再复核一遍。

此外，教师在批阅试卷时应当保持卷面的整洁，在学生的考卷上计算分数、随意更改都是不礼貌的行为。一旦发现批改错误，确定需要涂改，一定要在原有分数上画上两道横线，再在旁边注明新的分数。重大考试中，教师还要在改动的分数旁签上自己的名字，确保对考生和成绩负责。试卷批阅完成后，教师要统计错误频率，对学生的错误原因、类型进行分析和反思，以便后期有重点、有针对性地对学生讲评试卷。

总之教师在进行试卷批阅时，一定要意识到“批改”的杠杆作用，不可走马观花，不讲求礼仪规范，不理解学生的求异思维，打击学生的积极性和创造性，也不应蓄意制造“不及格”，使学生的自信心受到打击的同时，自身的形象也严重受损。

（二）讲评试卷礼仪

考试不是目的，只是检验教学效果的一种手段。学生考试了，得到了一个分数，教师如果没有及时讲评，那学生对错误的问题还是无法弄明白。所以，教师要擅长通过试卷讲评课，激励学生学习，帮助学生找出自身的不足，对学生出现的各种问题进行矫正的同时，自身也要反思自己在教学中的不足，总结教学经验，吸取教训。

1. 试卷讲评的礼仪原则

一般来说，教师讲评试卷的主要内容有：全班出错率较高、得分率较低的题目及相应的知识点；一些具有针对性、典型性和综合性的题目，易错题以及“教学盲区”。具体来说，教师应该讲求以下讲评原则：

（1）重点突出。教学时间有限，讲评时间也有限，所以在进行试卷讲解时不可能做到面面俱到，从第一道题到最后一道题都进行详细的讲解是不现实的。教师讲题时，必须对试卷的重点、难点、疑点和关键点进行详细讲解，可以遵循“一般问题学生讲，个别问题小组讲，难点问题重点讲，集中问题普遍讲”的原则，不仅可以高效讲解试卷，还能有针对性地进行分析，帮助学生查漏补缺、提高成绩，也使试卷讲评的形式更灵活多样。

（2）归类分析。不同的教师有不同的讲课策略。可以按照试卷出题的顺序，先讲小题，再讲大题，从简入难，有利于学生跟上教学节奏；也可以采用归类分析的方法，或按知识点，或按解题方法，或按错误类型进行归类，再集中进行分析，不仅有利于学生梳理知识点，掌握解题方法，还有助于搭建起知识体系，将知识点弄懂弄透。此外，教师要擅长将考题和教学要求联系起来，不孤立地评某一个知识点，要让学生根据课本的知识和原理，对号入座，留下深刻印象，从而更系统牢固地掌握和灵活地应用课本知识。

(3) 情感激励。讲评课的目的是帮助学生查漏补缺，因此课上要以积极的正面肯定为主。一方面，要肯定学生在考试中的良好表现，发现学生在考试中的闪光点，如正确率高、解题方法新颖、字迹工整、卷面整洁等，尽可能发现学生的优点，并予以肯定和表扬，提升学生的自信心；另一方面，要对学生表示鼓励，对待一些错题、难题，教师要鼓励学生再接再厉，增添其成功感。尽量不要出现“这道题我都讲过好几遍了，你们怎么还不会”等言语，更不可以用“太蠢”“真笨”等字眼。

(4) 矫正补偿。所谓矫正，就是让学生明白自己“错在哪儿”“为什么错”“怎样纠错”，而补偿则是让学生避免再犯错。因此，在课上讲解或者课后，必须根据讲评课反馈的情况进行矫正补偿。比如，在讲解一道易错题后，教师可以再提供一道类似的题目或容易混淆的题目，检验学生的知识掌握程度，或者让学生相互检查、评价，形成错题集，达到巩固知识点的目的。

2. 试卷讲评的礼仪禁忌

除了以上要遵循的讲评原则外，教师在讲评试卷时还要注意一些礼仪禁忌：

一忌拖三拉四，讲评不及时。考试结束后，大多数同学都急切地想知道自己的成绩，对自己的解题思路印象也比较深刻，及时的讲评能收到事半功倍的效果。长时间不讲评，只会降低讲评课的质量和效果。因此，每次考试结束后，教师一定要抓紧时间批阅，迅速统计好数据，做好习题分析，摸准学生的心理，及时讲评，越快越好。

二忌准备不足，随意讲评。在及时的原则下，有的老师往往又会陷入另一个“误区”。有人认为试卷讲评课无关紧要，或者由于过于急切想要趁热打铁，往往忽略了讲评课最为重要的分析环节，而是拿起试卷就讲，毫无章法，不懂节奏，没有重点，这种讲评方式效果也将大打折扣。建议教师朋友们在批阅时就做好相关记录工作，在提高阅卷效率的同时，提高备讲的质量，做到讲评时胸有成竹，切中要害。

三忌只重答案，忽略方法。习题的讲评要给学生正确的答案，更要重视对解题思路、方法、步骤和技巧的讲解。不仅要让学生知其然，还要知其所以然。教师在讲评试卷时，要将“所以然”讲得清楚明白，让学生学会审题、解题、答题。需要提出的是，教师在讲评课中除了注重知识点的讲解，还要注重非智力因素的“丢分”。也就是说，教师要注重培养学生答题技巧、考试心理等综合素质，有的学生在考试时心理紧张，不注重时间的分配，不注意答题的顺序，遇到难题就“死磕”，大大影响了考试成绩，因此教师要教导学生了解相关的答题方法，掌握答题的客观顺序，保持卷面的整洁，对不同题目进行取舍，使学生尽量不因操作失误而丢分。教师可以在课上邀请分数高的同学分享解题诀窍，帮助其他学生共同进步。

四忌唱独角戏，缺乏学生参与。试卷讲评课一般是以教师的分析讲解为主，但教师包打天下、一讲到底的“一言堂”是应该尽力克服的。有时候，学生的示范效应往往能收获良好的效果，因此讲评中教师要积极创造条件，为学生搭建交流的平台，以发挥学生的主体作用。要倡导自主、合作和探究的学习方式，多让学生自己讲，要给学生表述思维过程的机会，增加教师与学生、学生与学生之间的互动交流。

总之，试卷讲评对于课程教学有重大意义，教师应该学会充分发挥讲评课教学的激励、诊断、强化、示范、解决问题的功能，充分考虑学生的实际情况，挖掘学生的潜力，发挥学生的主观能动性，不断提高试卷讲评的效率与质量，共同促进考试工作的有效进行。

第四节　课外工作礼仪

在课堂之外，教师还要与同事、家长以及学生保持日常的交往，并让这种人际交往辅助教学工作的开展，维持教学秩序。在课前准备、课堂教学、课下辅导方面，教师的工作礼仪侧重于“职业性”“技巧性”的教师专业能力，而在课外工作礼仪方面，教师的工作礼仪则侧重“交往性”的师德养成。

本节以教师课外工作交往目标为不同维度，分对象、分场合地对教师课外工作礼仪进行介绍。

一、迎送礼仪

迎送，是指在因工作需要而安排的迎接和送别活动。迎送礼仪是在迎送活动中应该遵循的言行规范。迎接和送别看起来简单，却往往能从细微之处体现学校形象、人员素质。

教师迎送礼仪具体可分为迎接礼仪、待客礼仪、排序礼仪及送别礼仪。

（一）迎接礼仪

通常，迎接客人的来访，要主随客便，凡事应考虑周全，做好充分的准备，要尽最大的努力接待好对方，给人一种宾至如归的感觉，从而促使宾主双方的关系得到进一步发展。

作为一名教师，在工作场所迎接的对象主要有三类：学生家长、其他学校来交流的教师、检查视察工作的领导。面对不同对象，接待礼仪也是不同的。家长的到访一般没有事先约定，接待也就随意一些；同行之间的交流学术性较强，而且彼此往往都比较了解，接待礼仪也会淡化很多。所以，下面所阐述的主要是规格较高、需要提前做足准备的接待工作中的礼仪规范。当然，所谓“接待无小事”，只要面对到访的客人，起码的礼节礼貌都是必不可少的。

1. 准备礼仪

对比较正式的接待而言，准备工作是整个接待工作的重要环节，通常要做好以下四个方面：

（1）了解客人情况。首先要充分了解客人的单位、姓名、性别、民族、职业、级别、人数等。同时，要掌握客人来访的意图，了解客人在住宿和日程上的要求和安排，了解客人到达的日期、所乘车次、航班和到达时间，以便组织好相关部门和人员做好接待的各项准备工作。

(2) 确定接待规格。按照身份对等的原则安排接待人员，对较重要的客人，应安排身份相当的人出面迎送，也可根据特殊需要或关系亲疏程度，安排比客人身份高的人破格接待。一般不安排身份比客人低的人员为主接待。

(3) 布置接待环境。良好的接待环境是对来宾的礼貌和尊重，接待室的环境应该明亮、安静、整洁、幽雅。室内可以适当点缀一些花卉盆景、字画挂饰，以增加雅致的气氛。可以准备一些茶饮水果，让客人尽快消除旅途的疲劳，文具用品、餐巾纸等都应准备齐全。还可以在客人下榻的宾馆挂上欢迎横幅，每个客房准备一些水果，在果盘边放上欢迎卡。

(4) 做好迎客安排。安排好迎客车辆，预先为客人准备好住宿及膳食。若对所迎接的客人不熟悉，应准备好接站牌。迎接重要客人，还可准备鲜花、欢迎横幅等。

要通知所有出席迎接仪式的各位领导按时出席，还应预先打印好日程安排表，以便迎接时分发到每位参加接待活动的宾主手中，让大家清楚整个的行程安排。

2. 接站礼仪

对于如约而至的客人，特别是贵宾或远道而来的客人，表示热情友好的最佳方式是指派专人出面，提前到达双方约定的地点，或车站，或机场，恭候客人的到来。

在环境嘈杂的地点迎接素不相识的客人时，要使用接站牌，在上面清晰地写上“热烈欢迎某某”或“某某学校接待处”等。

与客人见面时，要面带微笑，热情握手，主动寒暄。首先问候“一路辛苦了”或“欢迎您来我们学校指导工作”等，然后向对方做自我介绍。主动和来访者进行礼节性的交谈，话题要轻松愉快，比如聊一聊天气、旅途情况，介绍一下当地的特色和文化。要帮助来访者上、下车，并帮忙提大件行李。

(二) 待客礼仪

1. 标志清晰

在学校里、在客人可能去到的地方设置醒目的标志，如电梯间、楼梯口、厕所、会客室等。

2. 热情周到

在我国，通常以茶水、点心、瓜果等来招待客人，茶水饮料最好放在客人的右前方，点心水果最好放在客人的左前方。上茶时，主人应待客人入座后，取出茶杯，当面将茶杯烫洗消毒，再放入适量的茶叶沏茶。端茶时要一手握杯柄，一手托杯底，不要用手抓住杯口。要从客人的左边为客人奉茶，茶杯放到桌上后，要顺势将杯柄拨向客人右手方。为客人奉上水果时，应先将瓜果洗净，再给客人递上水果刀削皮，如代客人削皮，一般将果皮削到手指触碰到的果肉为止，以保持水果的清洁卫生。

如果接待的是国际友人，最好准备一些饮料，如可乐等，还要准备冰块。

3. 陪同访问

如果是在学校接待政府部门或其他学校的领导，则在大多数情况下，客人会参观学校的环境，接待人员应当做好充分的准备。首先应当有专人陪同，在陪同客人参观访问时，应当对所在的地方相当熟悉，安排好行程。陪同过程中注意照顾好客人。

4. 注意细节

接待来访者期间，不要频繁地接电话，有电话最好请他人代接。

陪同来访者到达入住饭店后，要对对方的饮食起居做妥善的安排，让对方产生安心、舒适的感觉。因为来访者可能会旅途辛苦劳累，因此不宜马上安排活动。陪同人员也不应长时间逗留在来访者的房间，交代完日程安排后，要快速离开。

（三）排序礼仪

在正式的接待活动中，无论是行进中还是乘车，又或是安排会客室、会议室，都存在位置、座次排序的问题，到底怎样排序才符合礼仪规范呢？不同的情形要有不同的处理，处理不当，会让客人很不愉快，不仅达不到增进感情的目的，还有可能前功尽弃。正是因为排序的情形较为复杂，所以将其做专门而详细的介绍。

1. 行进中的排序礼仪

多人并排行进时，内侧高于外侧，中央高于两侧；前后行进时，前面高于后面。

上下楼梯时，不要并排走，遵循礼仪中“右上右下”的原则，让有急事的人可以从楼梯的左侧通行。上楼梯时前方为上，下楼梯时后方为上。但如果客人中有穿套裙的女性，上楼时不妨让她走在最后。

出入房门时，房门朝内开，则主人先进后侧身压住房门示意客人“请进”；房门朝外开，则主人拉开门后在外侧身压住房门示意客人“里面请”。当然，如果室内黑暗，不管门朝哪个方向，陪同者都需先进房间开灯后再请客人进入。

引导客人乘坐直升电梯时，如果电梯内无人操作，接待人员应先进入电梯，一手按住开门键，另一只手按住电梯门的一边，防止客人被门夹住，并对客人礼貌地说“请进”。待客人全部进电梯后，接待人员选择要去的楼层。电梯到达后，接待人员应一手按“开”键，一手做出“请”的动作，让客人先出电梯。待客人走出电梯后，接待者要立即走出电梯，在前面引导方向。如果电梯是有人操作的，接待人员应让客人先进电梯，后出电梯，自己则是后进先出，以便引路。

2. 轿车座位排序礼仪

轿车的座次排序不能一概而论，要根据驾驶人、车型、安全系数、嘉宾本人意愿的不同而不同。

第一，根据驾驶人决定。当主人亲自驾驶轿车时，一般前排座为上，后排座为下，以右为上，以左为下，最尊贵的座位是副驾驶座。这个位置一定不能空着，要有人相伴。如果是专职司机驾驶时，仍讲究右尊左低，因为右边上下车比较方便，但座次就变成了后排为上，前排为下，最尊贵的座位是副驾驶后的座位。

第二，根据轿车的类型而定。吉普车大都是四座车，不管由谁驾驶，吉普车上座次由尊而卑依次是：副驾驶座，后排右座，后排左座。因为吉普车底盘高，功率大，主要功能是越野，减震性能稍差，坐在前排比在后排更舒适。

多排座轿车，指的是四排及四排以上座次的大中型轿车，不论由谁驾驶，都以前排为上，后排为下，以右为尊，以左为卑。

第三，从安全系数上考虑。从某种意义上说，安全是乘坐轿车应当首先考虑的。在轿车上，后排座位比前排座位要安全得多，最不安全的座位是副驾驶座，最安全的座位是驾驶座后面的座位。当主人亲自开车时，之所以副驾驶为上座，这是因为它表现对主人的尊重，也显示出自己与主人同舟共济。

第四，由嘉宾本人决定。通常，在正式场合乘坐轿车时，应请尊者、女士、来宾就座于上座，这是给予对方的一种礼遇。然而更重要的是，既然这样，就要尊重嘉宾的意愿和选择，即嘉宾坐在哪里，就认定那里是上座，即使嘉宾不明白座次，坐错了地方，也不要指出或纠正，更不要强行让嘉宾变更座位。

3. 会客室的排序礼仪

（1）主宾双方面对面而坐。这种就座方式主次分明，很适合公务会客（见图 3-4-1)。

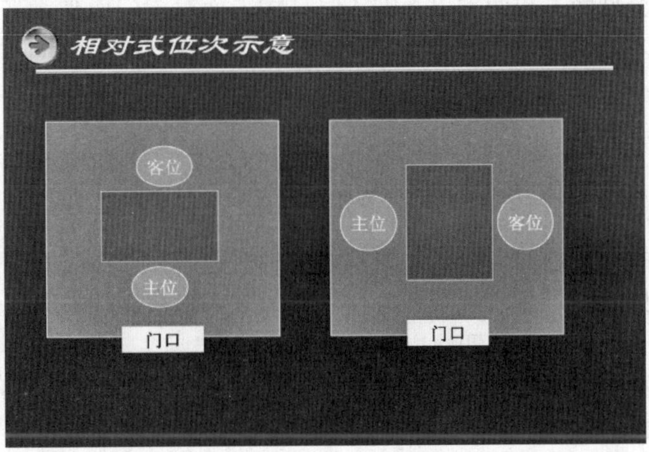

图 3-4-1

如果安排一个位置面对着正门，一个位置背对着正门，这时讲究“面门为上”，即面对着门的位置是尊贵的，这个位置应请客人就座，背对着正门之位由主人就座。

如果双方都侧对着门就座，这时讲究进门后“以右为上”，即进门后右侧的座位请客人就座，主人应坐在进门的左侧。

（2）主宾双方并排就座。这种就座方式意味着双方“平起平坐”，地位相仿，关系密切（见图 3-4-2)。

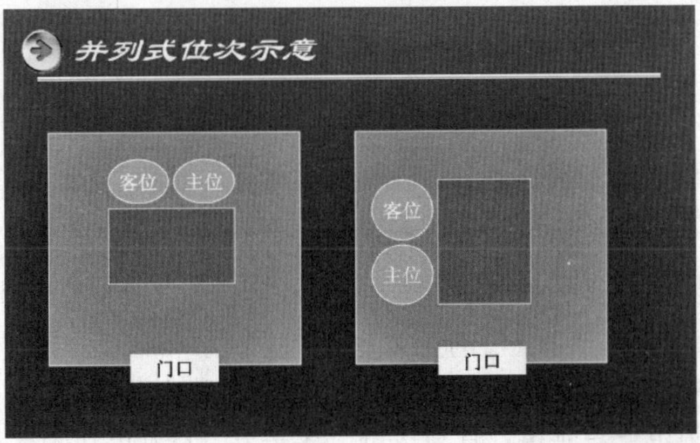

图 3-4-2

如果双方同时面门而坐，这时注意“以右为上”，即主人要请客人坐在自己的右侧，其他人员可以分别在主人或客人的一侧，按身份高低依次就座。

如果双方同时侧对着门而坐，这时的规则是“以远为上”，即距门较远的座位为上座，较为尊贵，应该让给客人，距离门近的位置为下座，主人自己坐。

(3) 居中式排位。这种情况实际上属于主宾同侧就座的一种特殊情况。

多人并排就座时，讲究“居中为上”，即最中央的位置为上座，请客人坐。其他人员按照职位高低，从中间到两侧，依次就座。

(4) 主席式。这种就座方式主要用于较为正式的场合。

主人一方同时会见两方或两方以上客人时，主人面对正门而坐，其他各方客人应该在主人对面背门而坐。

(5) 自由式。有时候客人很多，很难分出主次，座次不好排列，这时采用自由式就比较好，各方自由就座即可。

4. 主席台的排序礼仪

中国的政界内部历来崇尚“左为尊”，所以主席台就座的领导如果是单数，则居中者职位最高，紧挨居中者左边的为第二，紧挨居中者右边的为第三，其他依次向左右两边排列。如果是双数，如六位，那从观众的角度往台上看去，从左往右第三位职位最高，第四位第二，第二位第三，第五位第四，以此类推。

但如果接待外宾，主席台的排序要遵从国际惯例，“以右为尊”，即让贵宾坐在第一主人的右边。

5. 会议室的排序礼仪

(1) 按照身份与职务的高低顺序排列。

如接待来自不同学校的代表时，确定礼宾顺序的主要依据是各学校负责人职务的高低。

(2) 按照来宾的姓氏笔画排序。

到访的客人中，如果双方或多方的关系是对等的，可按参与者的姓名或所在单位名称的第一字的汉字笔画多少排序；当两者姓名或单位名称的第一字笔画相等时，可按第一笔笔画的先后顺序排列，当第一笔笔画相同时，可依第二笔笔画先后顺序排列，以此类推；当两者第一个字完全相同时，则依第二个字笔画先后顺序进行排列，以此类推。

(3) 其他排列方式。

除了上述方式外，也可按照来宾接到活动通知后回复邀请函的顺序或到达活动地点签到的先后顺序进行排列。

(四) 送别礼仪

心理学上不但有“首因效应”，也有“末因效应”——“最初的”和“最后的”信息，都能给人们留下深刻印象，“最初的”印象尚可弥补，而“最后的”信息往往无法改变。送别是接待中的最后环节，“送往”的意义大于“迎来”，俗话说“出迎三步，身送七步”，如若处理不当，将影响整个接待工作的效果，也会直接影响到今后的交往。所以要善始善终，将良好的礼仪风范一直延续，直到接待工作结束。良好的送别礼仪可以从以下三点着手：

1. 婉言相留

不管接待什么样的客人，当客人准备告辞时，都应该婉言相留。送别客人时，应在客人起身后再起身相送或相留，以免逐客之嫌。送别时应与客人握手道别，并送客人到门外或楼下，用热情友好的言语欢迎客人下次再来。目送客人渐行渐远，一直到看不到客人了方可回转，以免客人回头再次致谢时看不到主人而深感失落。

2. 安排交通

客人准备离开时，应按迎接时的规格对等送别，安排好送别人员，做好交通方面的安排。如果已帮客人购买了车票或机票，应将客人送至车站或机场。

3. 回赠礼物

如果客人来访时馈赠了礼物，那么在送别客人时，也要回赠相应规格的礼物给客人。

二、办公室礼仪

办公室是日常处理工作事务的场所，而教师的办公室则是教师之间沟通有无、增进了解的场所，也是班级各科任课教师交流了解班纪班风、学生情况的场所。在办公室讲究文明礼仪不仅是对同事的尊重与认同，也是个人为人处世、礼貌待人最直接的体现。

（一）办公室电话礼仪

1. 接听电话礼仪

办公室一般还是使用座机，接听电话时都习惯右手拿话筒，但是与别人沟通时有必要做记录，这时最好左手持话筒，便于右手写字或操控电脑。接听电话时姿势要端正，不要趴在桌面边缘，端坐的姿势最有利于声音自然、气息顺畅。

不要让铃声响太久才接，这样对方会等得焦急；也不要铃声响过一下就马上接电话，这样会令对方措手不及，而且容易掉线。最好是铃声响过两下后拿起电话接听。

接电话时若周围吵闹声大，应示意其他人安静后再接电话。通话时与话筒保持适当距离，说话音量大小适度。不能嘴里含着东西接电话。有急事或要接另一个电话而耽搁时，应表示歉意。

电话接通后，热情问候并报出学校或者部门名称，比如：“您好！这里是湖南大学。”“早晨好，这里是××中学高三语文教研室。”而不是拿起电话就简单回应：“喂！你是谁?”

如果对方打错电话，不要责备对方，更不要“啪”的一声挂断电话，知情时还应告诉对方正确的号码。如果对方所找的人不在，也不要立即挂断电话，应主动询问对方，是否需要留言或转达，并把要转达的内容做好记录，及时转达。

确认对方单位与姓名，询问来电事项，按 5W/1H 的原则做好记录。5W，即 who、when、where、what、why，1H，即 how。

听对方讲话时不能一直沉默，要积极给予回应，表示你在认真听，否则对方会以为你不在听或没有兴趣。

如果不得不中止接听电话而查阅一些资料，应当动作迅速，或者有礼貌地征求对方意见说：“您是不挂断电话稍候片刻，还是过一会儿我再给您打过去?”

通话快要结束时，简要汇总和确认来电事项，并表示会尽快处理。

最后要感谢对方来电，说完“再见”后，最好待对方挂断电话之后再挂电话。

2. 拨打电话礼仪

首先，选择适当的时间。选择对方正在工作的时间打电话，避开刚上班或临近下班的时间，因为这时打电话，对方往往刚到办公室或急于下班，很可能得不到满意的答复。公务电话应尽量打到对方单位，若确有必要往对方家里打时，应注意避开吃饭和睡觉的时间。

拨打电话之前，确保周围安静，嘴里不要含东西。内容较多时可先拟一个提纲，准备好说话的内容、措辞、语气等，这样可以节省打电话的时间，提高电话沟通的效率。

对方接听后应首先通报自己的姓名、身份，必要时，先询问对方此时交谈是否方便，在对方方便的情况下再开始交谈。

交谈开始时可简单地寒暄，然后快速切入主题，不要东拉西扯而偏离自己要表达的内容。

万一打错电话，应向对方表示歉意，再挂断电话。

如果要找的人不在，而事情也不重要或不需要保密时，可请接电话者转达，或留下自己的联系方式，请对方回来后回电话。

控制通话时间，尽量把时间控制在 3 分钟以内，最好不要超过 5 分钟，办公室电话是公话，不要长时间占用。

文明用语很重要，打电话时“请”“谢谢”“给您添麻烦了”“再见”等礼貌用语要多说。

此外，身为教师，在办公室接打电话时，要格外注重语气语调，要用清晰、亲和的语言向对方表述自己的观点，涉及学生隐私的通话内容要尽量使用私人电话，或等办公室无人时再说。

（二）办公室礼仪禁忌

学校办公室里教师多与同行交往，不同于校外的职场环境，要尽量保持其纯粹，同事之间要多沟通学生的学习生活情况、教学方法的改进等。所以，教师在办公室活动中，也要注重一定的礼仪禁忌，避免犯错而不自知。

1. 不要加入任何“办公室帮派”

在办公室尽量不要议论单位同事，满意也好，不满意也好，都不要去议论。更不要拉帮结派，组织“小集团”，影响同事之间的团结。也不要对其他教师的教学水平、教学风格等肆意进行评价。

2. 不要过分关注自我形象

教师要注重自己的形象，为学生做出榜样和示范，但这并不意味着教师就可以一天到晚拿着镜子照，时时补口红，甚至跟别人说话时都不停地捋头发、捏衣角，办公桌上也摆满化妆品等，不仅给人轻浮、工作能力低下之感，也影响办公室形象。

3. 不要滥用公共设施

办公室的一切公共设施都是为了方便大家，为了提高工作效率而设的。无论是电话、电脑、传真机、复印机，还是桌椅板凳，都要爱惜。不要用办公室的设施做私事，不要拿着办公室的电话聊天，煲电话粥；不要用办公室的复印机为自己的孩子复印资料；等等。即便是工作中使用也要本着节约的原则。

4. 不要桌面杂乱

不同于其他单位的办公桌，教师的办公桌上一般都摆放了教材、教案、教具以及学生的作业等物品，还有学生的成绩、花名册等资料，教师要对这些东西的摆放位置进行分类划分，在确保自己能及时获取相关材料的同时，尽量保持桌面整洁美观，使学生感受到教师对每个细节的注重。

5. 不要高声喧哗

办公室是公共场所，在办公室说话或者接打电话时，要尽量压低声音，以免影响周围同事的工作。可以一手握听筒，一手遮在嘴前，不让声音扩散。如果要呼唤其他办公室的同事，也尽量到其办公室去叫，而不要隔着几间办公室，扯开嗓门儿就喊。

6. 不要借钱物不还

借用同事物品时，一定要提前打招呼，不要因为关系好就把别人的东西当自己的用。用完之后一定要放回原处，及时归还。借同事的钱物一定要限时归还，常常借小钱不还，一定会给人贪小便宜的印象。

7. 不要偷听他人讲话

旁边的同事私下谈话，你却停下手中的工作，伸长两只耳朵偷听；领导进了隔壁办公室，你借故在走道上来回穿过，希望通过虚掩的门听到点儿什么。这些都是很不光明磊落的行为，一定要避免。

8. 不要对同事的客人冷漠

在学校时，经常会有家长或者同事的朋友来访，如果此时同事不在，你应该倒茶让座，并告诉他同事的去向，大约什么时候回来。不要怠慢家长和同事朋友，这样你的朋友或者工作对象来访时，同事也会热情接待。同事之间相互体谅、相互照应才会形成和谐融洽的关系。

三、与同事相处礼仪

与同事相处是否融洽和谐不仅关系到自己心情的好坏，更直接关系到自己事业的进步与发展。与同事的友好交往，是取长补短，吸纳优秀教学经验，了解学生特点的良好时机。如何处理好与同事之间的关系，助力自身教学的发展，也是一门不小的学问。

(一)“五要”礼仪

1. 要保持适度距离

心理学中有一个著名的“刺猬法则”：为了研究刺猬在寒冷冬天的生活习性，生物学家做了一个实验——把十几只刺猬放到户外的空地上，这些刺猬被冻得浑身发抖，为了取暖，它们只好紧紧地靠在一起。而相互靠拢后，又因为忍受不了彼此身上的长刺，很快又各自分开了。可天气实在太冷了，它们又靠在一起取暖。然而，靠在一起时的刺痛使它们不得不再度分开。挨得太近，身上会被刺痛；离得太远，又冻得难受。就这样反反复复地分了又聚，聚了又分，不断地在受冻与受刺之间挣扎。最后，刺猬们终于找到了一个适中距离，既可以相互取暖，又不至于被彼此刺伤。

刺猬法则强调的就是人际交往中的“心理距离效应”，人与人之间的距离由双方的人际关系以及所处情境决定，即你和对方是什么关系就要保持什么样的距离。

与同事相处，需要懂得如何与他们保持距离，做到不近不远，不亲不疏。尤其是女性，如果和同事关系太远了，别人会认为你不合群，孤僻清高，不易交往，从而渐渐远离你；如果和同事关系太近，不分彼此，亲密无间，又容易被别人说闲话，也容易令领导误解，认为你是在搞“小圈子”，不利于团结。因此，与同事保持适当的距离是非常重要的。

2. 要相互理解配合

教师在工作中要与同事建立良好的合作关系，相互配合、相互理解是至关重要的。比如，身为班主任，安排班干部和课代表等工作时，要充分尊重任课教师的意见；要协调好各科任课教师的调课、作业布置、辅导、考试等环节；要帮助任课教师在学生面前建立威信；等等。教师还要学会相互扶持，相互认同，密切配合，以此增强团队凝聚力，既优化课程教学，又为学生树立团结协作的榜样。

3. 物质往来要清楚

借了钱物，一定要记得及时归还。俗话说“有借有还，再借不难”，即使是小的款项，也应记在备忘录上，提醒自己及时归还，以免遗忘。向同事借钱、借物，打张借条也并不过分，反而会让对方心里更踏实。如果所借钱物不能及时归还，应每隔一段时间向对方说明一下情况。在金钱、物质方面无论是有意或者无意地占他人便宜，都会引起对方心理上的不快，从而降低自己在对方心目中的人格。

4. 要尊重关心同事

无论同事年龄大小、出身高低贵贱、家庭背景如何，都要一视同仁，平等相待，不可以“貌”取人，厚此薄彼。另外，人都有遇到困难、遇到挫折而无助的时候，在同事困难时你给予对方恰当的关心问候，伸出你的援助之手，会令同事倍感温暖。有时一句寒暄温暖或关怀问候的话，也会令人受用不尽，并赢得同事的接纳与好感。作为教师，要对前辈表示尊敬和维护，甘当小学生；对待新同事，要多关照爱护，帮助其适应工作环境。要多发现同事的优点，取长补短。面对同事的错误，指出时态度要诚恳，语气要委婉。

5. 要勇于认错道歉

与同事相处，共同做事，出现错误在所难免，一旦工作中出现错误，不要一味地查找客观原因，推卸责任，要学会主动承担责任，勇于承认错误，这样才能在职场中赢得信任与尊重。作为教师，勇于承认教学、工作中的错误，及时矫正止损，是对工作负责，更是对学生负责。

(二)“四不要”礼仪

1. 不要唯我独尊

大家同在一个办公室，可每天打扫卫生、整理内务之类的小事你从来不主动去做，或者认为不屑去做，而是坐等别人的劳动成果，或总是指使别人去做这做那。别人嘴上不说，心里可都有数，天长日久，同事就会认为你太自私，只为自己考虑，没人愿意和你多来往。所以，办公室的事，也就是自己的事，要主动承担。

2. 不要牢骚不断

一边干工作，一边抱怨，一边做事，一边发牢骚，像一个“怨妇”，工作虽然完成了，却无法获得同事的好感。因为人们普遍认为，爱抱怨、爱发牢骚的人难以相处，同事不喜欢你也很正常。开心要做，牢骚满腹也要去做，既然要做，为什么不高高兴兴毫无怨言地去做呢？教师尤其不要在办公室对学生的表现横加指责，一味抱怨学生不爱学习，成绩差，这不仅打击学生的自尊心和自信心，而且于事无补，还不如静下心来想想学生厌学的原因，寻找调动学生学习积极性的途径和方法。教师最大的成功绝不仅仅只是培养了几位杰出的学生，而是转变了后进学生的思想观念，改变了他们的行为习惯，让他们由厌学到想学、爱学、会学，成为对社会有用的人。

3. 不要趾高气扬

有些教师自恃从业时间较长，具有丰富的教学经验，甚至还身背“名师”光环，在办公室面对同事，尤其是晚辈趾高气扬，不顾他人感受，让人觉得“为老不尊”；同理，刚毕业的大学生，不得因为自己毕业名牌大学，或者有高学历，是“海归”，就目中无人，自以为是，这样只会使自己的工作寸步难行。

4. 不要传播隐私

在办公室，有的人常常喜欢两三个人扎堆一起，打听别人隐私，津津乐道，讲得眉飞色舞，把自己的快乐建立在别人的隐私痛苦之上，这是职场上很“八卦”的形象。在办公室，教师若是传播学生乃至学生家庭的隐私，探听其他教师的隐私，总会给人一种市井、轻浮的印象，还可能给学生、同事造成二次伤害。

（三）与领导相处礼仪

在校园中，教师和领导既是上下级关系，又是同事关系。作为下属，与领导相处得好坏直接影响着一个人在事业上的发展前途；作为同事，教师要配合好领导的各项工作。与领导相处是一门艺术，但只要掌握了一些原则，运用一定的礼仪规范，也可以与领导相处得融洽自如。

1. 调整好心态

和领导相处心态要放好，要尊重但不要畏惧领导。有些人平时说话很自信，但是一到领导面前顿感自卑，说话紧张，行为拘谨。这就是你把领导看得太重，从而造成了心理负担。不管与谁相处都要做到不卑不亢，大方自然。虽然你是刚刚毕业踏上工作岗位，没什么社会经验，但人格上是平等的。只要抱着学习的心态向领导请教、学习，你就会轻松很多。

2. 维护领导形象

无论在什么场合，对内还是对外，都要尽力维护领导的形象。不议论领导，不当面顶撞领导，对领导的失误要理解包容。当领导有错误时，不要当众纠正，如果错误不明显，不妨“装聋作哑”，如果错误很严重，必须纠正，则要寻找合适的时机，以恰当的方式向领导指出。

3. 不开“黑色”玩笑

开玩笑是为了活跃气氛，拉近距离，然而一些带有人身攻击的“黑色”玩笑或对人不敬的所谓“幽默”却让人烦不胜烦。与领导相处时尽量少开玩笑，否则，可能会弄巧成拙，适得其反。

4. 主动向领导汇报

有些人认为做好自己的工作就行了，没必要多和领导沟通，事事汇报。其实不然，经常与领导沟通，汇报工作既可以让领导知道你的工作进度与安排，有了问题还可以及时得到解决，避免造成失误。特别是作为教师，多与前辈沟通，取长补短，去粗取精，吸纳他人的教学经验，恳请领导指出自己的不足，对自身教学能力的提升大有裨益。

5. 不替领导做决定

不要擅自替领导做决定，但可以引导领导说出你的决定。比如，当你向领导汇报一项工作时，不妨这么说："张主任，您好。这件事情呢，经过我的调查和了解，我觉得有三种解决方法，这三种方法分别是……这三套方案各有利弊，由于我资历尚浅，缺乏工作经验，最终用哪套方案请您定夺。"这样，无论领导定哪种方案，其实都是你已提出的方案。即使领导都不赞成，至少也会感觉你认真思考了。

四、探访学生宿舍礼仪

身为班主任或辅导员，要从生活起居上关心学生，因此也涉及探访学生宿舍的礼仪。与拜访礼仪一样，教师进入学生宿舍进行探访，必须注重礼仪规范。不能因为自己"教师"的身份，就随意进出学生宿舍，给学生一种不讲道理、不重礼仪的印象。

1. 提前告知

教师要去宿舍进行探访，最好提前通知学生，在课下通知寝室长，或者通过其他通信手段与学生取得联系，而不是贸然前往，突然袭击，让学生措手不及。有的教师总觉得要看到学生寝室的真实情况就必须不打招呼，突然袭击。殊不知，学生年龄再小，也有自己的秘密或隐私，也需要尊重。更何况教师去学生寝室的目的不应该是单纯的"检查""监督"，而是走近学生，关心学生，引导学生。

2. 择时探访

在对他人进行拜访时，要选择拜访的时间，以不耽误他人、影响他人为原则。教师去学生宿舍检查、探访，也要坚持择时的原则。一般来说，要避开上课的时间、午休的时间和晚上十点以后的时间。利用晚餐后的时间进行探访是比较合适的，此时学生大多在宿舍进行休整，距离晚上睡觉还有一段时间，老师此时来到宿舍进行探访，方便和同学们进行交流，了解其学习和生活上的需求。

3. 注重隐私

教师探访学生宿舍的目的，是了解学生的生活动态和需求，关心学生的日常生活。但进入学生宿舍后，要轻敲门表示自己前来查寝，在学生回应后再推门进入；进入寝室后，教师不可随意参观，更不可翻看学生物品。可以在寝室内和学生聊聊寝室生活，了解学生的生活困难，提醒学生注意卫生、用电安全、出入安全；教导学生彼此融洽相处，互相关心，互相帮助；告诉学生在寝室遇到紧急情况时如何处置；等等。

4. 男女有别

媒体曾经报道过不少"失败"的宿舍探访，西安某学校的一名男教师，清晨前往女生宿舍查寝，不少女生都被吓醒。像这样的情况本不应出现，就是因为该教师没有意识到"男女有别"，不注重学生感受造成了"尴尬"。教师探访异性学生宿舍时，不仅要提前告知、择时前往，还应该联系宿舍管理员陪同前往，以免给学生造成不便或误会，带来不必要的麻烦，这既是对学生的尊重，也是对教师自身的保护。

五、与学生相处礼仪

教师和学生的关系是学校最为基本的人际关系，师生之间的交往，要注重人格上的平等，彼此之间以诚相待。教师与学生之间的相处，主要分为日常交往、谈话谈心等，在这些环节中都有不同的礼仪细节需要注重。

（一）教师与学生日常交往礼仪

除了课堂教学、课下辅导，教师与学生之间的日常交往还体现在学校生活的方方面面，比如，共同参加班级课外活动、学术交流活动、社会实践等等。具体来说，要注重以下几方面的礼仪规范：

1. 相遇时要表现得体

课间，教师和学生往往会相遇在走道、食堂、图书馆、运动场等公共场所，学生在向自己打招呼时，教师应该予以热情的回应，或点头致意，或微笑应对，或停留寒暄，让学生感受到教师对他的尊重。教师在称呼学生时，要称呼其全名或昵称，不可喊其绰号。表情要亲和，不要摆出一副冷冰冰的面孔，不要区别对待学生。

2. 学生来访时要热情

学生有问题想询问教师时，往往会前往办公室寻找教师答疑。此时教师应放下手头的事情，予以热心接待。学生的来访是对教师的信任，如果教师置身事外，爱理不理，势必影响学生对自己的信赖。对来表达关心的同学予以感谢，对来询问知识的同学予以详细解答，对来诉说困难的同学给予热情帮助，真正做学生的导师、亲人、朋友、知己。

（二）教师与学生谈心的礼仪

为了更好地了解学生，帮助学生，教师可能要经常与学生进行私下沟通，比如学生学习退步了、犯错了、情感受挫了，教师都要及时跟进。找学生谈心，还是要讲方法，讲礼仪，才能达到预期的目的。

1. 提前通知，有所准备

教师在决定找学生谈心前最好提前通知学生，让学生有心理上、思想上的准备，否则突然的谈话会让学生感到不安，甚至使其产生抵触情绪。另外，自己也要想好谈话目的、谈话内容、谈话时长、谈话方式、措辞语气等，甚至有可能出现的问题和阻碍，教师都要提前在脑海里进行预演，不要当双方进入谈话场合后，出现气氛凝重、无话可说、尴尬被动的局面。

2. 举止端正，行为有度

教师与学生进行谈话时，语气要平和，要有耐心，神态要专注，不要高音量，不要反唇相讥，不要左顾右盼，不要让学生有被忽略之感。语言表达上，要简洁明了，不要故意卖弄，故作高深。行为举止上，在学生发言时应该有所反应，教师可以适当地进行回应，不管是点头示意还是表情专注，或者身体前倾的姿势，或者直接的语言表达，都要让学生感受到你在用心聆听。如果谈话涉及对学生的批评，涉及原则性的问题，可以严词厉色，但不可粗暴对待。

3. 分清场合，入情入理

教师与学生谈心，往往要援引学生在学校生活中的表现，这些表现的呈现一定要实事求是，不要言过其实，故意夸大，更不应该传播道听途说的事情。学生之间发生冲突时，要搞清楚事情的来龙去脉，不偏袒任何一方。此外，教师也不要在其他人面前对学生严加指责，更不能变相体罚，严重损伤学生的自尊心。

其实，每个学生犯错后都会有懊悔、内疚的心理，教师与之谈心时只要说得入情入理，说的是事实，再调皮的学生也会触动内心。

4. 耐心倾听，伺机疏导

学生在表述自己观点，解释自身行为时，教师要耐心倾听学生的想法，在弄清楚事情来龙去脉后，设身处地站在学生的角度想想当时的情景，再帮助学生找到背后的原因，并伺机对其进行相关的疏导，好让学生得到安慰，排解烦恼，调整状态，愿意向教师敞开心扉。

六、与家长相处礼仪

家庭是学生成长的重要场所，父母是孩子的第一任教师，所以，在孩子的成长过程中，父母的影响和作用是最直接的。要想对学生的教育有最佳的效果，与家长多联系和沟通应该是工作的常态，尤其是幼儿教师和中小学教师。在与家长的沟通过程中，讲求与家长相处的礼仪，不仅反映教师的个人修养，也代表着学校的形象。

（一）与家长日常沟通礼仪

日常的沟通是指教师和家长所进行的点对点的“个别沟通”，其针对性更强，有利于教师和家长互通信息，及时了解孩子在学校和家里的情况，对孩子的教育更及时更全面。教师与家长的日常沟通，要讲求以下原则：

1. 积极主动

教师要积极主动地联系家长，及时将学生在学校的表现反馈给家长。反馈学生情况给家长时，教师不应表述得过于笼统，而是要指出学生的具体问题，既要有表扬，又要指出不足，让家长了解最为真实的情况。日常的主动联系途径有很多，现在多以电话、信息或邮件联系为主，微信等新兴通信手段的出现，为教师积极主动联系家长提供了更为便捷的途径和手段。教师可以尝试通过这些新兴通信工具反映学生表现，一定要个别问题个别讲，不要所有的问题都放在家长群里提出，也不要在群里频繁地发送消息，要尊重学生，尊重家长，尊重他人的闲暇时间。

2. 热情真诚

当家长问询学生情况时，教师不要表现得不耐烦，一定要热情接待。当家长来学校了解学生情况时，一定要笑脸相迎，实事求是地向家长介绍相关情况。不要以专家的口吻和家长说话，多用商量的语气。不对家长发号施令，多给家长发言的机会，也不要将学生淘气顽皮的怒火发泄到家长身上，对家长予以责备是极不礼貌的。最后，要对家长的到来表示感谢，并主动相送。

当家长通过短信、微信等方式来问询时，教师应该及时回复，耐心解答。如果手头有其他的事情无法长时间沟通，也应该向家长说清楚相关的情况，告知其自己的处境，并告诉其晚点儿联系的具体时间，避免将家长晾在一边而让其久等。当然，事后一定要记得回复，言而有信。

3. 勇于认错

当学生学习成绩下降或者在校犯错时，教师不要一味地把责任推给学生自己或者家长，而应该反思自己在其中的错误或不当之处，勇于向家长坦言，取得家长的理解。教师和家长之间相互信任，相互理解，沟通才能顺利进行。

4. 注意方式

在向家长介绍学生情况时，一定要注意说话的语气和方式。不要过于直接地向家长指出孩子的错误，要维护学生的自尊心。在进行个别沟通时，不要提到其他不相关的学生，比如："别的孩子都表现很好，就你家孩子特别顽皮。""连×××都可以做到，你家孩子怎么就做不到呢?"这样的表述会大大挫伤家长和孩子的自尊心，会让家长觉得很没面子，甚至无地自容，以后可能不愿意再与教师沟通交流。

（二）家访的礼仪

除了家长主动来学校了解情况，教师也要定期定项地进行家访。所谓定项，是指教师应该通过不同的契机前往学生家里了解情况：当学生成绩进步或者获奖时，教师可以到家里表示祝贺，并鼓励学生再创佳绩；当学生患病无法到校时，教师可以到医院或者家里进行探望，表达关心和帮助；当学生成绩退步，精神状态欠佳时，教师可以到学生家中了解情况，帮助学生调整好状态……在进行家访时，教师要注重拜访礼仪。

1. 提前预约

无论哪种拜访，都要提前与被拜访者联系，这是拜访前最基本的礼仪和礼貌，教师家访当然也不例外。在预约方式的选择上，可以选择电话预约、短信预约，也可以选择当面预约。

预约时要确认好时间和地点，确保家长方便的情况前往，要给家长留下自己的联系方式，万一对方临时有事，需要取消拜访时可以与你联系。

2. 注重形象

教师去学生家里拜访，要时刻注意自身形象，不可穿着随意，也不可浓妆艳抹，基本保持在校的形象即可。

3. 遵时守信

预约好后就要守时，既不能随意更改时间，也不能迟到或太早到，准时到达最好。如果怕路上堵车，路况不好，最好提前出发。尽量不要太早到，太早到会让对方措手不及，但如果早到了，可先在外面稍做准备，待约定时间快到时，再准备敲门。

4. 举止文明

到达学生家门口，敲门时力度要适中，声音太小，对方可能听不见，声音太大，又显得太粗鲁。先敲两下，如果没有回应，则稍等一小会儿再敲，不要连续敲门。千万不要用脚踢，用拳捶，或是用手掌"啪啪啪"乱拍一气。如果可以使用门铃，恰当的做法是：轻轻地按一下，隔一会儿再按一下，不要手不停歇地按个不停。如果门是虚掩的，此时也应敲门，告诉对方：有客人来了，而不是推门就进。

如果是到家里拜访，进门后要换鞋，再向主人问候。当拜访中途有其他客人来访时，或者家里本有其他客人或者家人时，不要忘了与他们打招呼问候。

家长没有请坐之前，不要擅自坐下。落座时要稳重，注意坐姿，不要显得过于随便，或是东倒西歪，像是在自己家一样。主人给你递茶水时，要微微起身，双手接过，并表示感谢。此外，教师应当注意的是，夏天再热也不能在学生家脱衣服；冬天进屋要脱帽和大衣，不要在学生家里说冷，有批评环境不好之嫌。

不要轻易翻动学生家里的东西。没有家长的邀请，不要主动到别的房间参观。如果是第一次拜访或者学生家里刚刚装修过，则要表示对环境的夸赞，这也是打开话匣的好方法。

5. 注意方式

跟家长谈话，语言要客气。进门可简要说些寒暄的话语，夸夸房间的摆设布置等。落座后，教师最好直接进入话题，和家长沟通学生的表现，要以肯定积极的表扬为主，间接、委婉地向家长指出学生的问题。无论学生家境贫富，教师都要表现得不卑不亢，平和自然。

交谈时学生最好在场，如果需要单独与家长交流，可以预先告诉家长，预设学生不在的环境，不能强行让学生回到自己房中去回避，那既是对学生的不尊重，也会让学生反感猜忌。

6. 不可假公济私

家访的目的是与家长沟通学生的情况，交谈的内容也必须是围绕学生的教育问题。教师不可借家访解决私事，要求家长为自己解决问题，也不可以收受家长的礼物。

7. 及时离开

家访的时间不要太长，谈话不要冗长、啰唆，达到家访目的后就一定要及时离开。如果一味逗留，甚至留下吃饭、娱乐，只会给人留下拖沓、不识时务的印象，会影响拜访的效果。

（三）召开家长会的礼仪

家长会是学校、老师与家长沟通的最主要、最直接的方式，也是家长了解孩子在学校各方面表现的重要渠道。教师、家长、孩子对家长会的态度是一个窗口，通过这个窗口，可以看到不同的教育观念，看到教育中存在的问题。要想家长会开得顺利，开得成功，教师要做到以下几点：

1. 提前通知

当决定开家长会时，教师一定要提前书面通知家长，一是方便家长安排自己时间，二是便于家长反复确认自己的行程，也会让家长觉得很正式，想不来都觉得不妥。

2. 用心准备

学校开家长会不是简单地叫家长来开个会这么简单，所以教师要精心做好各方面的准备。要在校园各个地方设置醒目的引导提示牌，方便家长准确地找到自己要去的地方。要精心布置教室或者会场，准备相关的材料，让家长切实感受到教师的用心。

3. 友好协商

在家长会上，教师乃至学校领导不要摆出一副高高在上的样子，给家长以威严感，而是要本着平等交流的原则，与家长进行友好的协商。也不要总是教师在讲台上讲，要给家长充分发言的机会，让家长了解其最想了解的问题。

家长会上不要将焦点集中于某几个学生身上，要让每个学生家长和孩子都感受到被重视。

4. 重视反馈

家长会结束后，针对家长在会上提出的问题，能当面回应就当面回应，不能当面回应的问题，要记得及时给予反馈。

著名教育家夏丏尊说过，教育没有情感，没有爱，如同池塘没有水一样。没有水，就不能称其为池塘，没有情感，没有爱，也就没有教育。我国著名的特级教师斯霞也曾说过："一切成功的教育都必须基于爱，借助于爱，归结于爱。教师要发自内心地关爱学生，赏识学生。"

我们所提倡的礼仪，是以"敬"为实质和核心，而教师工作的礼仪，则是以"爱"为源泉。希望教师朋友们可以将对教育的责任心、对学生的爱意贯穿到各个教学环节中去，真心实意地为学生的成长着想，那么关于礼仪的难题都将迎刃而解。

第四章 教师的活动礼仪

教师礼仪除了体现在课堂教学，课外辅导，与学生、学生家长、同事的交往等环节，还体现在各种校园活动中，如各种仪式、各种会议。参加不同的仪式、不同主题的会议，都会有一些相应的礼仪规范。

第一节 校园仪式礼仪

学校经常举行各种各样的仪式性活动，包括升国旗仪式、开学典礼、毕业典礼、运动会及各种晚会等。用这些仪式活动来彰显校园文化，增强师生之间的凝聚力，培养学生的角色意识，进而培养学生的民族意识、爱国主义精神和历史责任感。所以，教师除了自身要遵守校园仪式礼仪之外，还要组织、管理好学生参加校园仪式的纪律，保障学生的人身安全，同时要教导、督促学生遵守仪式的礼仪规范，让仪式更有“仪式感”。

一、升降国旗仪式礼仪

（一）升旗仪式

五星红旗是中华人民共和国的象征，是对全校师生进行革命传统及爱国主义教育，培养广大师生爱国、爱校精神的重要途径。根据《中华人民共和国国旗法》中的有关条款规定，以及国家教委所发《关于施行〈中华人民共和国国旗法〉严格中小学升降国旗制度的通知》精神，各校国旗升旗仪式应该在每周星期一的早晨举行（寒暑假及天气不好除外）。如遇重大节日、纪念日及学校重要活动，也应举行升旗仪式。举行升旗仪式时，在校的全体师生都应该参加。

1. 升旗仪式程序

一般来说，升旗仪式程序包括：

（1）列队：全体教职工和学生入场；

(2) 出旗：主持人宣布升旗仪式正式开始，全体肃立，旗手持旗，扛在肩上或举至肩，护旗手站在旗手两侧，齐步走向旗杆，悬挂完毕做好升旗准备；

(3) 升旗：当国歌奏响时，升旗手将国旗徐徐升起至旗杆顶，国旗升起的节奏与国歌的节奏同步；

(4) 唱国歌：国旗徐徐上升，国歌响起，全体教职工和学生高唱国歌；

(5) 国旗下讲话：学校领导、教师或学生代表在国旗下讲话；

(6) 退场：主持人宣布升旗仪式结束，全体师生有序退场。

2. 升旗仪式礼仪

教师要通过升旗仪式，使学生知道排队要快，整队要齐；国旗升起，庄严肃立；目视国旗，规范行礼；齐唱国歌，声音洪亮；国旗献词，认真聆听；仪式结束，退场有序；热爱祖国，永记心中；等等。通过仪式，达到让学生爱国家、爱国旗的教育目的。

具体来说，升旗仪式要注意以下行为规范：

(1) 升旗开始前的礼仪。

统一着装。升旗前教师应督促全体学生穿校服，统一着装，系好衣扣、裤扣，并佩戴好校徽。教师应做到服装整洁得体，并佩戴校徽或胸卡，不允许背包、挎包参加升旗仪式。

准时到场。为保证升旗仪式有序进行，师生最好提前到达会场集合，准时参加升旗仪式。如果迟到了，进场时遇国歌奏响，必须原地肃立，待国歌唱完、升旗仪式完毕后才可进入会场。

整齐列队。升旗仪式开始前，全体师生应面向旗杆整齐列队，学生应以班级为单位，按前矮后高的次序纵向列队；全体教师在学生队列后，成横向列队或单独纵向列队。进场要做到精神饱满、动作有力。

(2) 升旗进行中的礼仪。

肃穆端正。当主持人宣布奏国歌、升国旗仪式开始后，场内全体人员都要起立、立正、脱帽，要面向国旗肃立致敬，行注目礼。国歌奏响时，走动或经过现场的人员都应停步，面对国旗，自觉肃立，待升国旗完毕后，方可走动。

规范行礼。国旗升起时，少先队员要行队礼，右手五指并拢，前肘弯曲，掌心向上，经前胸高举头上，距前额上方一拳，掌心向左前。右手高举头上，表示人民的利益高于一切。表情庄重、严肃，立正挺胸，左手自然下垂，双目仰视国旗。非少先队员、未佩戴红领巾的少先队员和其他人员行注目礼。

神情专注。升旗仪式是一个极其严肃的、隆重的仪式，在场人员要向国旗行注目礼，眼睛要始终望着国旗。这个时候每个人的表情都应该庄重神圣，心中充满了自豪感和使命感，并且要持续到升旗仪式完毕。

保持安静。升旗仪式进行过程中，所有的人都应在原地肃立不动。场内不应有人来回走动，也不能东张西望，更不可交头接耳，嬉闹谈笑，接打电话和吃东西等，这些行为都是对国旗极大的不恭敬。

注意仪态。国旗象征着一个国家的尊严。一个人对国旗的尊重，不仅要体现在内心深处，还应体现在仪态仪容上。升旗仪式进行过程中的仪态是：身体直立，挺胸昂首，双手下垂靠拢身体两侧，保持立正姿势，眼睛始终随国旗移动。

另外，升旗仪式期间，因身体不舒服需退场休息的师生，应从操场两侧退场。

（3）升旗结束后的礼仪。

有序退场。升旗仪式结束后离开会场时，师生应在工作人员指挥下，按照一定的顺序离场，不要一哄而散，那样既是对升旗仪式的不敬，也容易造成混乱而引发事故。

保持卫生。要保持会场的干净整洁，不乱扔垃圾和杂物，离开时如身边有垃圾或杂物，应随手带走并放入垃圾箱中。

（二）降旗仪式

按照有关规定，降旗仪式一般在每日傍晚前进行，由旗手和护旗手按《国旗法》第16条的规定降旗。当然，降旗时不一定每次都要将师生集中起来，也可以在放学以后，由旗手和护旗手直接将国旗降下来。其仪式不限，学校可自行安排，但教师路遇降旗时，应面对国旗，自觉肃立，待降旗完毕后再自由行动。

降旗时态度要严肃庄严，认真恭敬。要将国旗叠好，不能将国旗落地弄脏。也不能将国旗随手乱放，要交由专人负责保管珍藏，这意味着对祖国的衷心爱戴。

要经常检查国旗是否完好无损，干净鲜艳，要及时更换因长期日晒、夜露、风吹、雨淋而严重褪色和破碎损坏的国旗。

二、开学典礼和毕业典礼礼仪

（一）开学典礼礼仪

每个新学年开学之际，学校一般会举行不同规模的开学典礼，欢迎新生入学，同时宣布新学年开始。开学典礼一方面是对上学年进行回顾，另一方面对本学年的工作进行展望，动员全校师生为完成新学年的目标、任务而努力，吹响新学年奋斗的集结号。

1. 开学典礼流程

一般来说，开学典礼程序包括：

（1）全体教职工和学生入场；

（2）全体起立，主持人宣布开学典礼正式开始；

（3）升国旗、校旗，奏唱国歌；

（4）介绍出席开学典礼的领导、嘉宾及教师代表；

（5）校长致辞；

（6）上级领导和有关代表（包括教师代表、学生代表等）讲话；

（7）仪式结束，全体有序退场。

2. 开学典礼主办方礼仪

（1）邀请嘉宾。

学校在举行开学典礼前一周左右制作请帖或联系嘉宾，让受邀嘉宾提前做好准备。当地党政机关领导、上级有关职能部门负责人及学生家长代表等均可作为受邀对象参加开学典礼。本校的教师也要提前通知，让所有参加者都有充分的准备。

（2）布置会场。

学校要安排专人布置会场，将学校的礼堂或露天会场打扫干净。制作好活动需要的会标、横幅等，将会标挂在主席台前幕正上方。会场内外可张贴一些标语、横幅，安置彩旗，摆放鲜花或盆栽，以烘托开学典礼的气氛。主席台后幕正中悬挂国旗，两边各插入5面红旗。在主席台上安排若干座位，座位前面放置用红色或蓝色的丝绒布铺好的会议桌，依次在桌上摆放好主席台就座的各位领导、嘉宾的名牌。

（3）服务到位。

要安排专门的接待人员迎送来宾，接待人员最好统一着装，以方便来宾辨识。迎送热情，精神饱满，为来宾引路、安排座位、倒茶等，服务到位。

3. 参加开学典礼礼仪

注重形象。关于教师的形象要求在前面的章节中已有详细的阐述，但参加各种仪式或重大活动时，教师的形象应该比上课时更庄重得体。女教师可化淡妆，做发型，穿套裙或套裤，男教师不妨穿西服或正装。衣服的颜色也可鲜艳明亮些，表达祝福庆贺、开心快乐之意。

准时到场。开学典礼是开学后教师参加的第一项师生同时参加的集体活动，教师无故缺席、迟到，会给学生留下极不好的第一印象。尤其是新生，走进新的学习环境，对未来充满了憧憬和希望，也在好奇地观察着周围的一切，教师的精神面貌和处事风格是他们最为关注的。所以，教师一定要提前到达会场，在指定的位置就座。

端正态度。奏唱国歌时，要听从主持人的指挥。原地起立，立正姿势，激昂地唱出国歌。整个典礼过程，要认真听取发言，将手机关闭或调至静音。不要交头接耳讲话，不要干与典礼无关的事情。

适时鼓掌。在主持人宣布开学典礼开始或介绍学校各级领导和来宾时，在领导、教师代表、学生代表发言时，应适时报以热烈的掌声。

保持卫生。不要随地吐痰，不要乱扔杂物，要保持会场的清洁卫生。开学典礼结束后，应等主席台上的领导、来宾退场后再有序退场。

4. 教师开学典礼发言礼仪

有时候，开学典礼需要由教师主持，因此，教师写一篇不仅文采优美，而且逻辑清晰的主持词，同时把典礼过程安排得有条不紊，是使整个典礼有声有色、顺利进行下去的保障。

教师主持开学典礼或作为教师代表发言时应做到：上下场镇定自如；发言开始前应向主席台就座的领导来宾鞠躬后再向全场鞠躬；规定的时间内结束发言，言简意赅，宁短勿长，不要随意发挥，信口开河；慎用手势，坚决不用含义不明的手势；提及感谢对象时应目视对方；表示感谢时应鞠躬行礼；讲话结束，应表示感谢。

（二）毕业典礼礼仪

毕业典礼是学校为毕业生举行的隆重而热烈的庆典仪式，是学校对学生进行毕业教育的最后环节，更是师生话别、交流感情，让学生以母校为荣，倍感幸福快乐的难忘时刻。通过毕业典礼，毕业生可以牢记母校的教诲、希望和嘱托，信心百倍地投入新的学习或工作环境中去。

1. 毕业典礼流程

一般来说，毕业典礼的程序包括：

（1）教职工和毕业生入场；

（2）主持人宣布毕业典礼开始，全体起立；

（3）升国旗、校旗，奏唱国歌；

（4）校领导致辞；

（5）上级领导和有关代表，包括教师代表、学生代表等讲话；

（6）校长授予学位，颁发毕业证书及学位证书；

（7）典礼结束，有序退场。

2. 参加毕业典礼的礼仪

毕业典礼一般举行在学生即将离开母校的时候，一定要给学生留下最美好的印象，同时，也让学生给学校留下好印象。所以，教师一定要认真对待，积极参加，不要无故缺席。要严格遵守会场纪律，也不可因为学生即将离开学校就放松管理，任其随随便便，无所顾忌，破坏良好的会场秩序。

记得2013年11月23日下午，是我的孩子在英国考文垂大学所在的学院研究生的毕业典礼。接到考文垂大学发来的邀请函时，我内心幸福又激动，满心向往。而邀请函中对家长及孩子必须正装或礼服出席硕士毕业典礼的要求更是充满了神圣感、仪式感。后来来到考文垂大学才知道，他们学校给每个学院安排了半天的时间举行毕业典礼，校长一定会参加每个学院的毕业典礼，亲手将学位证书颁发给每个学生，并握住学生的手或拍拍学生的肩膀说一句祝福祝愿的话语。也就是说，考文垂大学的毕业典礼要持续十来天，校长每天都会参加两个学院的毕业典礼。而所有参加毕业典礼的教师、家长及学生都是正装或礼服，每个人脸上都洋溢着幸福和喜悦，仿佛过节一般。这样的毕业典礼更会激发学生的潜能，成为学生努力的动力，因为所有的学生都想成为这一时刻的主角，都期待校长的亲切接见和祝福。可见，在英国考文垂大学，学生的毕业典礼有多重要，我想，其他大学也一定如此。

所以，我们的教师参加学生毕业典礼也应该提前入场，服从工作人员指引并尽快于指定位置就座。不迟到、不早退。服饰得体，举止大方，注重形象。保持肃静，关闭手机等通信设备。

校领导、教师和学生代表发言时，毕业生代表接过校领导授予的毕业证书、荣誉证书时，毕业生先进个人、先进集体代表登台领奖时，都要适时地鼓掌表示欢迎和祝贺。

自觉维护会场内秩序，不随意走动。仪式结束后，要等主席台成员退场后，在工作人员的指引下有秩序地排队退场，不要自行提前退场。

三、颁奖仪式和课外活动礼仪

（一）颁奖仪式礼仪

学校颁奖仪式是学校对校内先进集体和个人在某方面的突出成绩公开进行表彰，颁发奖状、奖品的活动。隆重的颁奖仪式能够让师生了解先进人物的典型事迹，为大家树立学习的榜样，弘扬正气，促进学校的精神文明建设。

1. 颁奖仪式流程

一般来说，颁奖仪式程序包括：

（1）主持人宣布颁奖仪式开始；

(2) 有关领导对某项成绩进行回顾和总结；

(3) 表彰有突出成绩的人员；

(4) 颁发证书、奖杯或奖品；

(5) 校领导或来宾致辞；

(6) 获奖人员代表讲话；

(7) 宣布会议结束，有序退场。

2. 参加颁奖仪式的礼仪

出席颁奖仪式应严格遵守会议纪律，服从会议组织人员安排，遵守基本的仪式礼节，包括规范着装、准时到场、有序退场等。

受奖的有关人员，一般被安排在会场的前排入座。如果人数较多，也应在座位上设置名牌，以便自行对号入座，其座次最好与接受颁奖的先后次序一致，避免过程中产生混乱。

颁奖前要明确颁奖人颁发的奖项内容，事先准备好奖状或锦旗，要提前与受奖人交代清楚应注意的事项，包括上台领奖的时间、顺序等。

进行颁奖时，台下的工作人员要把受奖人员井然有序地引领上台，授奖人应双手将锦旗、奖状或奖杯奖品等递交给受奖人员，主动与其握手，可留步台上与受奖人员合影留念。

如需领奖，上台时目光平视前方，站姿要稳健、端庄和大方，不要频频左顾右盼或畏畏缩缩。接受奖品时要上身前倾双手接过，然后行鞠躬礼。

仪式上有发言任务的教师，上台后要先向在主席台就座的各位领导及来宾鞠躬，然后向台下观众鞠躬；要掌握好讲话的语速、音量，使用一种低沉而有节奏的语调，这样可以使你的声音更稳重，更具说服力；发言内容要详略得当，注意观众反应，当会场中人声渐大时，则标志着观众已经觉得你的发言时间过长了，需要压缩讲话内容，尽快结束；无论讲的主题多么严肃，偶尔的微笑、用眼睛不时地环视全场，都能帮助你赢得更多的支持；发言时的手势、身体姿势、声音要优雅得体，不要摆出双手紧握或双臂交叉胸前的防卫姿势，不要做出说教式的发言动作，不要指指点点、交叉握双手或手撑讲台呈现出高塔形状；发言完毕后要向全体与会者表示感谢，从容走下台。

所有人员都要按要求就座，自始至终姿态端正，不要交头接耳，不要擅自离席随意走动。应认真而专注地听取发言，即使对发言人不满，也不可以鼓倒掌、喧哗起哄，这些行为极其失礼。

如果有禁止录音、录像、拍照、吸烟以及使用移动电话等的具体规定，应严格遵守。

(二) 课外活动礼仪

课外活动是对学生进行德、智、体、美、劳等多方面综合素质教育的重要途径，能够充分发挥学生个体的主动性、积极性和创造性，有利于学生特殊才能的发展，也有利于学生之间的团结协作。

对于指导教师来说，应该精心选择课外活动的场地，并精心设计，精心布置，以环境突出、深化、烘托活动主题，力争以景育人，使之具有典型性和教育性，以增强活动的效果和感染力。当然，活动场地、环境的选择、设计和布置要从本地、本班的实际出发，不要舍近求远，更不能铺张浪费。

教师在课外活动的组织、安排和实施中要特别注意以下事项：

(1) 课外活动安排应与全校其他活动相协调配合，要有大局意识。

(2) 课外活动应该各项责任落实到人，专人负专责，确保每个环节有专人把关。如有需要，可要求其他人员协助开展活动。

(3) 学生离校外出活动，教师应先向学校提交申请书，获得批准后方可举办。

(4) 学生参加活动前，应填写手册或信件，通知并取得家长同意。

(5) 要通知任课教师，安排好课程，并将活动安排通报在学校通知栏中。

(6) 借用视听器材或场地应按照规定填写有关表格，及时归还。

(7) 要求学生必须准时参加活动，如果有事情不能参加，应该先通知老师履行请假手续。如果学生没有事先通知老师，老师应该联络学生，了解情况，确保学生的安全。

(8) 教师与学生都不得无故早退或者自行离去。

(9) 活动结束后，要将活动资料（最好附上活动照片）整理好上交给学校存档，要对活动做全面总结。

(10) 教师带领学生参加校外活动，安全是第一位的。如果发生意外情况，应迅速向学校和当地公安机关报告求助。若有学生受伤，在紧急通知学校和公安机关的同时，要赶快对受伤学生进行救治并拨打120。

此外，教师在参加课外活动时，要注意礼仪细节。要注意形象，不要穿奇装异服，不要蓬头垢面、拖鞋歪帽、半披半挂、不修边幅，也不要过分打扮、浓妆艳抹。要礼貌待人，参加课外活动的言语、行动，不要离开主题、节外生枝，应多使用“谢谢”“麻烦”“请”等礼貌用语，尤其是面对围观活动的当地群众，应该友善对待，耐心解释。如果需要临时离开，必须向负责人说明。

四、运动会与晚会礼仪

（一）运动会礼仪

学校运动会是一项极其重要的内容，除了日常的体育课和体育活动以外，学校一般每年都会隆重举行至少一次全校师生共同参与的运动会，有的学校甚至还分别在春季和秋季举行两次。运动会一般包括开幕式、比赛过程和闭幕式。在运动会上无论观众还是运动员都要遵守纪律，注重礼仪。

1. 开幕式及闭幕式礼仪

开幕式象征着运动会的开始，是激发鼓舞运动员的热情和斗志的，是宣传吸引观众的，因此教师应带领学生按时进退场，不随意中途离席。无论观众、运动员都要听从大会指挥，严肃认真，使开幕式气氛隆重而热烈。

举行开幕式及闭幕式时不要大声喧嚷，要当文明观众。不要随意扔空罐、纸屑、果皮，不要影响比赛场地。

仪式结束后，要按照顺序退场，不要一哄而散，这样既可以保证安全，又能够显示师生的礼仪风范。

2. 运动员比赛礼仪

遵守时间。校运会的比赛项目多，运动员一定要准确把握好参赛项目的时间，切勿无故缺席或临阵退场，遵守比赛时间并认真参赛是运动员最基本的礼仪。

合适着装。运动员在比赛过程中要根据所参赛的项目选择合适、协调的服装，一般选择干净、整洁、透气的运动服，如参加田径类项目还需准备专业的运动鞋。着装的协调不仅反映了运动员对比赛的尊重和对本项目的专业认识，更体现运动员的礼仪修养。

充分准备。运动员在上场前要做好相关的热身运动，防止拉伤、扭伤等不必要的运动损伤，同时保证比赛的顺利进行，发挥出正常水平。在比赛中一定要保持精神集中，特别是在进行接力赛这样的团体比赛时，要提前演练，与同伴达成默契，展现良好的比赛风貌。

遵守规则。体育运动讲究竞赛规则，运动员一定要认真了解并遵守相关规则，要服从裁判的判决，有疑问可以通过正规途径反映解决，不可以粗暴地质问、谩骂甚至侮辱裁判。

善待对手。这里的善待既包含了尊重，也包含了感恩，正是因为有了强劲的对手，你才有了不断奋进的动力，才有了展示自己的舞台。心存感恩，比赛的心态会更平和、更稳定，也更能发挥出水平。千万不可因为双方的竞争关系而有敌视或排挤的行为，更不能在比赛过程中出现言语侮辱或人身攻击，这样不仅破坏自身形象，影响比赛的良好氛围，更影响班级与班级、个人与个人之间的友谊。

礼貌结束比赛。最后无论比赛结果如何，都要礼貌地走到对方面前同他们握手。如果对方获胜，则应该祝贺对方的比赛成绩；如果对方失利，则应该肯定他们的精彩表现，切不可扬扬自得、冷嘲热讽。

3. 运动会观赛礼仪

校级运动会比赛规模大、参与人数多，教师要带领好各班级、各领队管理好自己的运动员，遵守比赛规则并保护人身安全，避免受伤。在比赛中，如组织啦啦队，可统一着装，并指定专人来指挥，确保赛场秩序。

比赛过程中应当秉持友谊第一、比赛第二的精神，团结友爱。不要过分计较分数，要理智对待输赢，坦然接受各种可能的比赛结果；要尊重裁判裁决，如出现错判、漏判的情况，应由教师或领队平和地向裁判员说明情况，切不可乱喊乱叫，甚至打架斗殴。

观看比赛时不要推搡拥挤，要鼓舞参赛选手的斗志，要适时、适度鼓掌，不偏袒己方，不敌视对手，不起哄，不喝倒彩，不要有嘘声讪笑、粗言辱骂之失礼行为，更不要对竞争对手进行人身攻击，应以公平竞技的态度观赏比赛。

师生观看比赛时应礼貌对待运动员的比赛表现，对偶尔失误的运动员要予以谅解，切不可出言不逊，发泄自己的不满，以免损伤运动员的自尊心和自信心。

观众不要在观众台看书报、做杂事，显得对比赛漠不关心。比赛期间应当爱护环境卫生，爱惜公物，切不可损毁比赛场地而妨碍比赛进行。

(二) 晚会礼仪

晚会是学校为了庆祝节日或者纪念日而举行的娱乐性活动，是一种能联络感情、加深友谊的交际形式，是师生施展才华、活跃校园文化生活的舞台，更是校园文化建设、精神文明建设不可或缺的重要环节。晚会的类型多种多样，由于其类型不同，不同晚会的礼仪要求也有所差异。下面我们主要来介绍常见的文艺晚会的礼仪要求。

1. 主办方礼仪

(1) 节目选择。

主办方在举办晚会前，要精心对节目进行挑选和编排，根据晚会的主题和来宾的性质、身份、喜好等来选择表演内容，当然也要考虑自身的实际能力。节目最好加入具有本地特色的音乐、戏剧、舞蹈等形式，宣传本地的传统文化，同时要注意照顾到现场来宾的风俗习惯。在演出前印制好节目单，保证在演出开始前人手一份，观众能简略地了解到晚会中每个节目的内容、特色及表演者。

(2) 座次安排。

学校的文艺晚会一般安排在学校音乐厅或者正规的剧院、礼堂举行，通常视野最佳的座位是第七排到第九排之间，但是出于对领导和嘉宾的尊重，其座位一般都安排在最前排的中心位置。必要时可在座位上贴上嘉宾的名字。

(3) 晚会程序及注意事项。

一般来说，晚会程序包括：

- 演出开始前，礼仪小姐在门口迎接来宾；
- 观众就座后，主持人宣布晚会正式开始；
- 介绍校领导及嘉宾；
- 晚会各节目进行表演；
- 表演结束，领导和嘉宾上台慰问并合影；
- 晚会结束，领导和嘉宾先退场，然后观众有序退场。

要注意的是，在演出开始前，要做好相关服务工作，有专门的陪同人员指引嘉宾入座，或设立专门的休息室，以供嘉宾稍事休息。介绍莅临的领导和嘉宾时，应当引领观众鼓掌欢迎。退场时，要安排领导和嘉宾先退场。

2. 观众礼仪

文艺晚会中观众是不可缺少的主体，晚会除了放松心情、娱乐休闲之外，更是一项公共活动，观众们一定要注意自己的言行举止，维护自己的公众形象，保持晚会欢乐、融洽的气氛，做一个文明守礼的观众。

(1) 注意形象。

参加晚会，要注意自己的形象。衣着要整洁大方，女教师不可着背心、拖鞋或暴露的衣服，男教师不能穿短裤、背心、拖鞋，更不可因天热而光着膀子。女士参加晚会最好化一点淡妆。晚会上通常不允许戴帽子、墨镜。

(2) 提前入场。

晚到会影响他人观看。假如已经迟到了，则应该悄悄入场，走路要轻，姿势要低。自己的座位在中间时，要有礼貌地向已经就座的人示意，请其让自己通过。经过让行者时要与之正面相对，不能让自己的臀部对着让行者的脸。就座后摘下帽子，头部不要左右晃动，也不要不停地来回走动，以免影响后面的观众。不把脚踩在前排座位背面，更不可脱掉鞋子发出刺鼻的气味。

(3) 保持安静。

观看演出时不要制造任何噪声，不大声说笑，不交头接耳，尽量做到不聊天、不说话，即使与亲密的人一起观看，也不要把头靠在一起，以免挡住他人视线，不在剧院内接打电话，手机要调成震动或静音。保持剧场卫生，不吃带皮和有声响的食物，饮料瓶等垃圾在离开时要带走。

(4) 适时鼓掌。

在观看演出时，要有礼貌地适时鼓掌，以表达对演员、指挥等所有演职人员的尊重和谢意。鼓掌要掌握好时机，不是随心所欲，想鼓就鼓。当演员首次出台亮相时应鼓掌，乐队指挥进场时应鼓掌，一个个高难度的杂技动作完成时应鼓掌，一首动听的歌曲演唱完毕时应鼓掌，演出告一段落时应鼓掌，演出全部结束时应起立热烈鼓掌。观看演出时，鼓掌若不得当，会产生副作用。比如演员的台词还没说完，交响乐的一个乐章尚未结束时就贸然鼓掌，不仅影响演出，而且大煞风景。

(5) 尊重演员。

观看演出要充分尊重演员的劳动成果，不能乱喊乱叫乱鼓掌，不要当场对演员或节目加以评论。演员谢幕前不要提前离席，提前离开是对所有演职人员的不尊重。如果是观看演出，则要在演出结束后报以热烈的掌声，等演员谢幕以后再退席。如果确实需要中途离开，离座时要弯腰行走，并对被挡住视线的观众表示歉意。

五、校庆庆典礼仪

校庆是学校教育管理的一种特殊教育活动，是学校的建校纪念日和重大庆典日，是在指定时间组织在校师生、社会知名校友及有关人士参加的庆祝活动。校庆往往选取学校成立日或学校有重大意义事件的发生日作为典礼举行日。一般的校庆是指学校创建或落成之日，通常是五年一小庆，十年一大庆。

校庆对一个学校来说是一种盛大的仪式，对学校的发展有着深远的影响，气氛很隆重很热烈。校庆可以宣传学校的办学特色，总结办学成果，密切学校与校友及社会各界的联系，有利于扩大学校的影响和知名度。通过庆祝纪念活动，可以振奋师生精神，巩固学校优良传统，发扬学校良好作风，提高师生的爱校意识，增强凝聚力，使广大师生和校友更加了解学校，热爱学校，以更好地促进学校全面发展。

校庆常常会邀请历届知名校友作为嘉宾返校，既带来对母校的崇敬与爱戴，也带来办校社会效益的反馈信息，对教师和领导在办学、治校中的工作带来改进和提升作用。同时，也是毕业校友的一次返校聚会活动。

校庆的活动方式常以庆祝大会与校史展览、校庆晚会、小型座谈会相结合，或举办关于校庆的演讲、征文比赛、摄影比赛或歌舞晚会等活动。这一节介绍的是一般校庆典礼的礼仪。

(一) 校庆典礼流程

一般来说，校庆典礼程序包括：

(1) 教职工、学生、领导、嘉宾入场；

(2) 主持人宣布校庆典礼开始；

（3）升校旗、奏唱校歌；

（4）介绍到场领导及嘉宾；

（5）校领导致辞；

（6）校友代表致辞；

（7）来宾或上级领导致辞；

（8）主持人宣布校庆活动安排（文艺表演、校庆宴会及各项活动等）；

（9）仪式结束并有序退场。

（二）校庆典礼礼仪

参加校庆更应注意礼仪，校庆期间邀请了许多领导、校友，在校教师和学生的一言一行都代表着学校的风貌，所以态度要热情友善，语言要文明得体，积极参与各个环节的活动，时刻以主人翁的态度行事做事，把对学校的爱化为实际行动。

1. 校庆典礼邀请礼仪

提前确定参加庆典大会名单，包括当地政府机关领导和有关上级领导、学校历届知名杰出校友、家长代表等。制作邀请函，在典礼举行一个月前左右发出邀请，最后汇总情况，统计到会人员，安排典礼事宜。

2. 校庆典礼布置礼仪

要安排专人布置会场，将学校礼堂或露天会场打扫干净。制作好活动需要的会标、横幅等，在校门口悬挂欢迎条幅，并在上空放飞红色气球。在进入典礼现场的主路两侧及典礼现场四周布置彩旗，营造出热烈欢迎的现场气氛。

礼堂或舞台以红色的拱门、横幅、气柱等配合宣传画，营造喜庆热烈的氛围。礼堂内外可布置学校教学成果和宣传画册等，回顾学校发展历史，展示学校的教育理念、办学模式和教学特色。

在主席台上安排若干座位，座位前面放置用红色或蓝色的丝绒布铺好的会议桌，依次摆放好名牌，上级领导、校领导和重要嘉宾在主席台就座。

典礼舞台下方整齐摆放座位，嘉宾的座位安排在最前排，以示尊敬。

对现场实行合理的功能区域划分，设置专门的停车场以便车辆停放。在各路口及各功能区设置醒目的指示牌，以便来宾能及时找到。设置接待室或休息室，室内准备一些茶饮水果，供领导及重要嘉宾庆典前休息。

3. 校庆典礼接待礼仪

校庆典礼当日，学校通常会安排教师、学生志愿者做接待工作，志愿者们要注意遵守接待礼仪。

（1）形象礼仪。

接待人员要注意个人形象管理。个人形象代表着学校的整体形象，是学校形象展现的窗口。

衣着整洁。接待人员最好统一着装，可穿文化衫、白衬衣或小西装的套装，在门口迎宾的志愿者应着旗袍或礼服以示隆重。所有接待人员都不可以穿着太随意，女教师不可以穿着过于暴露。

发型得体。保持头发干净整洁，女教师应将头发扎起或盘起，避免散乱，男教师则应做到“三不”。女教师应化点儿淡妆，那样看起来更精神。

接待人员站立时应当上身挺直，挺胸收腹，头、颈、躯干和双腿应与地面垂直，两肩保持水平放松，两臂和手在身体两侧自然垂下，手指自然弯曲，掌心向内。双眼平视前方，保持面带微笑，神态亲切自然，态度友好端正。站立时双脚呈V字形或并拢，双膝紧靠，两个脚后跟也要靠紧。双手自然下垂或在身体前交叉，以保持向大家提供服务的最佳姿势。

在接待中要注意站立时双手不可叉在腰间或抱在胸前，身体不能东倒西歪。站累了，一只脚可以向后撤半步，但上身仍然需要保持正直，不可以将脚向前或者向后伸得过多，也不可以双脚分开站立。

接待时，运用“直臂式手势”来引领方向。一只手臂向一侧前方伸出，身体侧向对方，眼睛看着手指方向处或对方脚前10厘米左右位置，同时带上几句礼貌性的话语，如“您好，请跟我这边来”“里面请”“您这边请”“请您往这边直走”等等。

运用“双臂斜摆式手势”来引领宾客坐在相应座位上。当座椅在引领者左方时，应左手在前，右手在后，两手掌向上，以肘为轴向座椅方向摆出，双肘微微弯曲，左肘弯曲度略小于右肘，上身微微向前倾，面带微笑说“您请坐”。

引领宾客时，需要注意行走的速度，在宾客的侧前方两至三步，随着宾客的步伐而保持适当行走距离。行走时，应挺起胸膛，双臂自然地前后摆动，节奏平稳适中，给人一种矫健轻快、从容不迫的动态美。不要身体左摇右晃、弯腰驼背、步履蹒跚，应当展示出朝气与活力。

(2) 迎送礼仪。

所有接待人员应按照分工在指定地点接待来宾，包括签到登记、领取胸牌、校庆宣传片和纪念品等，然后引导来宾至典礼现场接待室稍事休息。

安排有序。安排好迎客车辆，预先为客人准备好住宿及膳食。若对所迎接的客人不熟悉，应准备好接站牌。要通知所有出席校庆典礼的各位领导按时出席，还应预先打印好日程安排表，以便迎接时分发到每位参加迎送活动的人员手中，让大家清楚整个行程安排。

热情招待。接待嘉宾时面带微笑，主动寒暄，并奉上茶水。上茶时注意应待客人入座后，从客人的左边为客人奉茶，茶杯放到桌上后，要顺势将杯柄拨向客人右手方。端茶时要一手握杯柄，一手托杯底，不要用手抓住杯口。

礼貌用语。在接待过程中多使用礼貌用语，如“欢迎您来参加我们学校的校庆典礼”“请您往这边走”“不客气，这是我应该做的”等。对待嘉宾的要求或建议要及时予以诚恳的答复。

送别得体。参加校庆的领导或嘉宾准备离开时，应按迎接时的规格对等送别，安排好送别人员，做好交通方面的安排，切不可虎头蛇尾。同时，送别时应与嘉宾握手道别，并送至停车场，用热情友好的言语欢送。待嘉宾上车后应目送其离去，一直到视线看不到了的地方方可回转，以免嘉宾回头再次致谢时看不到主人而深感失落。

4. 校庆典礼观看礼仪

参加校庆典礼时，师生都应该注意自己的举止表现，其中教师的表现尤为重要。若出席人员在校庆中穿着随意、行为不当、语言失敬，会对整个学校的形象造成极大的负面影响。因此，在举行庆典之前，教师应该对学生进行必要的礼仪教育，明确有关注意事项和要求，并做到严格遵守。具体来说，应当注意以下几点：

注意形象。所有出席观看庆典的人员，都要仪容整洁，举止优雅，全校师生应以校服作为庆典着装，不能散漫脏乱。

遵守时间。守时是最基本的礼仪要求，上到学校校长，下到学生都不得迟到、无故缺席或中途退场。庆典应该准时开始，准时结束，严格按事先安排的流程进行。

举止得体。在举行庆典的过程中，要全神贯注、聚精会神、举止文雅，不要嬉皮笑脸，不要愁眉苦脸，不要到处乱走乱转，不要与周围的人说“悄悄话”，也不要看报纸、发短信、听音乐、打瞌睡等。

态度友好。这里主要是指对待来宾要态度友好，要主动热情地问好，对来宾提出的问题要及时答复，不要围观或者评论嘉宾。当嘉宾在庆典上发表贺词时，要主动鼓掌表示赞扬和感谢。

5. 校庆典礼安全礼仪

人身安全。在会场旁边设立医务点和休息区，防止意外情况发生，方便及时应对处理。同时，要视会场大小限制入场人数，引导来宾有序进场和退场，以免发生踩踏事故。

财物安全。在休息室里提供临时物品暂寄处，并安排保安人员加强巡查贵宾室、休息室及后台等地，确保财物安全。

公共安全。规划车辆进出路线和应急通道、车辆停放点，确保校内交通畅通。综合考虑现场实际情况，确定不同的疏散通道和人流线，加强各时段的管控措施，加大对会场的秩序维护控制，保证与会人员快速有序离场。

六、宣誓仪式礼仪

宣誓，是参加某一组织或担任某一职务时，在一定的仪式下当众说出表示忠诚和决心的话。宣誓要有正式的场合、正式的仪式，庄严地举行。宣誓的过程既是一种教育，又是一种警戒，还是一种约束，因为仪式最大的特点是气氛庄严、程序规范、意蕴深刻，具有强烈的象征意义和巨大的心理暗示作用。

在仪式举行的那一刻，宣誓人被浓郁的崇高气氛包围，情感会得到震撼，心灵会得到净化，思想会受到启迪，庄严感和神圣感油然而生。一次刻骨铭心的仪式，往往胜过千言万语，使人顿悟道理，受益一生。这种庄严仪式，促使人坚定信念，给人以信心、勇气和力量，使之在任何困难面前，毫不退缩，勇往直前。在校内，常见的宣誓仪式有入党宣誓仪式、入团宣誓仪式和成人宣誓仪式。

（一）入党宣誓仪式礼仪

预备党员必须面对党旗进行入党宣誓。入党宣誓仪式，一般由基层党委或党支部（党总支）组织进行。由党支部（党总支）组织宣誓仪式时，上级党组织应派人参加。除准备参加宣誓的预备党员、党组织负责人出席入党宣誓仪式外，还可邀请老党员和优秀党员的代表参加，并吸收部分入党积极分子参加。

预备党员面对党旗进行入党宣誓，是发展党员工作必经的程序，是党组织对预备党员入党后进行的一次庄严的、生动实际的党的观念教育，也是预备党员进行自我教育的好形式。预备党员通过入党宣誓，表示他们自愿承担共产党员的政治责任，表明对党的事业的忠诚，可以使他们在今后的工作和生活中时刻用誓言来激励自己，终身牢记自己的誓言，并努力付诸实践。庄严而神圣的入党宣誓仪式对参加者有诸多礼仪要求。

1. 入党宣誓程序

一般来说，入党宣誓仪式程序包括：

（1）开始。

1）宣誓人排队站在台前；

2）全体人员起立，高唱《国际歌》。

（2）致辞。

党组织负责人发表简短祝词，祝贺党组织充实了新鲜血液，祝贺新党员光荣地加入了党组织。

（3）宣誓。

1）宣读参加宣誓的新党员名单；

2）宣誓人立正，面向党旗，举右手握拳过肩，准备宣读誓词；

3）党组织负责人逐句领读誓词，宣誓人一齐跟读；

4）领誓人读完誓词，最后说“宣誓人”后，每位宣誓人分别报自己的姓名。

（4）讲话。

1）参加宣誓的新党员代表发言向党组织表示决心；

2）应邀出席宣誓仪式的老党员代表或优秀党员代表讲话；

3）上级党组织负责人讲话，对新党员提出希望，对党组织建设提出要求；

4）仪式结束，散会。

附入党宣誓词：

> 我志愿加入中国共产党，拥护党的纲领，遵守党的章程，履行党员义务，执行党的决定，严守党的纪律，保守党的秘密，对党忠诚，积极工作，为共产主义奋斗终身，随时准备为党和人民牺牲一切，永不叛党。

2. 参加入党宣誓仪式礼仪

入党宣誓仪式一定要严肃认真。会场要布置得庄严、简朴，主席台正中要悬挂党旗，单面党旗的悬挂应是横挂，镰刀锤子图案在左上角。中国共产党党旗是中国共产党的象征和标志，维护党旗的严肃性，是全党各级组织和每个党员应尽的职责和义务。入党宣誓仪式非常严肃、庄重，在这种场合，更应该维护党旗的严肃性，不得使用破损、污损、褪色或不符合制作规定的党旗。有条件的，可在党旗上方悬挂“入党宣誓大会”横标。

在革命历史纪念馆、烈士陵园、革命导师（领袖）和烈士塑像前举行入党宣誓仪式，也必须设法悬挂党旗，不能在无党旗的情况下举行入党宣誓仪式。

参加宣誓的预备党员应列队面向党旗，考虑到入党宣誓大会往往有许多党员和入党积极分子参加，如果宣誓人的后背朝着与会人员，容易影响大会的宣传、教育效果，故宣誓人也可以半侧面朝向党旗，保持立正姿势，举起右手，握拳过肩。领誓人应站在宣誓的预备党员一侧，与宣誓人一样的姿势，面向党旗。

举行入党宣誓仪式，气氛要严肃，与会人员应当站立，不得随意坐下或走动，自始至终目视党旗或发言者，不许交头接耳、嬉笑喧哗，不可采取茶话会等方式进行。整个仪式组织要严密紧凑，讲话发言要简短有力，时间不宜过长。

入党宣誓仪式是对预备党员进行教育的一种形式，对于要求入党的积极分子进行党的教育同样有较好的感染作用，各党总支、直属支部可以根据实际情况，适当地吸收一些积极分子参加预备党员的入党宣誓仪式，并在参加宣誓仪式之后组织他们谈感受，使他们认识到入党的庄重性和严肃性，必须忠于党的事业、履行党员义务，为实现党在现阶段的目标任务和远大理想而奋斗，引导他们按照党章规定的党员标准对照自己，要求自己，明确努力方向。

（二）入团宣誓仪式礼仪

年龄在14～18周岁的青年可以申请加入中国共产主义青年团，《中国共产主义青年团章程》规定："新团员必须在团旗下进行入团宣誓。"入团宣誓是对新团员进行的一次严肃、庄重的教育。团旗代表着团的组织，誓词概括了团员对共产主义事业和团组织所应承担的责任和义务。新团员入团宣誓，可以使其牢记入团誓言，激发做一名共青团员的光荣感和责任感。新团员通过入团宣誓仪式，明确青年的责任，感受入团的光荣，老团员则可以重温曾经的荣耀，更加坚定成为优秀青年的信念。

1. 入团宣誓仪式程序

一般来说，入团宣誓礼仪程序包括：

（1）开始。

1）全体起立，奏唱国歌；

2）全体起立，奏唱团歌。

（2）致辞。

团组织负责人发表简短祝词，祝贺组织充实了新鲜血液，祝新团员取得更大的进步。

（3）宣誓。

1）宣读参加宣誓的新团员名单；

2）请老团员为新团员佩戴团徽；

3）宣誓人立正，面向团旗，举右手握拳过肩，准备宣读誓词；

4）团组织负责人逐句领读誓词，宣誓人一齐跟读；

5）领誓人读完誓词说"宣誓人"后，宣誓人分别报自己的姓名。

（4）讲话。

1）参加宣誓的新团员代表发言向党表决心；

2）应邀出席宣誓仪式的优秀团员代表、校领导讲话；

3）仪式结束，散会。

附入团宣誓词：

我志愿加入中国共产主义青年团，坚决拥护中国共产党的领导，遵守团的章程，执行团的决议，履行团员义务，严守团的纪律，勤奋学习，积极工作，吃苦在前，享受在后，为共产主义事业而奋斗。

2. 入团宣誓仪式礼仪

入团宣誓仪式要严肃、庄重、富有教育意义，现场应悬挂团旗，团员要佩戴团徽。可以专门开会举行，也可以结合团的其他会议举行；可以根据不同情况，由团的基层委员会、总支或支部组织。团的小组会上不能举行入团宣誓仪式。

新团员入团宣誓仪式，可以吸收部分申请入团的青年积极分子参加，并指定他们中的代表发言，使仪式起到更大的教育作用。

中国共产主义青年团团徽可制成徽章，颁发给共青团员佩戴。团徽的内容为团旗、齿轮、麦穗、初升的太阳及其光芒，写有“中国共青团”五字的绶带，它象征着共青团在马克思列宁主义、毛泽东思想的光辉照耀下，团结各族青年，朝着党所指引的方向奋勇前进。

中国共产主义青年团团员证封面为墨绿色，象征着青春和朝气蓬勃的青年，封面上方印有红色烫金团徽，象征着共青团组织是团结教育青年的核心。团的组织和团员应按规定管理和使用团员证。

团的各级代表大会和代表会议、团员大会、举行新团员入团宣誓仪式的会场可以悬挂团旗，也可以同时悬挂党旗。团旗和党旗同时悬挂时，党旗应挂在面向的左方，团旗挂在面向的右方。团日活动可以使用团旗。在重大节日期间，共青团各级机关门口只悬挂国旗，不悬挂团旗。

（三）成人宣誓仪式礼仪

成人礼，又叫成年礼、成丁礼、入世礼、成年仪式等，成人仪式教育活动是共青团组织近年来在16～18岁青少年中倡导开展的一项公民素质教育活动。成人礼是青少年人生中重要的转折点，不仅标志着生理上的成熟，更是从懵懂少年到正式步入成人社会的转折点。成人宣誓仪式有助于塑造青少年的健全人格，提高其人文素养，促进青少年全面、健康、可持续发展，把他们培养成爱祖国、爱人民，富有道德感和责任感，具有开拓进取精神的合格公民。

1. 成人宣誓仪式程序

一般来说，成人宣誓仪式程序包括：

(1) 仪式开始。全体起立，奏唱国歌。

(2) 致辞。校领导发表简短致辞，祝愿同学们迈入新的人生阶段，铸造美好未来。

(3) 宣誓。宣誓人立正，面向国旗，举右手握拳过肩，准备宣读誓词；领誓人读完誓词说“宣誓人”后，宣誓人一齐报自己的姓名；授予成人纪念册，佩戴成人纪念章。

(4) 讲话。学生代表发表成人感言；应邀出席宣誓仪式的家长代表、嘉宾讲话；

(5) 仪式结束，散会。

2. 参加成人宣誓仪式礼仪

成人宣誓仪式前，教师应教导学生以成年人的标准来要求自己，每位同学都应自觉遵守纪律，顾全大局，遵守礼仪。

注意形象。学生们应做到服装整洁、得体，最好是统一着校服或文化衫，不要出现蓬头垢面、衣着脏乱的现象。

准时到场。成人仪式往往是以年级为单位举行，人数众多，这就要求教师带领学生们做到提前整队入场，听从现场指挥人员安排。

遵守纪律。在会场要保持安静，不要左歪右扭、大声交谈、随意嬉笑打闹，应该表情庄重，全神贯注。若因上厕所等原因必须暂时离开会场，应弯腰悄悄出去，尽量不对别人造成影响。

有序退场。仪式结束离开会场时，要服从会场工作人员的指挥，按顺序退场，不要一哄而散、争先恐后。拥挤堵塞容易造成混乱和事故。散场时注意维护场地的整洁，离开时将垃圾和杂物带走。

第二节　参加会议礼仪

教师的活动礼仪不仅仅局限于校内的仪式礼仪，还包括教师日常的会议礼仪。无论是参加学校内部同事之间还是与外界的交流、研讨等会议，都会展现作为一名教师的基本素养。本节先阐述教师参加会议的基本通用礼仪，再分别阐述教师参加行政会、研讨会、校务会和班会的礼仪。

一、参加会议基本礼仪

尽管教师要参加的会议种类很多，不同类型的会议对参会者礼仪的要求也会有所不同，但有些要求是基本的、相通的。

（一）会议准备礼仪

1. 主办方礼仪

要提前拟好会议通知，大型会议的通知至少要提前一个月发出，以便参会者安排时间，准备发言稿。

安排好迎送和接待工作，包括车辆、横幅、指示牌、餐饮住宿等，每项工作要有专人负责，落实到人，分工合作。

要布置好会场的环境，预备好相关的用品，要重视礼仪性的座次安排，以此来显示会议的郑重和对参会对象的尊重。

2. 参会者礼仪

（1）清楚时间地点。

开会之前要了解清楚会议召开的时间和地点，用什么方式前往最顺利，并预留出时间提前到达，避免因找错地方或者弄错时间而迟到甚至错过会议，这会给别人留下做事马虎的印象，带来不好的影响。

（2）注重个人形象。

参加全省乃至全国性的会议，参会者代表的不再是个人自己，而是学校的形象，因为会场上别人与你初次见面时问的第一句话往往不是“请问您贵姓”而是“请问您是哪个学校的”，所以要特别注重个人形象。可以提前看看会议地点的天气状况，选择适合会议主题、适合当地气候，又适合教师身份的服装和饰品。参会时女教师最好化点儿淡妆。

（3）明确会议主题。

召开会议之前，要就通知上注明的会议议题和内容做好充分的准备，至少要有一个发言提纲，这样才能更好地参与到会议中来，提出好的意见和建议，大家集思广益，更好地解决教学中出现的问题和情况。对青年教师而言，大型会议更是一次展示和锻炼的机会。

（4）了解会议程序。

要清晰地了解会议流程，教师才能在展现自己的同时，与参加会议的同事一起完成一次高效的、有质量的会议。为了维持会议秩序，通常在会议前就会排定发言顺序，这样会议局面才不会混乱，因此要明白自己的发言顺序和时间，不能说得投入了就自由发挥而超时，这样会影响会议的有序进行。

（二）会议进程礼仪

1. 主持人礼仪

有时教师也需要主持会议，其礼仪表现对于会议能否圆满成功有着重要的影响，主持会议的礼仪主要表现在对会议进程的把控上面。

（1）熟悉基本情况。

主持人必须在会议前充分熟悉会议的基本情况，包括会议的目的、性质、任务、规模和类型，参加会议的领导、嘉宾、与会人员的基本情况，会议的主要程序等，拟好衔接词，做好充分的准备。

（2）注重个人形象。

主持会议时，教师要特别重视自己的形象，形象要大方得体，要选择好服装，尽量少佩戴首饰，化淡妆，精神饱满自信，台风稳健。

（3）介绍与会人员。

主持人在会议正式开始前，应该向全体代表介绍与会人员，同时重点介绍出席的领导、嘉宾等，介绍的顺序可以按级别、职位由高到低。如遇级别相同、地位相近的情况，要先介绍客人、长者和女士。

通常在介绍与会人员时，被介绍的对象会起立致意，大家也会以掌声表示欢迎，这时主持人要掌握好介绍的节奏，避免太慢或太快，要等被介绍者落座，掌声平息后，再介绍下一位。介绍时眼睛应看着被介绍人，可辅以指向性手势。

（4）调节会场气氛。

主持会议时应该注意自己的表情神态和语言的抑扬顿挫，在宣布会议代表发言时，主持人要使用激昂、热情的语气，并且要带头鼓掌表示欢迎。发言结束后，主持人也要与大家一起鼓掌表示感谢，并且根据情况对发言内容进行简短评述，在发言者之间顺利串场。如果发言者因某些情况造成会议冷场，主持人应该注意调节气氛，尽量将气氛活跃起来。

（5）把握会议进程。

主持人应在会前说明会议主题和发言时限，防止出现离题现象和漫无边际的发言，也可以尽量避免一个人占用发言时间喋喋不休，造成他人没有表达意见的现象发生。如果出现发言者已经超时，但是仍然兴致勃勃意犹未尽，而听众已开始躁动不安的情况，主持人应想办法暗示发言人尽快结束讲话，以把控会议进程。

2. 发言者礼仪

会议中的发言包括正式发言和自由发言两种，前一种一般是作为领导或嘉宾当众做报告发言，后一种一般是在会议中就某件事进行讨论发言。无论是前者还是后者，作为教师都要遵循发言的基本礼仪。

(1) 发言者基本礼仪。

对于本部门或者人数很少的会议，应该积极准备发言，努力参与到会议中，发表自己的看法与见解，而不是只带一双耳朵去，只听不发言、不思考，把自己当局外人。

发言时应口齿清晰，讲究逻辑，简明扼要。声音要洪亮，掌握好语速和语调，保证所有参会者都能够听得到。发言时一般用普通话，不能大量使用方言或土话。

发言中，要注意观察与会者的反应，根据实际情况对发言的内容和时长做相应调整，如果发现与会者对讲话内容不太感兴趣，可以考虑适当转换话题，或者压缩报告的内容，缩短发言时间。

几人到十几人这类参会人数较少的会议，特别是圆桌会议，可以坐着发言。但是在参会人员百人以上的会议，如果坐着说，其他与会人员可能看不到谁在发言，所以应该站起来发言。

如果有会议参加者对发言人提问，应礼貌作答，对不能回答的问题，应机智而礼貌地说明理由，对提问人的批评和意见应认真听取，即使提问者的批评是错误的，也不应失态。

发言结束时，要向与会人员表示感谢。

(2) 自由发言礼仪。

自由发言较随意，一般三五分钟就应结束，但再简短的发言也要注意发言的顺序和秩序，不能争抢发言，要等他人发言完毕后，得到会议主持人的示意许可方可说话，不能随意打断他人讲话或随意插话。如有外单位人员参加会议，特别是有不认识自己的人时，发言前还应做极简短的自我介绍。

(3) 正式发言礼仪。

第一，如需在主席台有话筒的位置发言，发言教师应稳健地、不紧不慢地走到讲台前，调试好话筒的位置，自然地面对听众站好，做到镇定大方、精神饱满。上台时不要随随便便、扭捏局促，也不要匆匆忙忙、慌慌张张。

第二，上台面向与会人员站好后，首先要以诚恳郑重的态度，向与会者点头或鞠躬，表示对听众的敬意。发言之前面带微笑，以亲切的目光环顾四周，起到稳定自己的情绪和集中听众注意力的作用。如果不向听众行礼缓冲几秒，一上台就张口发言，难免会显得过于匆忙，听众也会觉得没有得到尊重。如果会场响起掌声，可以适当鼓掌回礼，待掌声静落后再开始发言。

第三，做报告发言时，姿态端正，挺胸收腹，尽量目视前方，即使是念稿子，也要时常抬头扫视一下会场，不能只顾低头念稿而没有交流。也可以适度地配合讲话内容做一些手势，不要僵直着身子，一个姿势保持到最后，要利用态势语来辅助发言。

第四，报告结束，要向听众行礼致意，并向会议主席或主持人致谢。走下台时的举止、神态、表情要跟上台一样，有始有终。

(4) 发言内容形式礼仪。

在形式上，会议的发言要力求简短，如果没有特别要求，发言时长尽量控制在 10 分钟以内。条件允许的话，会议可以借助多媒体投影仪达到最佳效果，也可以给与会者发书面材料，或者现场简单板书，特别是在介绍讲解式的发言时，多种形式的运用能使发言者表达更清晰，也让与会者更直观、全面地了解发言内容。

在内容上，发言通常包括开场白、正文和结尾三大部分。每次发言选定一个主题，然后佐以通俗易懂的内容来论证，使大家信服。

好的开场白能够紧紧吸引受众，这也是发言的第一步。开场白的方式有交代背景、点明主题、提出问题等，无论哪种开场白，都要能够使听众了解发言主题，引起正文，引发思考。

正文部分应该有逻辑，有论点，注意主体上下各个段落之间的连贯关系和逻辑关联，讲求自然过渡的效果，做到前后呼应。

结尾要对发言内容起到升华作用，结尾的方法有归纳法、引文法和反问法等。归纳法是概括发言的中心思想，总结强调主要观点；引文法则是引用名言警句，深化主题，并引人深思；反问法是以问句的方式引发听众思考。发言的结尾也可用感谢、展望、鼓舞等语句自然结束。

（5）发言者言语表达礼仪。

为了营造良好的发言气氛，发言者必须讲究张弛变化的节奏，控制语速，做到音质优美、音量适中，根据情绪、气氛及内容的需求，在适当时候放慢或者加快发言的速度，配合有变化的语气语调，给听众良好的听觉感受。不能从头到尾都是相同的速度或者同一个音调，像背书一样枯燥，让听众产生听觉疲劳。

同时要注意表达的口语化，不能为了显示自己的才学故弄玄虚，故意选生僻的字句和典故来彰显学识，那样不仅达不到最佳接受效果，还会招人厌烦。尽量将长句改为短句，倒装句改为正装句，单音词换成双音词，把听不懂的文言词语、成语或听觉上容易产生歧义的句子改掉或删去，如将“切忌”改为“一定不要”，将“致癌”改成“导致患上癌症”。交替穿插一些熟知的历史典故、名人名言等富有趣味性和哲理性的材料，同时做到逻辑严密，语句通顺。

3. 倾听者礼仪

参会时要尊重会议主持人和发言人。在会议主持人介绍与会人员时，或者发言人上台讲话向大家致意和发言的过程中，要适当地微笑、鼓掌以示欢迎、肯定和鼓励。

当他人发言时，应认真倾听，可以准备纸笔记录下与自己工作相关的内容或要求。除适当地做笔记外，应注视对方，并在必要时以点头、微笑或鼓掌表达对对方的支持之意。不可以心不在焉，更不得公然忙于他事。

有时候难免会遇到发言者讲话过长的情况，再加上其语言表达不够有吸引力，声音较小，语调也比较平淡，很容易让人昏昏欲睡。要尽量克制自己，不要在会场上睡觉。实在克制不了时，可在不影响他人的情况下短暂离开会场，到外面稍作调整。

对发言人的观点持有不同看法时，应该等发言人说完以后再以商榷的口吻说出自己的意见，要态度平和，以理服人，要听从主持人的指挥，不能只顾自己。

会议中最好将手机关机，或者调到震动状态，尽量不接打电话。如果真有重要电话进来，非接不可，也应安静迅速地离开会场，到会场外接听电话。

如果在会场想要拍照，应该使用静音模式，不能发出咔嚓咔嚓的声音。

二、参加行政会礼仪

行政会议是各个单位所召开的工作性、执行性会议。学校行政会议一般由学校校长召集并主持，是为保证学校行政领导决策的科学化、规范化、民主化，不断提高工作效率，充分行使学校行政指挥权，加强学校行政管理工作的会议。原则上每星期召开一次，参加行政会议成员为正、副校长及校办、教务、政教、后勤等处室正副主任、学校党工团负责人。行政会上涉及的问题，凡需要保密的，任何人不得向外泄露。

（一）行政会内容

（1）讨论贯彻上级党政组织的决定、决议，制订完成上级部署的工作任务的方案；讨论本校工作的年度计划、学期计划，落实学校党支部大会决议的具体措施。

（2）审议和制订本校招生计划、学校建设计划和发展规划。

（3）审核学校年度财务收支，决定比较大的经济支出方案，讨论研究教职工奖惩、生活福利发放方案，研究处理学校教职工普遍关注的热点问题。

（4）研究布置学校日常性工作，形成有关决定，听取各处室工作汇报，明确各处室下一阶段任务。

（5）讨论上报的重要报告和其他需要决定的事项。

（二）行政会礼仪

控制会议。就是要对会议的经费、时间、地点、参加的人数等做出明确的规定。

改进会风。会风能够反映出学校领导的工作作风。迟到缺席、各行其是、随意进出、讲究排场气势、没有实效等都是不良会风。

提高效率。可以召开无会场会议，运用现代通信设备，如电视、广播、电话、互联网进行开会，可以大幅节约会议成本。

主题集中。一次会议上不管安排几项会议内容，都要使会议主题明确，这样既方便讨论，又方便执行。

限定时间。对于会议的起止时间、发言时间、讨论时间，事先都要明确规定，并且严格执行。

领导示范。领导示范是会风端正的前提。领导要带头准时参加会议，认真遵守会议礼仪，严格控制发言时间。

三、参加研讨会礼仪

研讨会是特定的机构、机关或其他组织针对特定问题，用科学的方法互相沟通交流，共同探求事物本质规律的一种会议形式。研讨会由于是针对行业领域或独特的主题，通常专业性较强，并非大众都能了解和参与的，因此研讨会通常由行业或专业人士参加，针对面较窄，参加会议人员数量不多。

（一）研讨会内容

1. 内部研讨会

学校内部研讨会一般在校内召开，与会人员为在校教职工等。内容包括教师工作展开，比如，师德研讨会、教学研讨会、教材编写研讨会、班主任工作研讨会等；学生工作展开，比如，德育研讨会、班级管理研讨会、班风学风研讨会、学生心理健康管理研讨会等。

教师参加此类会议要注意将研讨内容围绕研讨主题展开，发言者都应就某一论题提出自己的看法和见解，充分讨论，达成共识，共同拟定教育目标、教学方法和教学内容，制定翔实可行的实施方案。

2. 外部研讨会

学校外部的研讨会一般与会人员较多，包括许多非本校人员，比如，学校之间的研讨会、教育教学专家研讨会和行业研讨会等。

参加外部研讨会，发言前要对自己进行介绍，以便其他与会人员进行了解。同时，要格外注意自己的个人形象和言行举止，维护学校的名誉和形象。会上发言要注意言之有物，言之有理，言之有序。

（二）研讨会礼仪

1. 主办方礼仪

确定主题。明确此次研讨会的目的和意义，查找相关的资料和文件，用电话、邮件和其他方式了解各单位和相关人员对此次研讨会的建议和意见，整理出共性和典型问题，草拟出研讨会的主题、内容等。

拟定通知。向领导汇报请示，在听取领导建议后，着手撰写研讨会通知。通知内容包括研讨会的主题、研讨内容、研讨会形式、研讨会时间地点、主讲人员、参会人员、参会费用、食宿安排、交通线路、注意事项等。通知撰写完毕后报领导审批，并尽早下发会议通知。

场地安排。研讨会的场地有一定要求，通常需要在正式的会议室举行，会场应提供电脑、投影仪、音响话筒、白板等演讲所需的设备。超过 3 个小时以上的研讨会还需要安排会间休息，俗称茶歇或茶点时间，所以也需安排相应的场地。

现场布置。准备好研讨会的材料、文件和文具，根据参会人数准备相应的资料份数。布置研讨会会场，包括会场横幅、音响设备、人名牌、主讲人台等。

另外，如果举行大型研讨会，或研讨会持续时间较长，还需组成一个专门的研讨会筹备组，包括后勤组、会务组、接待组等，明确分工，落实任务，确保研讨会顺利召开。

2. 与会者礼仪

服从安排。为了加强会场出入管理，大型研讨会一般会在会场设有统一的出口，每位与会人员都会发放写有姓名，甚至打印了照片的代表证，入场或离场时，一定要保管好自己的代表证。同时，要服从主办方的安排，包括饮食、住宿、交通等，不应挑三拣四，或不停抱怨。理解、宽容是礼仪修养，更是美德。

发言精练。研讨会应满足不同观点意见的参与者演讲发言，因此通常会安排多个参与者演讲发言，为保证交流效果，每位演讲者发言的时间一般为 30～45 分钟为宜，所以每位发言者要严格控制发言时间，做到言简意赅。

遵守规则。会场若有禁止吸烟、禁止拍照、录像等的标志，与会者一定要严格遵守。要保持会场秩序，要尊重每一位发言者。会议开始后要将手机关闭或调为静音，如需接听紧急电话，可暂时离场。

四、参加校务会礼仪

校务会是学校讨论计划安排、教学成果、评优晋级、任命处分、财务收支、群众关心的焦点、热点问题的会议。校务会的开展对于学校管理、学校活动安排、教学开展等均具有重大意义。

（一）校务会内容

（1）学习贯彻上级文件及指示，制定相关落实措施。

（2）研究、决定学校工作方针、发展规划、年度计划、年度工作总结、教育教学改革方案、组织机构、年度经费、劳动福利、规章制度、教职工招聘、解聘及奖惩、基建项目、大型购置等事宜。

（3）依照干部管理条例，任免中层干部。

（4）研究决定质量体系运行中教学、师生、行政、后勤管理过程中的有关问题。

（5）审定学校其他重大问题。

（二）校务会礼仪

会议使用的资料要做到准确、即时，也就是说不要拿陈旧过时的资料来敷衍了事，而是要随时更新动态，确保所有的数据、信息准确无误。

校务会发言时不可长篇大论，滔滔不绝。不可不懂装懂，胡言乱语，要深入思考，结合实际情况说出自己的真实感受。也不要尽谈些没有操作意义的抽象论或观念论，枯燥无聊没有实际内涵的话不仅令人反感，还会浪费校务会议的时间。也不要尽谈些期待性的预测和美好的愿景，而要有数据支撑，要有可实际操作的措施。

在校务会中，不可从头到尾沉默到底，要以主人翁的姿态积极参与讨论和发言，提出建设性的意见。也不可对发言者吹毛求疵，随意打断他人发言，甚至进行人身攻击。即使发言者的议题和自己的岗位没有直接关系，也不应该有消极的表现，这关系到整个学校的管理运行，每个人都是学校的一分子，适当地了解一下，对本职工作至少没有坏处。

五、参加班会礼仪

班会是以班级为单位的全体学生的会议或活动，它既是班主任对学生进行管理、引导和教育的重要途径，又是培养和展现学生自我管理能力，培养和增强学生主人翁意识的一种重要形式，也是处理、解决班级问题，开展各项班级活动的有效途径。

（一）班会形式

以下列举几种常见的主题班会形式：

1. 报告式主题班会

围绕某个教育主题，请专人做专题报告会，报告人可以是校外专家、校内领导、教师或学生，结合当前教育内容和学生实际情况进行报告。

2. 娱乐式主题班会

以游艺娱乐的方式，针对现代学生求知欲强，求奇、求新的心理特点召开主题班会，寓教于乐。比如，游艺晚会、猜谜活动、智力游戏等。

3. 学习式主题班会

以学习交流为主，将好的学习方法进行分享，或者专项学习某一方面的知识，培养学生的兴趣爱好，发展学生的良好个性。比如，“礼遇悦读”、读书分享会等。

4. 纪念式主题班会

配合每年富有教育意义的节日、纪念日举行，这是对学生进行传统教育和历史教育的良好契机。举办这类班会要与学校的德育工作相结合，根据学生心理需求进行联欢会或座谈会，使学生乐于参加。比如，清明节、“五四”青年节、毛泽东题词“向雷锋同志学习”纪念日、抗日战争胜利纪念日等都可以举行班会。

总之，班会的主题丰富，形式多样，要因时因事、因不同年级选择恰当的主题，采用不同的形式，确保主题班会有实效。

（二）班会礼仪

1. 确定班会主题时要有针对性和预见性

班会的主题一定要有明确的目的，不能东讲一点，西讲一点。它不同于一些“大杂烩”式的班会课，每次的主题班会应该只有一个目的，解决一个问题，太多的目的只能分散学生注意力，反而达不到预期效果。

一次主题班会，无论组织得多好，都不能完完全全地解决一个问题，更不能认为一个主题班会结束，就是某个方面教育的终结。因此，主题班会要有连续性、系统性和计划性。应结合学校要求和本班情况，每学期开始前就将主题班会开展的主题、目的、内容、准备、实施程序计划等写进班主任工作计划中，具体到月、周，并将活动计划表公布在教室，便于学生准备。

2. 班会的筹备与组织要有实效性和整体性

一次成功的主题班会就像一台进行现场直播的电视节目，具有较强的可预见性和不可预见性。因此，从班会开始到结束的每一个细节，在开会前都要做好周密的安排，特别是一些汇报式的主题班会，要提前布置学生进行调查研究，要花费较多的时间和精力做好宣传发动工作，选择恰当的时机和方式向同学们发出通知，充分调动学生的积极性。班会是面向全体同学的，没有他们的积极参与，班会就没有开展的可能性，也收不到应有的效果。

有关人员要拟订主题班会的具体环节，确定主持人，准备发言材料，搜集与班会主题相关的材料，提前布置会场，确定并邀请嘉宾等。一般情况下，班会可包括以下环节：主持人做开场发言，播放或展示与主题相关的影像或文字资料，针对班会主题所反映的问题进行讨论，师生之间讨论交流，学生代表发言，特邀嘉宾发言，老师作总结发言，等等。

3. 充分发挥学生参与的积极性和主动性

传统的班会课都是采用教师主讲的方式，教师站在讲台上演讲，时而慷慨激昂，时而和风细雨，自认为是动之以情，晓之以理，自我感觉良好，但细细观察，有的学生无动于衷，表情冷漠，对班主任的话语不以为然，有的似乎还流露出抵触情绪，班会成了让学生厌烦，使学生昏昏欲睡的“说教课”或让学生提心吊胆的“批斗课”，大多数学生没有表达自我的机会，教育气氛呆板压抑，不可能真正触及他们的内心深处，达不到德育内化的目的。

因此，教师要注意主题班会过程中的民主与平等，要给学生参与的机会，要激励每一位学生投入班会活动中，最好整个过程让学生参与组织、实施，教师则充当“幕后指挥”

的角色。主题班会主要是让学生达到“自我教育”的目的，如果能让他们参与整个过程，一定能达到更好的教育效果。

4. 形式多种多样

结合学生心理、年龄特征，开展形式多样的主题班会。比如，中学生正处于从少年期向青年期过渡的阶段，感情易冲动但不易控制，容易接受新事物但兴趣不持久。因此主题班会的形式不能太过单一，除了常用的竞赛、文艺表演、讨论、辩论等形式外，有条件的话，还可带学生到教室外进行实地的主题班会课。

但要注意的是，组织活动不要走过场，应付了事。要纠正搞主题活动就是编排节目、演节目的错误偏向，要解决实际问题，活动中要强化角色意识，让学生学会多角色实践。班主任要充分创造条件，提供机会，让学生在承担角色中不断加深对自身角色的认识，努力改变某些角色只能由某些学生承担的观念，让学生获得多方面的发展。活动的形式可丰富多彩，但目的只有一个，必须对学生进行德育教育，完成对学生的言行导向任务。

5. 发挥教师的指导作用

班会既要充分发挥学生的主体作用，又不能忽视教师的主导作用，教师要对学生的观点和看法加以及时的引导、提炼和总结。在班会上做总结时，教师要实事求是，一视同仁，不偏不倚。

教师一定要“眼观六路，耳听八方”，抓住一些有利的教育时机，在适当的时机召开主题班会，往往能取得很好的教育效果。

教师要具有平等意识。现在的学生虽然对新鲜事物认知的角度，对社会整体敏感的意识有些略显幼稚，但他们追求独立自主，情感也异常丰富。老师再居高临下地讲大道理，甚至摆出师道尊严的“空架子”，学生虽然表面顺从，但内心已经是厌恶至极，上班会课也就只是浪费时间而已。所以平等的意识要始终贯穿班会，把学生当成“大写的人”，真正把学生视为平等的主体，让班会课变成他们厘清成长思路、消除烦恼的最佳场所，教师要成为学生成长之路的“清道夫”。

第五章 教师的社交礼仪

现代社会是一个高速发展的社会，随着科技的进步，各种社交工具层出不穷，人与人之间交往的方式越来越多。在纷繁复杂的社交活动中存在许多礼仪规范，这就是社交礼仪。社交礼仪是指在人际交往、社会交往和国际交往活动中，用于尊重、亲善和友好的行为规范和惯用形式。社交礼仪是人际交往的润滑剂，它不仅可以体现一个人的学识和修养，也可以使人与人之间的交往和合作更加顺利、愉快。作为一名教书育人的教师，不仅需要传授知识给学生，更需要为人师表。所以，作为教师，懂得社交礼仪知识，不仅可以让自己在社交场合如鱼得水、游刃有余，还能将掌握的社交礼仪知识传授给学生，以便他们更顺利地步入社会。

第一节　会面礼仪

俗话说，良好的开头是成功的一半，可见交往的开始有多重要。但是，万事开头难，要想给别人留下良好的第一印象，必须掌握基本的社交会面礼仪。

会面礼仪主要包括微笑礼仪、称呼礼仪、握手礼仪、介绍礼仪和名片礼仪。

一、微笑礼仪

在千变万化的面部表情中，微笑是最美的，它是人际交往活动中最富有吸引力和价值的表情，无论是在教室、办公室，还是在家里或其他社交场所，一个简单的微笑往往能够改变许多东西。

有人把微笑比作全世界通用的“货币”，因为它被世界上所有的人所接受，是表情中最能给人好感、增加友善和沟通、愉悦心情的表现方式。在世界美术史的殿堂里，名留史册的画家成百上千，传之后世的作品琳琅满目，但是堪称画坛巨人的却屈指可数，具有划时代意义的名作更是凤毛麟角。而在法国卢浮宫博物馆里，却陈列着一幅具有永恒魅力的作品，这就是达·芬奇的代表作《蒙娜丽莎》。蒙娜丽莎以其含蓄迷人的微笑，把人类的美升华到了一种光照寰宇的境界。

1. 笑的种类

含笑：不笑出声，不露出牙齿，只是面带笑意，表示友好、友善。

微笑：嘴巴略微张开，露出上齿，表示更深程度的友好、欢迎（见图 5-1-1)。

图 5-1-1

轻笑：笑的幅度略重于微笑，嘴巴适当张大。

浅笑：笑时抿嘴，上齿含住下唇，多见于年轻女性害羞时的笑。

大笑：嘴巴大张，笑出声音。大笑太过张扬、轻狂，教师不宜使用。

2. 笑的方法

微笑的目的是传达出愉悦、友好等信息，但是如果笑的方法不恰当，就可能出现“笑比哭还难看”，或者显得非常虚假。正确地笑应注意以下几点：

发自内心：一个人从内心自发地笑，和不情愿地“挤”出来的笑是完全不一样的，微笑要真正是从内心自然而然散发出来的。

动作自然：微笑时一般露出上面的 6～8 颗牙齿。要配合肢体语言，而不只有表情，以免显得单调僵硬。

气质优雅：微笑时要善于运用眼睛，让笑意从眼睛里都能看得到，再配合上饱满的精神，才会显出优雅的气质。

甜美的微笑是可以练习的，具体方法如下：

- 对着镜子练习。使眉、眼、面部肌肉、口形在笑时和谐统一。
- 诱导练习。调动感情，发挥想象力，或回忆甜蜜的过去，或展望美好的未来，使微笑源于内心，有感而发。
- 众人面前练习。按照要求，当众练习，使微笑规范、自然、大方，克服羞涩和胆怯心理。
- 演讲一段话，脸上保持笑容，请听众评议，然后加以纠正。

3. 笑的禁忌

在社交活动中，教师最好不要出现下面几种“笑”：

假笑：人们常说的“皮笑肉不笑”，让人看上去很虚伪。

冷笑：冷笑传达出讽刺、蔑视、不屑一顾的意思，自以为是，让人生厌。

怪笑：笑得怪里怪气，让人看了心里发怵。

媚笑：有意讨好他人而装出的笑，含有很强的功利性。

窃笑：偷偷地笑，有扬扬自得或幸灾乐祸之意。

二、称呼礼仪

称呼是指人们在日常交往中所采用的彼此之间的称谓语。合适、恰当的称呼，不仅仅能让对方感到亲切、暖心，同时也能体现自身的素养。在一般的日常生活中，往往一个称呼就能让对方感受到你的态度和你下面说话要表达的意思。所以，称呼他人一定要有技巧，要区分场合，还要考虑被称呼者的个人习惯。

当面对自己的学生时，如果是晚辈或者平辈，可以直呼姓名或者姓＋同学，例如可以叫张三或者张同学；如果学生是长辈，除非是在课堂点名的时候，否则，不可直呼其姓名，可以利用姓＋泛尊称来称呼，例如王女士、李先生，也可以按其职务或职称来称呼。

当面对自己的同事也就是其他教师时，如果是晚辈或者平辈，则可以直呼姓名或者姓＋老师；如果是长辈，则称呼为姓＋老师。如果该教师已经评定了教授职称或者具有博士研究生以上的学历，可以用姓＋教授或者姓＋博士来称呼，例如黄教授、谭博士。如果某位教师在学校还兼任了其他职务，也可以用姓＋职位来称呼，例如陈主任、刘书记、赵校长。

当面对学生家长时，一般使用泛尊称，例如吴先生、谢女士。也可以按职业来称呼，如在学校工作的，可以称呼为老师；在企事业单位工作的，可以称为姓＋总，例如胡总；在政府部门工作的，可按照职务来称呼，例如马科长、牛处长。

值得注意的是，“先生”这个称谓不仅可以用于男士，也可以用于女性，只不过被人称为“先生”的女士一定是德高望重，备受人们尊敬爱戴的女性，如人们喜欢称宋庆龄女士为“宋先生”，杨绛女士为“杨先生”。

称呼人时一定不要把别人的姓念错，比如，仇、解、任、单、尉迟等作为姓氏时极易读错，作为教师，把别人的姓念错，会贻笑大方的。

不恰当的称呼极易引起误会。有些称呼具有一定的地域性，比如，北京人爱称人为“师傅”，山东人爱称人为“伙计”，中国人把配偶、孩子经常称为“爱人”“小鬼”。但是，在南方人听来，“师傅”等于“出家人”，“伙计”肯定是“打工仔”。而外国人则将“爱人”理解为进行“婚外恋”的“第三者”，将“小鬼”理解为“鬼怪”“精灵”。所以，教师使用此类称呼时一定要注意地域性，注意场合。

三、握手礼仪

握手是在一切社交场合最常使用也是适应性最为广泛的一种见面问好的方式。握手虽然是一个看似简单无声的动作，但是可以说此时无声胜有声，它能代表多种含义，表示亲近、友好等感情，通过握手可以知道你在对方心目中的地位和分量，甚至可以了解对方的性格和情绪。

（一）握手的场合

许多的场合都可以行握手礼，比如，被人介绍与他人认识时，与人初次见面时，拜托他人帮忙时，祝贺他人时，与他人道别时，等等。在与自己的学生，尤其是与晚辈学生见面时，教师是不需要与学生握手的，对待平辈或者长辈的学生时，可以握手。课堂上不需要握手，课前见面和课后道别时可以与学生握手。与学生家长见面时，可以跟学生家长握手。

（二）握手的姿势

握手有两种姿势。一种是两人相距约一步，各自伸出右手，两人手掌相握，上下轻摇，稍许用力，一般两三秒为宜，同时眼睛要注视对方，用微笑或者简单的言语致意即可。另一种是双手与人握手，这种类型的握手是想向对方传递出一种更加真挚和深厚的情感。以教师这个职业来说，一般是握手的主动方，所以后一种握手姿势用得较少，一般都是学生或者学生家长为了感谢教师，而用双手与教师握手。教师更多的时候是使用前一种握手的方式。

（三）握手的次序

行握手礼有先后次序之分，次序主要由握手人双方所处的社会地位、身份、性别和各种条件来决定，一个基本的原则是位尊者有主动权。

可以说，教师这个职业的身份一般都处于位尊的位置，在一般情况下，都是由教师先伸手。但是也有个别现象可以由对方先伸手，例如，对方虽然是学生但是为长辈时，对方可以先伸手；学生家长到教师家里来拜访，道别时，家长作为客人可以先伸手；教师为男性，学生为女性，男教师可以等女学生先伸手后再握手。

在不考虑教师身份的情况下，一般遵循以下握手礼仪：

（1）上级先伸手，长辈先伸手，女士先伸手，主人先伸手，而下级、晚辈、男士、客人应先与对方打招呼，等对方伸手后，再伸手与之握手。若两人身份、年龄、职务相仿时，可先伸手以示对对方的尊重。

（2）当一人与多人握手时，应遵循先上级、先长辈、先主人、先女士的顺序原则。

（3）除非极个别特殊情况，一般不可拒绝握手，否则是非常不礼貌的行为。就算对方忽略了握手的先后顺序而先伸出了手，此时也应立即回握，避免尴尬。

（4）在公务活动中，握手时伸手的先后次序主要取决于职位、身份；而在社交、休闲场合，则主要取决于年纪、性别、婚否。

（四）握手的禁忌

不可用左手与他人握手，即使平时惯用左手、右手出汗了或者比较脏，也不可用左手与人握手，而应该亮出手掌向对方说明，并表示歉意。

握手时不要东张西望，也不能在与他人握手时跟旁边另外的人打招呼。握手一般以两三秒比较相宜，时间太短或碰一下就松开容易被对方认为是敷衍、轻视。

不要戴着手套与人握手，不要戴着墨镜与人握手，不要一边接电话一边与人握手。除非是年老体弱或者行动不便，否则，不可坐着与人握手。

四、介绍礼仪

介绍是在人们日常的社交活动中不可缺少的一部分。如果说人的外貌是留给他人的第一印象的话，那么一个简短而又清晰的自我介绍则是人际交往的敲门砖，它是人们互相之间增进了解的最基本也是最直接的方式。通过介绍，不仅可以让他人更了解自己，也可以让不相识的人互相认识，缩短人们之间的距离，帮助扩大社交的圈子，促使彼此不熟悉的人们更多地沟通，更深入地了解对方。

（一）自我介绍

1. 时间

这里的时间有两重含义：一方面要考虑什么时候做自我介绍合适。一般认为，把自己介绍给他人的最佳时机应是对方有空闲的时候，心情好的时候，有认识你的兴趣的时候或主动提出认识你的请求的时候。另一方面要考虑自我介绍大致使用多少时间。一般认为，社交场合用半分钟左右的时间来介绍自己就足够了，至多不超过 1 分钟，尤其是当自己的头衔比较多时更不要面面俱到，选最适合当时的社交场合的内容就可以了。内容太多，喧宾夺主，别人反而记不住，还会有炫耀之嫌。教师在课堂上认识新的学生时，可以对自己的全名、所教的课程、自己的性格特征等做些介绍，还可以与学生有一定的互动，时间可以稍微长一点，但也不宜超过 3 分钟。若是去做家访，见到学生家长时，只需简短地介绍下自己叫什么名字和所教的课程即可。

2. 态度

做自我介绍时，态度一定要亲切、自然、友好、自信。表情自然，眼睛看着对方或大家，要善于用眼神、微笑和自然亲切的面部表情来表达友善之情，不要显得不知所措，面红耳赤，更不能一副随随便便，满不在乎的样子。可将右手放在自己的左胸上，让自己的心情尽量平复。

3. 形式

自我介绍时，主要内容一般由三大要素构成，即姓名、工作单位、担负的具体工作。依据自我介绍内容方面的差异，可以分为五种形式：

第一种为应酬型。它适用于一些公共场合和一般性的人际接触，只需要简单地介绍一下自己，往往只介绍姓名即可。

第二种为沟通型。它适用于普通的人际交往，但意在寻求与对方交流或沟通，是希望对方认识自己、了解自己，与自己建立联系而进行的自我介绍。内容上可以包括本人姓名、单位、籍贯、兴趣，或是与交往对象有共同的熟人等等。

第三种为工作型。它以工作为介绍的中心，以工作会友，其内容应重点集中于本人的姓名、单位以及工作的具体性质。介绍时，姓名应当全部报出，不能只说姓，或只说名。单位名称最好也要报全称，如报简称也要是大家耳熟能详的，不能令对方不解或引起误会。在单位有职务的要报出职务，如果职务较低或者无职务，可以简单说明一下自己从事的具体工作。教师参加学术研讨会时一般采用这种方式介绍自己。

第四种为礼仪型。它适用于正式而隆重的场合，是一种表示礼貌友好的自我介绍，适用于讲座、报告、演出等正规场合。其内容除了姓名、单位、职务外，还应附加一些友好、谦恭的语句，如："大家好！在今天这样一个春光明媚的日子里，很高兴和大家相聚。请允许我做一下自我介绍，我叫×××，来自××大学，是××学院的教学副院长。今天，是我第一次来到美丽的历史文化名城长沙，这里深厚的文化底蕴一下子深深地吸引了我，我很愿意在这儿多待几天，希望和在座的各位多多交流。谢谢!”

第五种为问答型。针对对方提出的问题做出回答，这种自我介绍适用于应试应聘、公务交往，以及普遍性的交际应酬场合。比如说，对方问：“老师您贵姓?”回答：“免贵姓李，木子李。”

（二）为他人介绍

1. 介绍者礼仪

在社交场合，东道主、长者、主人、身份较高者或与被介绍的双方均有一定交情者都可以担任介绍人。

介绍前要了解双方是否有结识的愿望，介绍时语言要清晰明了，不含糊其辞，以使双方记清对方姓名。

2. 介绍的内容

一般介绍：姓名、称呼。

正式介绍：姓名、称呼、工作单位、职务、关系、兴趣爱好。

在介绍彼此的姓名、工作单位时，尽量为双方找一些共同话题，以方便被介绍人之间快速找到谈话内容，如双方的共同爱好、共同经历、相互感兴趣的话题或相互认识的朋友。

必要时，可以说明被介绍的一方与自己的关系，以便新结识的朋友之间相互了解和信任。

3. 介绍的顺序

总的来说，要遵循这样一个原则：受尊敬的一方有优先了解另一方的权利。

所以，社交场合应将男士先介绍给女士。但如果领导是男性，下属是女性，公务活动中还是应先将女士介绍给男士。

将年轻者先介绍给年长者，将地位低者先介绍给地位高者，将熟悉的人先介绍给不熟悉的人，将客人先介绍给主人，将后到者先介绍给先到者，将家人先介绍给同事、朋友，将未婚者先介绍给已婚者。

（三）集体介绍

集体介绍主要用于规模较大的社交聚会、公务活动、涉外交往活动，比如，大型宴会、婚礼、生日晚会、演讲、报告、比赛、会见、会谈等。

集体介绍一般分为两种情况：集体和集体，集体和个人。无论是哪种情况，介绍时都要讲究一定的次序。主要遵循以下几个原则：

1. 少数服从多数

当被介绍者双方地位、身份大致相等时，应先介绍人数较少的一方。

2. 强调地位身份

若被介绍者双方地位、身份存在差异，地位高者虽人数少，也应先介绍大多数人给少数人认识。两边都是单位的话，一般要把地位低的一方先介绍给地位高的一方。一般东道主是地位低的一方，客人则是地位高的一方，所以要先介绍东道主。

3. 只需单向介绍

在演讲、报告、比赛、大型会议时，往往只需要将主角介绍给广大参加者。

4. 省略式的介绍

若一方人数较多，可采取笼统的方式进行介绍，比如，“这是我的家人”“他们是我的同学”。

5. 拟定顺序介绍

若被介绍的不止两方，则需要对被介绍的各方进行位次排列，可以事先向大家说明排列的方法，是以其负责人身份为准，还是以其单位规模为准，或者以单位名称的英文字母顺序为准，或者以座次顺序为准，等等。

（四）介绍的注意事项

介绍时一定要弄清彼此的关系，明确介绍的目的。

介绍时要注意言辞有礼，遵循平等的原则。

介绍时应避免使用推销式的介绍，不可这样介绍：“这位是王德贵先生，巨能有限公司的董事长，家产3亿元。”这种介绍有借朋友的身份来抬高自己的嫌疑，既失身份又失礼仪。

介绍时还应注意眼神的交流和手势的配合，避免嬉皮笑脸，仪态不端，当然可以适当风趣。

介绍时，如果有名片的应该先递名片再介绍。

介绍别人时，应该眼睛看着被介绍者，同时摊开手掌引导，如“这位是王教授”“这位是李院长”，不能用手指指着别人。量词用“位”，而不是用“个”。

五、名片礼仪

中国是名片的故乡，已有两千多年的历史。秦汉时把名片叫“谒”，汉末叫“刺”，元朝叫“名”，唐朝时称“牓子”，宋朝称“门状”，明朝唤为“名帖”，清代称为“名刺”，同时也出现了“名片”的叫法。

名片在现代社会生活中已经成为必不可少的交际工具，它可以使不相识的人相识，成为朋友，保持联系。名片又是一个人身份的象征，甚至是一个人的脸面。教师在与他人交换名片时有很多需要注意的地方，如果使用名片的方式不当，不仅会引起尴尬，甚至会影响自己在别人心目中的印象。

（一）名片的内容

名片的内容一般有姓名、工作单位、职务、职称、通信地址等，也有把爱好、特长等情况写在上面的，一般来说，要根据自己的需要选择名片上的具体内容。

名片上没有必要印照片，因为并不是所有拿到你名片的人，都会精心保存，一旦被丢弃，将会很尴尬。

文字要美观、简洁，突出姓名和头衔，职称不要超过两个。如果有对外的学术交流活动，可印中外两种文字，正面为本国文字，背面为英文或其他外文。

女教师的名片上一般不留家庭地址和住宅电话。

（二）名片的分类

名片可分两类：一类是社交名片，另一类是公务名片。一般来说，社交名片内容简单些，只印姓名及联络方式即可。公务名片内容需要更详细些，要包括姓名、单位及地址、职务或职称、办公电话、邮编、邮箱等。

（三）名片的设计

名片的语言讲究简洁明了，实事求是，反映出个人的基本情况，达到交际的目的。

现实生活中，我们也可以看到有的名片语言幽默诙谐、新颖、别具一格。比如，“您永远的朋友——×××”，然后是工作单位和联系方式，名片没有任何头衔，语言简洁，亲切朴实。

还有人这样设计：“家中称老大，社会算老九，身高一七八，自幼好旅游，敬业精神在，虽贫亦富有，好结四方友，以诚来相求。”一首打油诗，言简意赅，风趣幽默。

著名剧作家沙叶新的名片就像一幅自己的漫画像：“我，沙叶新，上海人民剧作家——暂时的；上海人民艺术剧院剧作家——永久的；×××委员、×××理事、×××顾问、×××教授——都是挂名的。”

名片的设计上，除了文字外，还可借助有特色或象征性的图画符号等非语言信息辅助传情，增强名片的表现力。也可以在上面印单位的图像标记、公司的形象图案等，但不要太花哨，以免喧宾夺主。

（四）名片的递送

1. 递送名片的姿势

采用标准站姿，双手用大拇指和食指轻捏名片上端的两个角，名片的正面朝向对方。递向对方时，要简单地说一些诸如“初次见面，请多关照”“非常高兴认识您”的应酬话，并且面带微笑，友善地注视着对方，目光不可游移或显得漫不经心。

2. 递送名片的次序

递送名片应按一定次序，一般是地位低的人先向地位高的人递名片，男性先向女性递名片，尤其在社交场合，女性不应首先递出名片。如果对方不止一人，应先将名片递给职务较高或年龄较大者，或者由近至远依次递送，并且自己走到每个人身边双手奉上，切勿跳跃式地进行，以免对方有厚此薄彼之感。

3. 递送名片的时间

递送名片还应把握好时机。初次相识，自我介绍或别人为你介绍时可出示名片；双方交谈较融洽，表示愿意建立联系时应出示名片；双方告辞时，可顺手取出自己的名片递给对方，以示愿结识对方并希望能再次相见，这样可加深对方的印象。

（五）名片的接收

接受他人递过来的名片时，应尽快起身站立或欠身，面带微笑，用双手的大拇指和食指接住名片的下方两角。态度要恭敬，使对方感到你对名片很感兴趣，同时说“谢谢!”“很高兴认识您!”等客气话。接到名片时要认真地看一下，然后郑重地放入自己的口袋、名片夹或其他稳妥的地方。不要接过对方的名片后一眼都不看就随手放在一边，甚至会面结束时还忘拿，也不要在手中随意摆弄，这些都是对对方不尊重的行为。

（六）名片的索取

1. 索取方式

教师在社交场合中最好不主动向他人索要名片，如果需要，可选择一些委婉的方式索要。

方法一，主动递出。想索要别人的名片时，最省事的办法就是把自己的名片先递给对方。俗话说“来而不往，非礼也”。当你把名片递给对方后，对方不回赠名片是失礼的行为，所以对方一般会回赠名片给你。

方法二，虚心请教。在索取对方名片之前，稍做铺垫，以便索取名片。比如，见到一位礼仪方面的专家时可以说："认识您非常高兴，我对礼仪非常感兴趣，希望以后有机会能够继续向您请教，不知道以后如何向您请教比较方便?"前面的一席话都是铺垫，只有最后一句话才是真正的目的：索取对方名片。

方法三，直接询问。虚心请教一般是对地位高的人，对平辈、晚辈就不大合适。面对平辈或晚辈时，可以这样说："认识你很高兴，希望以后有机会能跟你保持联络，不知道怎么跟你联络比较方便?"

2. 拒绝索取

当对方向你索要名片，你实在不想满足对方，尤其是女性，常常面对一些男士索要名片不想给予时，也可以拒绝，但不可太直接。为了照顾对方的面子，你可以表达得委婉一点，通常可以这样说："对不起，我忘了带名片。""不好意思，我的名片刚用完了。""这样吧，请给我你的名片，以后我跟你联系。"但不可以在同一个交际场合满足张三索要名片的要求，却拒绝李四的要求，厚此薄彼是社交大忌。

（七）名片的放置

要把自己的名片放在容易拿出的地方，不要将它与杂物混在一起，以免要用时手忙脚乱，来回翻找却找不出来。

不要把名片放在钱包内、工作证内，甚至衣袋内，这是对名片主人的不尊重，最好把名片收集在专门收藏名片的名片盒或名片夹里，再放在手提包里。

不要把别人的名片与自己的名片放在一起，否则，一旦慌乱中误将他人的名片当成自己的名片送给了对方，将会非常尴尬。

当名片收集得比较多后，要把不常用的名片分类整理后收入更大的名片册中，放在家里或办公室以备不时之需。

（八）使用名片的注意事项

- 不可将自己的名片像发牌一样扔发给每个人，名片并不是见人就发，这样会显得太过随便；
- 不要用左手递名片；
- 不要用手指夹着名片给别人；
- 不要把别人的名片拿在手里把玩；
- 不要在别人的名片上做谈话记录；
- 不要在用餐时发名片。

第二节 拜访礼仪

拜访是亲自或派人到朋友家或与业务有关系的单位拜见访问某人的活动。人与人之间、社会组织之间、个人与单位之间都少不了拜访，通过拜访，人们可以互相交流信息，统一意见，发展友情。

拜访有事务拜访、礼节拜访、私人拜访三种形式，无论是哪种形式，都应遵守一定的礼仪规范。

一、拜访前的礼仪

无论哪种拜访，都要提前与被拜访者联系，这是拜访前最基本的礼仪和礼貌。在预约方式的选择上，可以选择电话预约、短信预约、邮件预约，也可以选择当面预约。

如电话预约时，首先要简单地做一下自我介绍，避免对方听了半天还不知道你是谁。接着说明自己的目的，提出拜访的内容，与对方商量拜访的时间和地点。要留下自己的联系方式，万一对方临时有事，需要取消拜访时可以与你联系。

（一）拜访时间的选择

拜访的时间应该由双方商量来定，但是如果没有明确说明，拜访者在选择拜访时间时以不妨碍对方为原则。如果是到对方家里去，一定要避开吃饭的时间、午饭后的休息时间和晚上太晚的时间。一般情况下，下午三四点钟或晚上七八点是比较合适的。

如果是事务拜访，需要到对方的工作场所去，也尽量避开星期一和工作日上下班的时间。星期一大多数都要开例会，上下班时间会比较匆忙，没有心思接受拜访。

不能只在有求于人的时候才想到拜访，临时抱佛脚，往往难以达到拜访的目的。

（二）拜访地点的确定

（1）办公地点：到对方的工作场所去，比如，办公室等，一般用于事务性拜访。

（2）私人住宅：到对方家里去，常常用于私人拜访，或礼节性拜访。比如，过年过节到领导同事、亲朋好友家里拜访。

（3）休闲场所：双方约定到一些比较适合谈话、见面的场所，比如咖啡厅、茶馆等。这种场所适用范围比较广，既可以是私人拜访也可以是事务性拜访。

（三）拜访主题的明确

去拜访之前，要想好拜访的主题和拜访的目的，见面时稍作寒暄后应尽快谈起拜访的内容和目的，这样既提高效率，节约时间，也可以避免拜访时东拉西扯，语无伦次，或无话可说，冷场尴尬。

二、拜访中的礼仪

1. 遵时守信

预约好后就要守时，既不能随意更改时间，也不能迟到或太早到，准时到达最好。如果怕路上堵车，路况不好，最好提前出发。尽量不要太早到，太早到会让对方措手不及。但如果早到了，可先在外面稍做准备，待约定时间快到时，再准备敲门。

2. 举止文明

敲门时力度适中，声音太小，对方可能听不见，声音太大，又显得太粗鲁。先敲三下，如果没有回应，则稍等一小会儿再敲。千万不要用脚踢、用拳捶，或是用手掌“啪啪啪”乱拍一气。如果可以使用门铃，恰当的做法是，轻轻地按一下，隔一会儿再按一下，不要手不停歇地按个不停。如果门是虚掩的，此时也应敲门，告诉对方：有客人来了，而不是推门就进。

要重视仪表仪容，穿戴要整洁大方，既是对对方的尊重与重视，也是注重自身形象的表现。

如果是到对方家里拜访，进门后要换鞋，把自己的包或礼物放在主人指定的地方，然后再向主人问候。不要忘了与其家人打招呼问候，特别是家里有长辈的时候。

主人没有请坐之前，不要擅自坐下。落座时要稳重，注意坐姿，不要显得过于随便，或是东倒西歪，像是在自己家一样。主人给你递茶水时，要微微起身，双手接过，并表示感谢。

不要轻易翻动主人的东西。没有主人的邀请，不要主动到别的房间参观。如果是第一次拜访或者主人家里刚刚装修过，则要表示夸赞，这也是打开话匣的好方法。

3. 及时离开

拜访时间不要太长，谈话不要冗长、啰嗦，如果对方显然已经没有了继续谈话的意愿，开始起身收拾东西或频频看表，此时一定要及时离开，不管拜访的目的是否达到。如果一味逗留，只会给人留下拖沓、不识时务的印象，反而影响拜访效果。

第三节　馈赠礼仪

馈赠，是人们在交往过程中通过赠送礼物来表达对交往对象的尊重、敬意、友善、喜爱、祝贺、感谢、慰问、纪念、哀悼等情感与意愿的一种交际行为。它作为社交活动的重要手段之一，从古到今都受到人们的普遍青睐。

馈赠作为一种非语言的重要交际方式，是以物的形式出现，以物表意，以物传情，礼载于物，情寄于物。得体的馈赠，恰似无声的友谊使者，使交际活动锦上添花。

但是，馈赠并不是简单的送礼物给对方就可以了，只有在明确馈赠目的和种类，选对馈赠礼品，遵循馈赠礼仪的前提下，才能真正让馈赠在交际中发挥重要作用。当然，我们在本节中提到的馈赠不是功利性的行贿受贿，行贿受贿是违法行为，必须严令禁止。

一、馈赠的原则

馈赠时应注重以下几点基本原则：

1. 轻重得当原则

礼物的轻重直接关系到受礼人是否能高兴而又安心地收下。一般而言，礼物贵重与否的选择应以对方能够愉悦接收为原则。礼物送得过轻，收礼人可能会误会送礼人小气或者瞧不起他。但是，礼物也不应该太贵重，一般情况下收礼人都会婉言谢绝，因为既然有送礼，也就会存在回礼，如果礼物太贵重，对方回礼时如果轻了，怕你不高兴，如果按照原本的价值回礼，又会倍感负担。这样，本来是用来促进双方关系的礼物，反而给对方增添了不少的烦恼。

2. 风俗禁忌原则

送礼之前要对收礼人的情况进行充分了解，包括身份、信仰、爱好等。例如，给病人送鲜花时，最好不要送有浓香味的花，浓烈的香味会刺激病人，可能会引发一系列的反应，不利于病人的康复；也不要送盆栽，因为送盆栽可能有长久留在医院的意思。

3. 注重意义原则

许多情况下，礼物的价值不是可以用金钱的多少来衡量的，而在于礼物本身所体现的意义。过于物质性的礼物会有一种贿赂的感觉，让人觉得送礼的目的性太强。所以，一份恰当、不落俗套又有意义的礼物不仅可以达到亲近的目的，也会让对方充分体会到礼物中所包含的情义。例如，朋友喜爱书法，可以送一幅名家的墨宝，也许这份礼物值好几千，但是与同样是几千元的其他礼物相比，这份礼物将会有意义得多，对方不仅会倍加珍惜，也会凸显出送礼人的用心。

4. 间隔适宜原则

大多数情况下，送礼是一项感情投资，但感情的建立并不是一蹴而就的，往往需要经过一系列的后续交往才能达到最终的目的。因此，送礼时间的间隔也很有讲究。一方面，如果送礼的次数过于频繁，人家如果要还礼的话，会加重经济负担。另一方面，如果长时间没有任何表示，对方也会觉得你人情味不足，也会疏远与你的关系。

二、馈赠的目的

任何馈赠都是有目的的，了解馈赠的目的有助于正确选择馈赠礼品，能使馈赠效果事半功倍。

1. 以交际为目的的馈赠

顾名思义，这种馈赠是为了一定目的而进行的，它有两个特点：一是送礼的目的与交际目的一致；二是礼品的内容与送礼者的形象一致。

2. 以维系和巩固人际关系为目的的馈赠

这类馈赠，即为人们常说的“人情礼”。在人际交往过程中，无论是个人之间，或是组织机构之间，都是以感情为纽带维系的。人与生俱来的社会性，要求人们必须重视关系和感情，如何维系和巩固人际关系，馈赠就是很好的办法。这种目的的馈赠，强调礼尚往来，以“来而不往非礼也”为基本行为准则。因此，这类馈赠，无论从礼品的种类、价值的轻重、档次的高低、包装的优劣、蕴含的情义等方面都呈现多样性和复杂性。

3. 以酬谢为目的的馈赠

这类馈赠是为答谢他人的帮助而进行的，因此在礼品的选择上非常关键，既要强调其物质价值，也要符合对方的心意。首先，礼品的贵重程度取决于他人帮助的性质。帮助的性质分为物质的和精神的两类，一般说来，物质的帮助往往是有形的，能估量的；而精神的帮助则是无形的，难以估量的，然而其作用又是相当大的。其次，取决于帮助的目的。是慷慨无私的？是另有所图的？还是公私兼顾的？这点非常重要。如果对方慷慨无私，既能看出他的人品，也能在礼物的选择上适当放松要求；如果是另有所图，就要弄清楚所图什么，不要贸然送礼；如果是公私兼顾，也要想明白，摸清对方心理，才能有的放矢，选择正确的礼物。最后，取决于帮助的时机。一般情况下，危难之中见真情，越是在自己危难时刻得人帮助，馈赠的礼品也应越丰厚贵重。所以，得到帮助的时机是日后酬谢他人的最重要的衡量标准。

4. 以公关为目的的馈赠

是一种为达到某种目的而用礼品作为馈赠形式进行的活动。这种馈赠，表面上看来不求回报，而实质上其索取的回报往往更深地隐藏在其后的交往中，或是金钱，或是权势，或是其他功利，多发生在对经济利益、政治利益的追求和其他利益的追逐中。

三、馈赠的类型

1. 公务性送礼

这是一种组织机构送礼的方式，通常挑选具有一定纪念意义、民族特色，或具有某些艺术价值的物品，也可以是自己学校所在地的特产。重在让对方记住这次公务活动，回忆时心情愉悦。比如，学术研讨会在湖南召开，湖南的湘绣颇具特色，作为东道主，送给与会代表一件湘绣制品，既轻巧便于携带，又具地方特色，还具有纪念意义。

2. 个人间送礼

礼尚往来，礼轻情意重，重在情，重在送礼的心意和方式。

3. “精神礼品”

可以是寄明信片、发礼仪电报、代订报刊、点歌、赠送鲜花等方式，让受“礼”者觉得很温暖。当送礼者经济条件有限，受礼者经济条件很好，什么都不缺的情形下特别适合选择这种类型。

四、馈赠的艺术

让对方愉快接受馈赠并不是件容易的事情，即使是精心挑选的礼品，如果不讲究赠礼的艺术和礼仪，也难以达到馈赠的预期效果。

1. 礼品的选择

礼品可以说是一个人人品的延伸，他人在接受礼物时可以从中感受到馈赠人的心意、品位。女性心思比较细腻，加上对逛街购物又有偏好，所以选择礼品的任务往往落在女性身上。如同见什么人说什么话一样，选礼品也是因人而异的。

选择礼品要考虑与受礼者的关系，一般不轻易送过重的礼物，否则会使对方产生不安的想法，或引起“重礼之下，必有所求”的猜测，应本着“交浅礼薄，谊深礼重”的一般礼俗。

选择礼品要认真、心诚，心存“敬重”之情，能够体现自己所倾注的时间、才智和精力。

选择礼品要考虑受礼者的情趣、爱好、年龄、环境等因素，还要考虑一定的民俗禁忌。一般来说，对家贫者，实惠实在是首选；对富裕者，精巧精致是首选；对恋人、爱人、情人，纪念性是首选；对朋友，趣味性是首选；对老人，实用是首选；对孩子，启智新颖是首选；对外宾，特色是首选。

2. 礼品的包装

一份好的礼品如果没有精美的包装会大打折扣，不仅降低了礼品的内在价值，也很难起到寄托情谊的作用。精美的包装不仅使礼品看起来更高雅、更显档次，也能体现出赠礼人的文化水平和艺术品位，更使礼物显得神秘。所以，一个好的礼品包装，既有利于交往，又能引起受礼人的兴趣，探究礼物的好奇心理，令双方都觉得愉快。当然，内容与形式也要统一，包装的费用比礼品的价值还高，那就大可不必了，所以包装要与礼物对等。

3. 赠礼的时间

送礼的时间通常选在相见或道别时；较为重大的节日时，如春节、中秋节、教师节；对方有喜事时，如乔迁、晋升、生子等。但为了不让对方觉得你太功利，也可以选择平时送礼，因为过年过节送礼的人很多，你送的东西很可能就湮没在成堆的礼物里面，对方根本注意不到你，也就谈不上对你有特殊印象了，送礼的作用也许就大打折扣。所以，过年过节要送，平时也可送，比如你以出差或旅游回来为借口，把对方约出来，一起吃个饭，喝个茶，然后在这个过程中把从外地带回的有特色的礼物送给对方。

4. 赠礼的场合

赠礼场合的选择十分重要，一般情况下，不在公共场所赠礼，不在人多的场合赠礼。

当对方很忙时，可以直接把礼物送到办公室去，但是礼物一定不能外露。另外，要在只有你和对方的时候，才把礼物拿出来，如果对方身边有其他人，礼物一定不能送出。如果送礼物时被办公室其他人看见，难免会给对方惹来闲话，对方为了避免这种嫌疑，多半会拒绝你。

为了减少对方的尴尬，也可以利用快递公司把礼物送到办公室或对方家里，但是一定给礼物做个精美的包装，并写上一张心意卡。

在一群人中只给某一个人赠礼是不合适的，因为那会使受礼人有受贿和受愚弄之感，而且会使没有受礼的人有受冷落和受轻视之感。但如果是礼轻情意重的特殊礼物，这样可以在大庭广众面前赠送，如一本特别的书、一份特别的纪念品等。

所以，在赠礼场合的选择上，要多用心观察对方，观察周围，甚至可以示意对方，让对方来选择场所。

五、受赠的礼仪

任何人都可能是赠礼人或受礼人，在接受别人合理合法的赠礼时，如何做才能让双方皆大欢喜，也是有讲究的。

1. 坦然接受礼物

一般情况下，别人赠送礼物都是真心实意的，对于这样的礼物，最好不要拒收，否则，会使赠礼者很尴尬。即使你对送的礼物并不十分称心，也不能表现在脸上。接受礼物时要双手接过，同时说上几句感谢的话，如“让你费心了，谢谢”“谢谢你的礼物”等等，不要说“我受之有愧”“这样的礼物我不能收”之类的话。不能虚情假意，反复推辞，嘴上说“不要不要”，手却早早伸了过去。

2. 当面打开礼物

中国人的习惯是不当面打开礼物，而是等客人离开后再打开。随着与国际接轨，越来越多的人选择在收到礼物时当面打开，表达自己的喜悦及喜爱之情，这样的方式更人性化，更能让赠礼者感到尊重与重视。所以，在收到礼物时，应尽可能地当着对方的面将礼物打开。启封时动作要有序、缓慢，不要乱扯乱撕，拆封后要赞美礼物，表示很喜欢这样的礼物。

3. 酌情还礼

不是所有的收礼都要还礼。如果送礼物给你的人不在你原定的送礼计划之内，最好不还礼。如果有人真心感谢你而送礼，也不必还礼，你一旦还礼反而无法实现他感谢的心愿。

第四节　通信礼仪

通信，是指人们利用电信设备来进行信息传递的活动。通信手段已由最初的书信，发展到了当今社会的电话、电子邮件、短信、微信、网络等等。通信礼仪，通常指在利用上述各种通信手段时所应当遵守的礼仪规范。

一、书信礼仪

现在网络、电话越来越方便，使用书信的人越来越少了。先进的科学技术给我们的生活带来便捷的同时，也会有一些小小的遗憾。与电话、邮件、短信相比，书信具有易保存更正式的优点，同时书信也是一种非常珍贵的回忆。

书信由笺文和封文两部分构成。笺文是写在信笺上的文字，即寄信人对收信人的称呼、问候、对话、祝福等等，笺文是书信内容的主体。封文是写在信封上的文字，即收信人的地址、姓名和寄信人的地址、姓名等等，封文是写给邮递人员看的，使邮递人员知道信从哪里来，寄往哪里去，万一投递找不到收信人，还能将信退给寄信人。完整的书信应该是笺文、封文俱全，并且将笺文装入写好封文的信封内，然后将信封口封好寄出的。

（一）笺文礼仪

笺文由三部分组成，每一部分都有其礼仪规范。

第一部分是开头，包括称谓、提称语、起首应酬语。在使用称谓时要注意，对于有亲属关系的长辈，不可直呼其名。给朋友写信时，不要连名带姓都写上，只写名字即可。给德高望重的人写信时，要使用敬称。但应注意，“您”既是单数，也是复数，不能写“您们好”。提称语紧接在称谓之下，是请收信人查看信件的用词，根据收信人与写信人之间的关系而使用，如“父亲大人膝下”中的“膝下”二字就是提称语，写给平辈的信，一般使用“台鉴”作为提称语。起首应酬语类似于谈话时的寒暄，多用来表达问候与思念，例如：“很久不曾联系，一切可好?”“一切可好？甚念。”

第二部分是正文，这是书信的主体部分，即写信人要说的话。它可以是禀启、答复、劝谕、抒怀、辞谢、致贺、请托、慰唁，也可以是叙情说理、辩驳论证等。这一部分，动笔之前，就应该成竹在胸，明白写信的主旨。若是信中同时要谈几件事，更要注意主次分明，详略得当，最好是一件事一个段落，不要混为一谈。

第三部分是结尾，包括结尾应酬语、结尾敬语、署名、日期。结尾应酬语应精练，多为表达祝福、期许之语。结尾的敬语是笺文结束时向看信人表达礼貌的意思，一般顶格写。最后是署名和日期。

（二）封文礼仪

封文是写给邮递人员看的，所以封文应该是用邮递员的口吻来写，可用“马梅教授收”“田文波董事长亲启”等表述，不可写“姚小平妈妈亲启”“赵志刚叔叔收”。

寄信人一栏也不可空着或用“内详”字眼，这样既不便于邮递员在信件没有送达时退回，也是一种不礼貌的行为。

二、电话礼仪

生活中你是否遇到过这种情况：夜深人静，却被刺耳的电话铃声吵醒，睡意全无；在办公室写教案，同在办公室的同事却拿着办公室的电话煲电话粥，令你不胜其烦；教师节收到很多祝福短信，却都没有落款，即便有落款，却不是发信人的落款，而是陌生人的姓名……

现代人的生活已完全离不开电话。现在坊间流传着这样一句话，叫作出门一定要记得“伸手要钱”，“伸”即身份证，“手”指手机，“要”即钥匙，“钱”即钱或者钱包。可见手机在人们日常生活中的重要性。因此，打电话时的礼仪也变得非常重要，它不仅是个人形象的体现，也是社交能力强弱的表现。

（一）拨打电话礼仪

1. 择时

早上八点之前，晚上十点以后，中午午休时间不要给人打电话。有公事尽量打对方的办公电话，如果有紧急的事情确实需要打对方家里电话，则要在电话中说明，因事情紧急，情非得已，打扰了，请对方谅解。尽量缩短通话时间，厘清条理，长话短说，无话不说。

2. 步骤

首先，要称呼、问候对方。其次，要简单地自我介绍，如果是公事电话，要报自己的学校、部门、姓名等，如果是私人电话，也要介绍自己，不要想当然地认为对方应该知道你是谁，更不要让对方来猜。再次，要说明打电话的目的。最后，道别时注意挂电话的顺序，位尊者先挂，放下话筒时动作一定要轻缓。

（二）接听电话礼仪

接听电话一定要及时，遵守铃声不过三的原则，即三声之内要迅速接电话。也不能太快，铃声刚响一下就拿起电话，会令对方措手不及，有时也很容易掉线。如果电话那头要找的人不在，可适当做记录，并及时转告对方。

如果正接电话时又有电话进来，则应请正通话的一方不挂线稍等，待跟后打电话的一方说明后再继续通话，应遵循先来后到的原则。

（三）手机使用礼仪

男教师不要把手机挂在腰间，可放在公文包里或拿在手上，坐下与人交谈时可放在旁边的茶几上或桌上。

女教师不要把手机挂在胸前，这样既对身体不好，也显得有些幼稚。

1. 接打电话礼仪

要保持手机畅通，更换了号码要及时告诉别人，不要等别人打你电话时，传出来的声音是：您拨打的电话已停机。

不要边走边打电话，这会分散你的注意力，也会影响你的视线，存在安全隐患。

在电梯内不要打电话，电梯内是一个小型的公共场所，你旁若无人地说话，会让身边同乘电梯的人感觉不舒服。

在会议中、参加重大活动、和别人交谈时，最好把手机调到静音或者震动，必要时还应关闭手机，这样既显示了对别人的尊重，也不会打断交谈的思路。手机铃声响个不停，肯定会引起别人的不快。教师上课时最好关闭手机，这既是对课堂的尊重，也利于自己集中精力传授知识。

此外，在病房里、飞机上、开车时、加油站里也不要接打电话，容易引起事故。

无论在任何场所，接听手机时都不要旁若无人地高声说话。

2. 手机短信礼仪

很多人习惯用短信来互致问候。短信是通过手机等移动设备向对方发送文字、图片等符号性信息的交流方式，它确实是一种省时省力，又可传情达意、联络感情的交流方式，但应注意以下几点：

（1）祝福短信最好是自己编写的。哪怕只是几个字，也是你的心意，表示你的诚意。不要克隆别人的短信，更有甚者完全转发别人的短信，连落款的名字都没去掉，这样的短信发出去只会弄巧成拙。

（2）短信中一定要有称谓和落款。很多人发短信喜欢群发，于是省略前面的称谓，这样是不礼貌的，尤其是对长辈和领导的短信，更要用尊称。最后一定署上自己的名字，你不能要求每个接收你信息的人都能记住你的电话号码。

（3）不要转发强迫性短信。有的短信如："今天是世界姐妹日，你若将这条短信转发给你的十个好姐妹，你将幸运连连；如果不转发或删掉，你会倒霉不顺。"这是极不礼貌也不道德的短信，要坚决抵制！

（4）及时回复来信。来而不往非礼也，教师收到别人的短信，尤其是学生的短信后应及时回复，哪怕只有"谢谢"两个字也是礼貌，告诉对方你已收到短信，表示你的重视。一个及时回复学生短信的教师一定会让学生更尊敬。

3. 微信礼仪

微信，是腾讯公司研发的一种手机交流应用软件，可以与人发送语音短信、文字和视频，正如其广告所言，它已成为当今社会人们的"一种生活方式"。如今，人们在节假日登门造访已不多见，但微信 24 小时嘟嘟的提醒声却已司空见惯，由此可见，人们沟通交流的方式习惯正在日益改变，微信的礼仪规矩也应运而生。

（1）不要影响他人。使用微信的人越来越多，而且大多都是朋友之间使用，许多人不管别人愿不愿意，不停地在微信中做广告、发链接、求投票，使很多人不胜其烦。所以，发朋友圈也应该节制有度。

（2）不要公群私聊。微信里有组建群聊的功能，能把许多人放在一个讨论组里，相互聊天交流，大家可以共同谈谈同一个问题或话题，确实拉近了大家的距离。但不要把群聊当成是与群里某一成员的私人聊天会所，这会引起其他人的不悦。

（3）不要谈论敏感话题。言论自由应遵循法律的规定和道德原则。微信并不是完全放开的交流工具，它也是在运营商监管下运作的，因此，要尽量少谈涉及政治、民族、宗教等方面的敏感话题，避免给自己或他人带来麻烦。

（4）不要随意转发未经证实的消息。有的人看到好的文字图片或一些链接就忍不住要转发给朋友分享，但很少有人对这些内容进行仔细审阅，更没有去求证其真实性，这样随意转发，轻则成了造谣者的帮凶，重则有可能触犯法律给自己带来麻烦。

三、电子邮件礼仪

电子邮件又称电子邮箱，它是一种用电子手段传送信息的通信方式。一封完整的电子邮件，由标题、称呼和问候、正文和附件、署名和日期等几个因素构成。教师使用电子邮件的频率是很高的，例如，收发论文、收发会议通知等。

1. 标题

标题是一封邮件的眼睛，它应该起到提纲挈领的作用，通过标题可以看出邮件的主要内容，以方便收件人判断邮件的轻重缓急。所以，邮件标题不能用太大或太空的话，也不可空着标题一栏不填，这是极不礼貌的行为。标题要言简意赅，千万不要有错别字。

2. 称呼和问候

邮件的开头一定要有称呼和问候，这个称呼虽然不像普通书信那样正式，但也要能表现出发邮件人的谦虚有礼。如果对方有职务，可以按照职务来称呼，如李校长、王院长；如果对方是特定的职业，也可以按职业来称呼，如张教授、何医生；如果弄不清楚如何称呼对方，对女性称呼女士，对男性称呼先生也可。问候更不能少，简单的“你好”“您好”都可以。

3. 正文和附件

邮件正文要简明扼要，不可长篇大论，最好不需要收信人拖滚动条看完。正文多用短句，不使用过长或晦涩难懂的词和句子。如果正文内容较多，则应该用附件将情况说清楚，使用附件时，应在正文中对附件做简要说明，也是提醒收件人查看附件。附件的命名简单明了，要能体现附件的主要内容。如果附件过多，最好进行打包，压缩成一个文件后发送。

4. 署名和日期

邮件结尾应有署名，也可以适当加上公司、电话等信息。一般来说，署名的字号应比正文略小一号，在名字的下一行还应注明日期。

使用邮件小贴士：

发送邮件时最好一次把事情说完，不要发完邮件后才想起来还有事情没有说，再发补充，或者说明，这会给人留下办事毛躁的印象。

写完邮件后多检查几遍，语句是否通顺，是否有错别字，特别是英文单词，一定要进行拼写检查。

礼貌用语适当多用，如请、谢谢之类的词要经常出现。

不提倡使用自动回复，这有可能被视为无礼，因为它会给人居高临下的感觉。

四、网络礼仪

网络礼仪也可称网络规则，是保障网络世界正常秩序的基本规范。网络虽然是一个“不受制约”的地方，但是适当的网络规范是必要的，因为上网的是有感情有思想的人，甚至是各行各业的精英，尽管你上网时常常是隐身的，但别人仍能从很多细节中感受到你的人品和修养。

1. 真诚友善，宽以待人

网络生活最显著的特点就是虚拟性，可以在未见其人、未闻其声、未知其名的状况下，让五湖四海的人聚在一起进行交流，并且有充分的言论自由，但这并不意味着可以随心所欲、为所欲为。网络世界是虚拟的，但是礼仪是真实存在的。真诚是人际交往的基本准则，网络世界同样适用，在网络生活中真诚待人更能体现人格。

在网络上与人交流时，对方若用错字或问低级的问题，应克制情绪，给予宽容和理解，选择适当的方式，善意提醒或回绝，不要讥笑嘲讽，更不要谩骂，伤人自尊。

2. 互相尊重，慎独自律

不同的网站和论坛有共同约定的规则，也会有各自的特点。与不同地区的人交流，应首先熟悉规则，了解情况，尊重他人的习惯和风俗，不能触犯民族和宗教的禁忌，也要充分尊重他人的生活和交往习惯，不做令他人反感的事情。若是网站的建立者或管理者，应用广阔的胸襟和谦虚诚恳的态度对待网友，要维持秩序，树立健康、文明的形象。尊重自己和他人的隐私，不要随意公开他人的真实姓名、地址、电话等个人资料，避免给他人带来伤害和损失。

网络生活的多样性、虚拟性很容易让人误入歧途，在目不暇接、流连忘返之时，很容易落入他人圈套，跌进陷阱。因此，教师在畅游网络虚拟世界的同时，一定要保持较强的自律意识，抵挡住诱惑，才不会做出伤人伤己的事情。

3. 用语规范，目的明确

词汇是语言中最活跃的要素，是社会生活最直接的反映，而网络又是人气最旺、信息量最大、思想最活跃、观点最复杂、传播速度最快的平台，所以，近些年网络用语也成了语言中的独特现象，经常引发社会热潮。网络用语即多在网络上流行的非正式语言，多为谐音、错别字改成，也有象形字词，以及在论坛上引起流行的经典语录。流行的不一定就是正确的，所以，教师在网上交流时，更应使用合乎规范的语言，自觉捍卫语言文字的纯洁性、科学性，营造规范的用语用字氛围，做遵守语言文字规范的表率。

在浏览网页海量信息时，要有明确的目的，直奔主题，不要漫无目的地闲逛。要明辨是非，尤其不能登录色情或反动的网站。对未经证实、已经过时、来源不明的消息不要传播和发送。

第五节　出行礼仪

出行礼仪，是指人们出行时应该遵守的行为规范，是人们在生活中应当具备的基本素质之一。作为一名教师，尤其是中小学的教师，也会经常有带领学生走出校门的时候，这时候不仅自己的行为会体现自身的修养，也会对学生产生很大的影响。教师在课堂上向学生传授知识，生活中也应该处处是学生的行为表率和导师，所以，了解掌握出行礼仪，做文明出行人，其意义不同其他职业者。

一、行路礼仪

出行时应遵守交通规则，过马路，左右看，要走人行横道，不乱穿马路，更不可翻越栏杆。红灯停、绿灯行、黄灯等一等，行人靠右走等交通规则要牢记心中。

不要边走路，边抽烟或边吃东西。不随地吐痰，有痰时要吐在面巾纸上再扔进垃圾桶内。不乱扔果皮纸屑等杂物。爱护公共设施，不弄脏、弄坏报栏、座椅、电话亭等公物，不践踏草坪、攀折树木、采摘花卉，不信手涂鸦。

遇到老人、小孩儿和行动不便的人要礼让，在人多的地方不要拥挤，依次而过。不小心碰到了别人要及时说声“对不起”，别人碰了自己、踩了自己，不要过分计较，更不可恶语相向，应大度地对待别人的道歉。如果对方毫不知情，且多次妨碍自己，可以委婉地提醒对方“请您注意一下好吗”，不可大声争吵。

在人行道上行走时，自觉让出盲道。行进时与身边的人保持适当的距离，不可紧挨着陌生人，否则会让他人感觉不自在。行进的速度不要太慢，以免阻挡后面的人，需要停下打电话或聊天时，应自觉站到不影响他人的位置。两人或多人行走时，不携手并肩，不嬉笑打闹，以免影响他人通行。

在路上遇到突发事件，或别人发生矛盾，不要围观起哄、添火加油，能为他人解决矛盾时，应尽力主持公道，如果自己无能为力，则要快速离开并报警。

在路上遇到熟人时，应礼貌地主动打招呼，问候对方，不能视而不见，装作没看到，把头扭向一边。也不要在马路上高声叫喊远处的熟人。

问路时态度要诚恳，使用礼貌用语，如“您好”“请问”，无论对方能否为你指路，都要感谢对方。如果遇到别人问路，要热心回答，不能置之不理，冷漠对待。假如自己也不知道，则要向对方说明，请其转问他人，并表示歉意。

二、行车礼仪

开车上下班的教师越来越多，要时刻牢记“宁停三分，不抢一秒”“一慢二看三通过”等行车警语，开车进校园更要谨慎慢行，除了认真遵守一切交通法规外，还应该特别注意以下细节：

开车要系好安全带，会车要变换车灯。

女教师不要穿高跟鞋或有防水台的鞋开车，否则，脚部的感觉会很迟钝，容易控制失灵。可在车上备一双平跟鞋用于开车。

不要对车内过度装饰，又是香水瓶，又是各种挂件和车贴，干扰视线，易带来安全隐患。

带婴幼儿行车时，不要让他们坐在副驾驶位置，坐后排时也要使用儿童安全座椅。

过斑马线时要礼让行人，下雨天开车，旁边有行人时，要减速慢行，不要把水溅到行人身上。

开车时不要接打电话，不要把车内音响开得太大，更不要向车外抛撒垃圾。遇上会车，要相互礼让。常常看到一些驾驶者，尤其是女性驾驶者为了先过路口而赌气将车停在路中间，令人瞠目。

三、乘电梯礼仪

1. 乘直升梯礼仪

等候电梯时，应自觉排队，不可全部挤在电梯门口，影响电梯里的人出电梯。电梯门打开后，应让里面的人先出来，再有秩序地进入电梯，尽量让残疾人、孕妇、老人和孩子先进，不可一拥而进。先进入电梯者应尽量往里站，挪出空间留给后进入者。

电梯即将关门时，不要扒门。电梯超载时不要强行挤入，自己靠近门口时要主动退出。如果携带较多物品，则应注意不妨碍其他人。

进入电梯后，应面朝电梯口，不要四处张望或盯着某一个人看，可以看电梯门或楼层显示数字，以免与陌生人脸对脸的尴尬。在电梯中不吃东西，不喝饮料，不高声接打电话，不丢垃圾，不在电梯内蹦跳。即使电梯内装有可以充当镜子的材料，也不要在电梯内整理仪容，无论身边是否有人。

站在电梯楼层按钮旁边时应做好电梯开关的服务工作，可以主动询问每人要到达的楼层，并代为按按钮。如果你的位置远离电梯按钮，可有礼貌地请按钮旁边的人代劳，不建议自行伸长手臂越过人群去按按钮，别人代劳按了按钮后，要表示感谢。按按钮时动作要轻缓。

快到自己所去的楼层时，应提前等候在靠近电梯门的地方，不要等电梯到达时，才匆匆挤出人群。出电梯时应遵守秩序，由外而内依次走出电梯，不要争抢。

乘电梯过程中，如发生事故，不要惊慌失措，应马上拨打检修电话，耐心等候，不可冒险扒门而出。

陪同客人、领导或长辈乘坐电梯时，先按电梯按钮，电梯门打开后，如果里面有电梯服务人员，则请客人和长辈先进入电梯，如果里面没有电梯服务人员，则自己要先进入电梯，一手按住电梯“开”的按钮，另一手按住电梯门，口中礼貌地说“请进”，请客人或长辈安全进入电梯。

如遇火警，千万不要再乘直升电梯。

2. 乘自动扶梯礼仪

乘自动扶梯时应靠右站立，让出左侧通道，方便有急事的人通过。

手要扶住电梯扶手，以免发生危险。

主动照顾同行的老人、小孩和行动不方便的人。

有急事要走急行通道时要确保安全，并向主动为自己让路的人致谢。不可逆行。

四、乘坐交通工具礼仪

（一）乘坐汽车礼仪

1. 乘坐轿车礼仪

入座时要大方端庄，从容稳重。女教师乘坐轿车的正确姿势是：打开车门后，转身背对车门，先轻轻坐下，将头和身体移入车内，再将双脚轻轻触碰一下，意为将脚底的灰尘抖落，然后双脚并拢收入车内，坐好后可稍稍调整坐姿。如果是穿裙子，则在坐下之前先把裙子理好，坐下后再将双腿收入车内。女教师穿较低胸的衣服时，建议披一条丝巾，也可以用手轻按胸前，并尽量保持身体正直。

下车时，先打开车门，转身面对车门，同时将双脚慢慢移出车门，女教师仍要注意双脚并拢，双脚落地踩稳后，再将身体移出车外。

雨雪天气，上车之前，要把雨具收好并用袋子装好，把身上的雨雪拍打干净。鞋子上如果有泥，要擦干净再上车。不在车上吸烟、吃零食、喝饮料，不携带有异味的物品上车，以免弄脏车内。不往车外扔东西、吐痰，不在车上脱鞋袜。

2. 乘坐公共汽车礼仪

排队候车，先下后上，不要推拉、挤撞他人，遇到老弱病残孕等行动不便的乘客，要让其先上车。上车后尽量往车厢里面走，不要堵在车门口，以免影响他人上车。到站前，要提前向车门移动，要向主动为自己让道的乘客说声"谢谢"，等车停稳后有秩序地下车。

尊老爱幼，不抢占座位，遇到老人、残疾人、孕妇及怀抱儿童的乘客要主动让座，如果自己是站着的，也要把有扶手的空间或空间大的地方让出来，不能熟视无睹。当他人为自己让座时，要表示感谢。

在公共汽车上磕磕碰碰是难免的，不要斤斤计较，应互相谦让。如果不小心碰到了别人，要马上道歉，请别人原谅；如果别人碰到了自己，则要待人宽容，不要不依不饶。

上车后把物品安放到位，不要把自己的行李物品放在旁边的空座上。车上设有老弱病残孕专座，一般情况下不应坐在这些有明显标志的座位上。

不随意吃东西，不吸烟，不吐痰，不乱丢果皮纸屑，更不要随手将垃圾扔出车外。不携带危险物品上车，不带宠物上车。在车上保持安静，带着孩子时不可让他们在车上玩闹。在车上遇到熟人时点头示意即可，不必挤过去交谈。

（二）乘坐火车礼仪

候车时保持候车室内安静，不大声说话、接听电话，不旁若无人地聊天儿嬉闹。

自觉维护候车室卫生，不随地吐痰，不随地丢弃吃剩的食物，用过的纸杯、喝光的饮料瓶，应放入垃圾桶内。

在候车室休息时，一人一座，不要一人占多座，更不要躺在座椅上休息睡觉。

检票时有秩序地排队，不要拥挤。

进入车厢后，对号入座，如果身边有老弱病残的乘客，要学会礼让。如果你是上铺，不要长时间坐在下铺上；如果你是下铺，则不要冷漠地对待坐在下铺的乘客。

车厢内不要随意脱鞋袜，休息时不要东倒西歪，或把脚跷到对面的座位上。

到了车厢内熄灯的时间，谈话时应小声，不要影响其他乘客休息。

（三）乘坐高铁礼仪

高铁开车前 3 分钟停止检票，而且高铁的安检、实名制车票的抽检都需要时间，所以要提前到达高铁站，为乘车预留出充分的时间。

进站安检时，应自觉排队，按顺序将行李物品放在安检仪上，安检后，请认准自己的物品，防止遗忘、错拿、丢失或被盗。

要注意保管好自己的物品，最好把行李物品放在自己的视线之内。列车中途停车时，要注意检视自己的物品，谨防被其他乘客拿错或被人故意拿走。

高铁列车在各经停站一般只停车一两分钟，乘客上下车的时间很短，不要下车去休息、抽烟，以免耽误行程。

高铁列车属于全封闭式车厢，全列车禁止吸烟，即使在车厢连接处或洗手间内吸烟，列车监控系统都会自动报警，所以不要在车厢内吸烟。高铁车厢与车厢的连接处设有放置大件行李的地方，上车后可将大件行李放于此处，不要带进过道妨碍他人通行。

座位前的小桌板承重有限，只是用于餐饮和放置轻微物品，不要放置重物，更不要让小孩坐在上面而造成危险。

（四）乘坐地铁礼仪

乘坐地铁应按照标志的提示排队。在站台候车时，请站在两侧的箭头内侧指示区，中间的箭头指示区留给下车的乘客，这样井然有序，更能节约时间。应该让下车的旅客先下来，上车的乘客再依次排队上车。上下班高峰期，乘客很多，通道窄的地方，切不可故意拥挤，一定要按顺序行走，否则，很容易发生危险。

关门的警示铃响起时，如果还没上车，则应耐心等候下一趟，而不要不顾一切地往车上挤。如果真的赶时间，最好的办法就是提早出门。

因为地铁的空间比较狭小，所以禁止在车厢内饮食。落座时，一定要注意坐姿的规范，不可把脚伸到过道而影响他人通过，女教师两腿要收拢、并紧，如果裙子太短，可以把手袋放在腿上稍作遮挡，“走光”是最失礼的。

乘坐地铁不能旁若无人地随意脱鞋袜，不能把垃圾丢在车厢内。不可一人占多席，更不可随意躺在座位上。不可大声在地铁里接打电话。

女教师不要在地铁内当众化妆，情侣应避免在车厢里当众拥吻。

（五）乘坐飞机礼仪

乘坐飞机要提前到达机场，国内航班至少提前 1 个小时到达，国际航班则至少提前 2 个小时到达，以留出充裕的时间托运行李、换登机牌、过安检。一旦拿了登机牌，要按时登机，如果你不按时登机，可能会导致整个飞机不能按时起飞。因为你一旦领了登机牌，就意味着行李可能已经托运，而你又没登机，就需要把所有的行李都清理出来，确认你的行李，看看是否有危险物品，这样会延误飞机上所有乘客的行程。

在候机大厅内要照看好自己的行李，如果用行李车来运送行李，不要把行李车停放在通道上影响他人。

遇上飞机晚点，应听从机场的调度，耐心等候，不要大声吵嚷，更不要与机场工作人员发生争执，甚至做出一些过激的行为。

进出舱门时，都有乘务人员站在舱门口迎送乘客，她们热情、微笑向你问好时，作为乘客，也应点头致意、问好或者致谢。

登机后，根据飞机座位上的标示对号入座。

飞机起飞前，应认真听乘务员讲解示范降落伞和氧气面罩等的使用方法，以便出现意外时使用。听从飞机上广播的提醒，起飞时系好安全带，收起小桌板，打开遮光板，关闭通信工具、便携式电脑等电子设备。遵守“请勿吸烟”的规定。

飞机起飞后可看书看报，也可与同座交谈，但声音不要过大，不要隔着座位和同行的人聊天说话。

飞机上不宜讨论有关劫机、坠机、撞机等不幸的事件，也不要对于飞机的性能信口开河，这样会对其他乘客的心理造成恐慌。

飞机上的座椅可以调整靠背的角度，便于乘客休息，但调整靠背时要考虑到后面的乘客，不要突然放下座椅靠背，或者突然恢复原位置，以免惊扰到他人。不要坐下后随意脱鞋，“污染”机舱的空气。

尊重乘务人员，他们的工作非常重要，不要把他们当成保姆随意使唤。如果对他们的服务有意见，可以下飞机以后投诉，而不是在飞机上大吵大闹。

因为飞机上的卫生间是男女共用的，因此一定要保持卫生间的清洁，女教师不要长期占着卫生间在里面补妆。不要在供应饮食的时候到卫生间去，因为餐车在通道中间，乘客是无法通过的。

下飞机前，要将垃圾集中放进座位前的垃圾袋内，不要随意丢弃。要把飞机上的物品如耳机、毛毯等整理好，以减轻乘务员的劳动强度。

飞机着陆后，不要急于开启手机，不要马上站起来去拿行李。要等信号灯熄灭以后，再解开安全带，带好随身物品，依次走出机舱。出舱门时，不要忘了向乘务员道谢。

第六节　餐饮礼仪

中国有一句古话：“民以食为天”。对于大多数中国人而言，吃饭是第一要务。随着人际交往的日益密切，宴请更是成了人们迎送宾客、结识新友、畅叙友情、增进交流等社交活动的重要形式，正发挥着无可替代的交往交流的作用，因此餐饮礼仪也应运而生。在用餐时既能满足自己的味蕾，又能让一起吃饭的人感到愉悦，以达到此次用餐的目的，餐饮礼仪发挥着举足轻重的作用。

作为教师，通常遇到的就餐活动为以下几种：食堂就餐、聚餐和宴请。

一、食堂就餐礼仪

在教师的日常工作生活中，许多的就餐活动都会发生在学校的食堂中，学校食堂的饭菜味美价廉，不仅能吃饱吃好，更重要的是能跟自己的同事和学生一起就餐，交流教学经验和专业知识，是一件很愉悦的事情。在食堂就餐时也要注意礼仪。有秩序地排队就餐，不拥挤，不插队。在挑选饭菜时，要根据自己的食量购买，不要因为食堂的饭菜便宜而一下购买许多，最后造成浪费。就餐时坐姿端正，一人占一位，不要将脚放在旁边或者对面的凳子上。吃饭时尽量保持安静，不高声说话，以免影响别人，在咀嚼东西的时候不要说话，避免呛到或者将饭菜从口中漏出，这是很不雅观的，如果偶尔要打喷嚏，一定要用手或者纸巾捂住口鼻。保持桌面和地面的清洁，不要将饭菜吃得满桌子都是，如果用汤匙盛汤或者用筷子夹带有汤汁的菜时，一定要端起碗靠近去接，避免将汤汁弄得满桌子都是，吃剩的食物不要随意丢在桌子上或者地上，如果有骨头之类，可以暂时集中放在桌子上，待吃完后再清洁。用餐完毕后，可将桌上吃剩的骨头装入盘子，再将盘子交还到食堂指定的回收车内。用餐后带上自己的随身物品安静有序地离开。

二、聚餐礼仪

除了在食堂用餐，平时生活中与同事或者朋友聚餐也是很常见的一项就餐活动。在这里所说的聚餐通常指的是非正式的就餐形式，大家通常采取AA制付费。大家借用进餐的时间，边吃边讨论工作或者生活中的一些事情，用餐的气氛一般比较活跃而不是那么正式。

聚餐的参与人员当中，基本在座的所有人都是熟识的，所以也不必拘泥于过多的礼数，以大家觉得舒适为宜，例如茶水离谁比较近，谁就可以主动为大家倒水等等，有时候，过多的礼节反而会让彼此觉得疏远。但是有些礼仪的细节如果能体现出来，也会让聚餐更加和谐。

准时赴约，不要迟到。让人等待总是不好的，尤其是迟到特别久，会让一同就餐的人产生厌恶的情绪。如果实在赶不及，可以打电话让对方边吃边等，并表示歉意，而且下次记得提早出门。不随意失约，答应了别人的聚餐邀请就要参加，不要临时爽约，也不要过多拒绝聚餐的请求，拒绝次数过多，朋友们会认为你不重视感情，以后也就不会再邀请你了。

穿着得体，虽然是朋友间的吃饭，但是也不要穿得过于随便，例如，拖鞋、背心等，会让对方觉得你太不重视。

随着科技的发展，人们已经越来越离不开手机，许多人吃饭的时候都一直看着手机，本来一起吃饭是用来彼此交流增进感情的，但是人手一部手机却阻隔了大家的交流。因此聚餐时应尽量少看手机，多与别人交流。

节约粮食是种美德，不要点太多菜，而导致铺张浪费。实在吃不完的饭菜可以在临走前打包。

如果是在外就餐，尊重服务员，如果遇到对服务或者菜品不满意也不要大吵大闹，和平沟通才是解决问题的最好方法。

三、宴请礼仪

（一）宴请的种类

1. 宴会

宴会是属于较为正式而隆重的招待，是主人请宾客吃饭、喝酒，一般是正餐，出席者按主人安排的席位就座，有服务员顺次上菜。

宴会有国宴、正式宴会、便宴、家宴之分。

按举行的时间，又有早宴（早餐）、午宴、晚宴之分。

宴会的隆重程度、出席规格以及菜肴的品种与质量等要根据宴会的种类而有所不同。一般来说，晚上举行的宴会比白天举行的宴会更隆重。

（1）国宴。

国宴是国家元首或政府首脑为国家的庆典，或为外国元首、政府首脑来访而举行的正式宴会，因而规格最高，程序、安排、礼仪上都有十分严格的要求。宴会厅内悬挂国旗，安排乐队演奏国歌及席间乐，席间有致辞或祝酒词。

（2）正式宴会。

正式宴会除不挂国旗、不奏国歌以及出席规格不同外，其余安排大体与国宴相同。有时也安排乐队奏席间乐，宾主均按身份排位就座。对餐具、酒水、菜肴道数、陈设，以及服务员的装束、仪态都会有相应的要求。通常菜肴包括汤和几道热菜，中餐一般用四道，也会视用餐的人数而定，但均为双数，西餐用二三道，另有冷盘、甜食、水果。席间一般用两种酒，一种甜酒，一种烈性酒。如有条件，餐前可先在休息室稍事叙谈，通常上茶水、果汁等饮料，如无休息室也可直接入席。餐后一般不再回休息室座谈，也不再上饭后酒。

（3）便宴。

便宴，即非正式宴会，常见的有午宴、晚宴，有时也有早上举行的早餐。这类宴会形式简便，可以不排席位，不做正式讲话，菜肴道数亦可酌情，但仍需双数。便宴较随便、亲切，宜用于日常好友交往。

（4）家宴。

在家中设便宴招待客人，西方人喜欢采用这种形式，以示亲切友好。家宴往往由主妇亲自下厨烹饪，家人共同招待，气氛很温馨融洽。

2. 招待会

招待会是指各种不备正餐、形式较为灵活的宴请形式，通常备有食品、酒水饮料，通常都不排席位，可以自由活动。常见的有：

（1）冷餐会，又称自助餐。

这种宴请形式的特点是：不排席位，菜肴以冷食为主，也可用热菜，连同餐具陈设在餐桌上，供客人自取。客人可以自由活动，可以多次取食。酒水可以陈放在桌上，也可以由招待员端送。冷餐会在室内或在院子里、花园里都可举行，可设小桌、椅子，自由入座，也可不设座椅，站立进餐。根据主、客双方身份，冷餐会规格隆重程度可高可低，举办时间一般在中午十二时至下午二时、下午五时至七时左右。这种形式常用于官方正式活动，以宴请人数众多的宾客。

（2）酒会，又称鸡尾酒会。

这种招待会形式较活泼，便于广泛接触交谈。招待食品以酒水为主，略备小吃，不设座椅，仅置小桌或茶几，以便客人随意走动。酒会举行的时间也较灵活，中午、下午、晚上均可，请柬上往往注明整个活动延续的时间，客人可在其间任何时候到达和退席，来去自由，不受约束。

鸡尾酒是用多种酒配成的混合饮料，酒会上不一定都用鸡尾酒，但通常用的酒类品种较多，并配以各种果汁，不用或少用烈性酒。食品多为三明治、面包、小香肠、炸春卷等各种小吃，以牙签取食。饮料和食品由服务员用托盘端送，或部分放置小桌上由宾客自取。

近年国际上举办大型活动采用酒会形式日渐普遍，庆祝各种节日、欢迎代表团访问、各种开闭幕典礼，以及文艺、体育招待演出前后往往举行酒会。自 1980 年起我国国庆招待会也改用酒会形式。

（3）茶会。

茶会是一种简便的招待形式，举行的时间一般在下午四时左右，也有上午十时左右举行的。茶会通常设在客厅，不用餐厅。厅内设茶几、座椅，不排席位。但如果是为某贵宾举行的活动，入座时，有意识地将主宾同主人安排坐到一起，其他人随意就座。茶会顾名思义是请客人品茶，因此，茶叶、茶具的选择要有所讲究，或具有地方特色，一般用陶瓷器皿，而不用玻璃杯。

3. 工作餐

工作餐是现代人际交往中经常采用的一种非正式宴请形式，有的甚至由参加者各自付费，采用 AA 制。大家利用进餐时间，边吃边谈工作中的问题。按用餐时间分为工作早餐、工作午餐、工作晚餐。

在代表团访问中，往往因日程安排太紧而采用这种形式。这种用餐一般只请与工作有关的人员，不请配偶。双边工作进餐往往排席位，尤以用长桌更便于谈话，其座位排法与会谈桌席位排法相仿。

（二）宴请的原则

宴请通常遵循国际通用的“5M”的原则。

1. “meeting”——约会

首先要确定宴请的时间，时间要尊重对方的选择。

2. “money”——节俭、务实

强调宴请的花费要量力而行，不要铺张浪费，不要过度消费。

3. “menu”——菜单

注意选择菜品，要考虑被宴请人的喜好、习惯、禁忌等，不可自作主张。

4. “medium”——介质，即宴请的环境

环境很重要，它决定了宴请的档次和水准。

5. “manner”——举止

宴请是一种较高档次的交往活动，行为举止要得体文雅。

（三）宴请的准备

宴请对宾客而言是一种礼遇，必须按照规格及有关礼仪礼节的要求来准备。

1. 宴请的目的和对象

宴请的目的不是单一的，它可以是为某一个人，也可以为某一件事。较为正式的如为感谢对方的帮助，为某人的到任或者离任，为某教师获得重大科研成果，等等；不太正式的如朋友间的宴请，领导与下属之间加深印象、拉近距离的宴请，老同学的聚会，等等。

宴请的对象是指请哪些人、请多少人、请什么人来作陪等等。

明确了宴请的目的和宴请的对象之后，如果是比较正式的宴请，则要准备邀请函，被邀请人的姓名、职务、称呼，甚至对方是否有配偶参加都要核对准确。

2. 宴请的形式和规格

宴请的形式和规格，在很大程度上取决于当地的习惯做法。一般来说，正式、规格高、人数少的以宴会为宜，人数多则以冷餐会或酒会更为合适，妇女界活动则多用茶会。

目前各国礼宾工作都在简化，宴请范围趋向缩小，形式也更为简便。酒会、冷餐会被广泛采用，而且中午举行的酒会往往不请配偶。不少国家招待国宾宴会只请身份较高的陪同人员，不请随行人员。我国也在进行改革，提倡多举办冷餐会和酒会以代替宴会。

3. 宴请的时间和地点

宴请的时间应尽量满足主、客双方的需求。

宴请地点的选择要按活动性质、规模大小、形式、客人意愿及实际可能而定，选定的

场所要能容纳全体人员。举行小型的正式宴会，在条件可能的情况下，宴会厅外可另设休息厅，又称等候厅，供宴会前简短交谈用，待主宾到达后一起进宴会厅入席。

社交活动中的用餐不再仅仅是吃饭而已，它是以联络感情、沟通信息为目的的，那么用餐地点的选择就非常重要，它直接影响着用餐者的情绪和宴请的效果，选择用餐地点时要结合考虑环境、卫生、交通三个方面的因素。

就餐环境要优雅、安静，宴请不仅仅是吃东西，也是吃文化，如果就餐环境乱糟糟，档次很低，即使菜肴再美味，也让人没有心情。宴会环境包括室内场地大小、室内陈设和装饰、餐厅灯光、色彩等因素，在选择用餐地点时都要考虑到。

外出用餐时，人们最担心的就是是否卫生、健康，所以在选择宴请地点时，一定要考虑到卫生的因素。如果就餐环境脏乱差，不仅影响食欲，也影响就餐人的心情，正所谓"民以食为天，食以安为先"。

宴请时还要充分考虑宴请地点周围的交通是否便利，停车是否方便。如果兴致勃勃地来到一家餐厅，但由于没有车位，来回转上很多圈，未免让人扫兴，也很浪费时间。

4. 请柬的制作和使用

请柬一般被广泛应用在政界或商界档次很高、精心安排组织的大型宴会中。请柬上要写清楚宴请的名义、时间、地点，有的还要对服装进行要求以及是否需带异性伴侣。如果是招待会，则要写上开始和结束的时间。

如果多桌宴会对赴宴者的座次有要求，还应在请柬上注明对方所在的桌次，并在宴会厅悬挂桌次排列示意图，或安排引导员引导来宾就座，或者在每张餐桌上摆放桌次牌和座次牌。

国际上习惯给夫妇两人发一张请柬，在国内需要凭请柬入场的场合注意要给每人都发一张。请柬的送达至少要提前 1 周或更早，以便被邀者做好各种准备。

四、中餐礼仪

（一）席位礼仪

在中餐宴请中，常常采用圆桌布置，圆桌的摆放不同，位次的尊卑也不同。

1. 桌次礼仪

由两桌组成的小型宴会，餐桌的排列分为横排和竖排两种形式。

横排时，由面对正门的位置来定，以右为尊，以左为卑，即右边的桌子要比左边的尊贵（见图 5－6－1）。

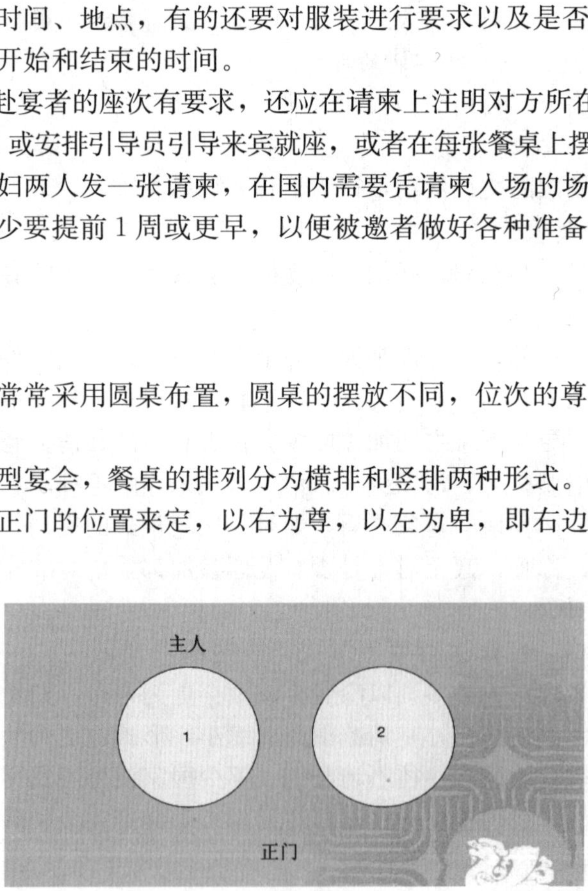

图 5－6－1

竖排时，讲究以远为上，以近为下。这里的远近，是以距离正门的远近而言的，即距离正门远的桌子比距离正门近的桌子更尊贵（见图 5-6-2）。

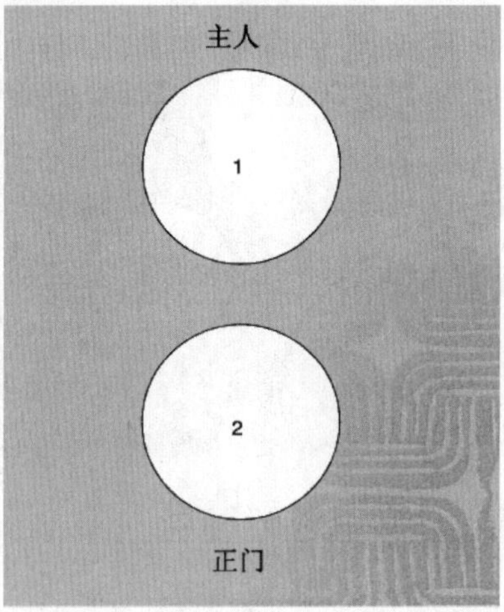

图 5-6-2

由三桌或三桌以上组成的宴会，也叫多桌宴会，它的排列方法除了要注意“面门定位，以右为尊，以远为上”外（见图 5-6-3），还要兼顾其他各桌与主桌距离的远近。一般来说，距离主桌越近，桌次越高；距离主桌越远，桌次越低，这种规则也称为“主桌定位”（见图 5-6-4）。

在桌子的选择上，所用桌子的大小、形状要基本一致。除了主桌可以略微大一些以外，其他各餐桌都应大小一致。

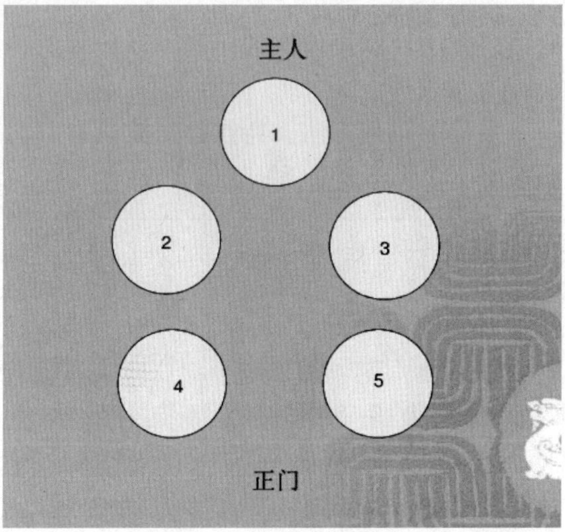

图 5-6-3

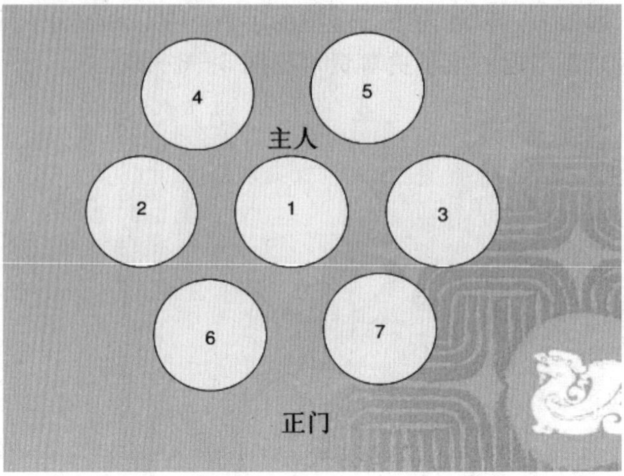

图 5-6-4

2. 位次礼仪

宴请时，除了桌子的位置有尊卑高低之分外，每张餐桌上的具体位次也有主次尊卑。排列位次基本方法有四种，但它们往往交互使用。

方法一：主人大都面对正门而坐，并在主桌就座。

方法二：举行多桌宴请时，每桌都有一位主人的代表在座，他也称各桌主人，其位置一般应与主桌主人同向，有时也可以面向主桌主人。

方法三：各餐桌上位置的尊卑，应根据其距离该桌主人的远近而定，以近为上，以远为下。

方法四：各餐桌上距离该桌主人距离相同时，以右为尊，即以该桌主人面向为准，他的右边为尊，左边次之。

根据上面四种位次的排列方法，圆桌位次的排列可以分为两种具体情况，它们都是和主位有关。

第一种情况：每桌一个主位的排列方法。特点是每桌只有一名主人，主宾在主人右边就座，每桌只有一个谈话中心（见图 5-6-5）。

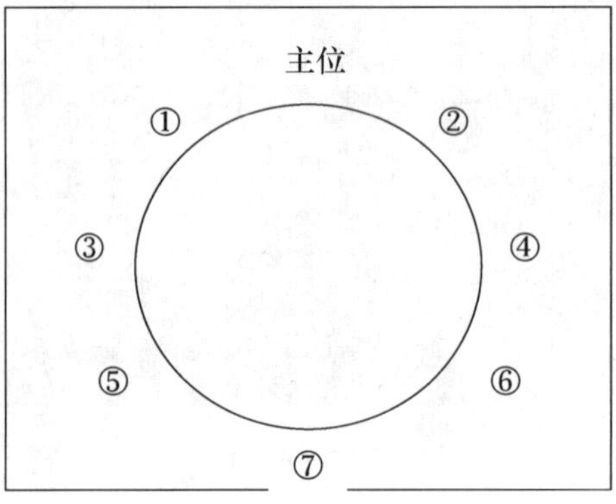

图 5-6-5

第二种情况：每桌两个主位的排列方法。特点是主人夫妇在同一桌就座，以男主人为第一主人，女主人为第二主人，男主宾和其夫人分别在男女主人右侧就座，每桌客观上形成了两个谈话中心（见图 5-6-6）。

如果主宾身份高于主人，为表示尊重，也可以安排在主人位子上坐，而主人坐到主宾的位子上。

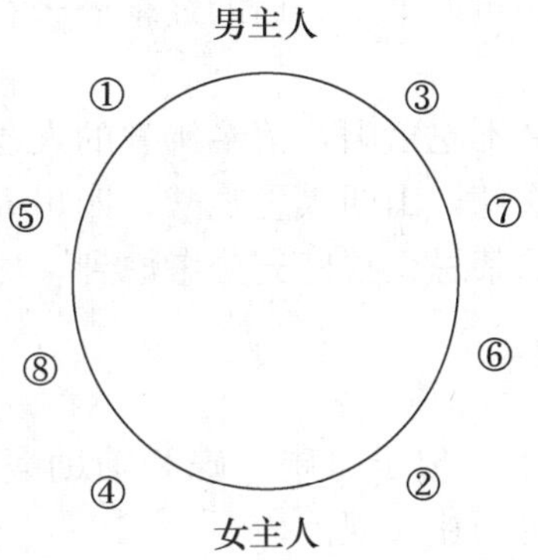

图 5-6-6

为了便于来宾准确无误地找准自己的位子就座，除引导人员和主人要及时加以引导指示外，应事先放置醒目的个人姓名卡在每位来宾所属座次正前方的桌面上。举行涉外宴请时，座位卡应以中、英文两种文字书写。中国的惯例是，中文在上，英文在下。必要时，座位卡的两面都书写用餐者的姓名，使对面的人也能看到，以方便互相认识。

（二）点菜礼仪

请人吃饭，往往觉得点菜是一件难事，如何让所有用餐的人都吃得满意，吃得舒服，确实很有讲究。

充分考虑到宴请的对象，再来决定点哪些菜。一般来说，要优先考虑三类菜肴：一类是有中国特色的菜肴，如炸春卷、狮子头、宫保鸡丁等，这些具有中国特色的菜很容易受到外国客人的喜爱；第二类是有本地特色的菜肴，这在宴请外地客人时比较适用；第三类是本餐厅的特色菜，一个店的特色菜和招牌菜往往是厨师的“独门秘籍”，颇具“杀伤力”。

点菜时不仅要考虑口味，还应注意菜肴搭配。如一桌菜通常会有汤、热菜、凉菜，品种上包括肉类、海鲜、素菜，这六个要素的搭配必须均衡合理，做到烹饪方法不同，菜品不重复。比如，点了鱼汤，就不再点清蒸鱼、糖醋鱼及其他鱼类；点了老鸭汤，别的肉菜就不能再以鸭肉为主。在热菜和凉菜的搭配上，以热菜为主，凉菜为辅。

菜品的数量不能过多或过少，应以吃饭人数为基准，略微多 1～2 个菜为宜，也要注意数量要双不要单。如 2～3 人吃饭，点三菜一汤较为合适，6 个人时点七菜一汤，多于 8 人时，按照人数加 2 的数量点菜比较合适。

点菜时也可参考季节，尽量点当季菜。虽然现在交通发达，加之大棚的普及让很多菜四季都有，但时令菜的新鲜和营养还是大棚菜无法替代的。早春时节的香椿、春笋，夏天的苦瓜、苋菜、莲子，秋天的百合、菱角、莲藕，冬天的羊肉、莴苣，等等。点些时令菜，不仅可以显示出点菜人的水平，也能让客人尝尝“鲜”。

点菜时还有一项不可忽视的因素要考虑，那就是用餐人的年龄和性别。老年人一般牙齿不好，应点一些易咀嚼的菜；儿童肠胃功能较弱，宜点一些好消化的菜；若为女性则点一些养颜滋阴的菜，如百合、木瓜等，可以适当点一些甜品。

颜色也是点菜时要考虑的，要注意桌上菜肴色彩的搭配，尽量让菜品的颜色和品相丰富多彩，红的辣椒、绿的黄瓜、黄的玉米、白的莲藕……看上去赏心悦目，秀色可餐，能增加食欲。

点菜还有禁忌，比如穆斯林不吃猪肉，信奉佛教的人通常只吃素。各个地方的人在饮食偏好上也有不同，湖南人爱吃辣，山西人爱吃酸，四川人爱吃麻，江浙人爱吃甜，北方人爱吃面食。点菜时要把宾客的禁忌、喜好充分考虑到，尽量让桌上的每个人都能找到喜欢的菜肴。

（三）餐具礼仪

中餐使用的餐具通常有筷子、勺子、碗、碟和辅助餐具，例如，杯子、盘子、湿巾等，这些餐具在使用时都有一定的礼仪规范。

1. 筷子

筷子是中餐的主要餐具，更是必不可少的餐具，一般用它来夹取食物。筷子通常是成双使用而不能只用一根，要整齐摆放在筷子架或菜盘上，不要让筷子一根横放、一根竖放或交叉摆放，要让同一桌的筷子长短粗细一致。

一般都习惯用右手握筷，所以筷子通常都摆在客人就座的右边。筷子的正确握法是以拇指、食指、中指三个指头的前部共同捏住筷子的上部分约三分之一处。使用筷子有很多禁忌，下面列举十忌：

忌舔筷：夹菜前将筷子放入嘴中舔舐，或当牙签；

忌迷筷：举筷不定，不知夹什么菜好；

忌脏筷：用筷子在盘里翻拣夹菜；

忌指筷：拿筷子指人；

忌泪筷：夹菜时不干净，菜上挂汤淋了一桌；

忌插筷：将筷子插在饭菜上；

忌粘筷：筷子上还粘着东西又去夹别的菜；

忌连筷：同一道菜连夹 3 次以上；

忌敲筷：用筷子敲击餐具或桌面；

忌分筷：将筷子分放在餐具左右，只有在吃绝交饭时才这样摆。

2. 勺子

中餐的勺子以短柄瓷质为主，主要用来喝汤和羹，有时也可以用勺子辅助筷子取菜，但尽量不要用勺子单独取菜。

用勺子取食物时，不要过满，以免溢出来弄脏餐桌或自己的衣服。在舀取食物后，可以在原处停留片刻，汤汁不再往下流时，再移回来享用。

用勺子取食物后，要立即食用或放在自己碟子里，不要再把它倒回原处。如果取用的食物太烫，不可用勺子舀来舀去，也不要用嘴对着吹，可以先放到自己的碗里等凉了再吃。

当菜碗中摆放了公勺时，要用公勺取菜，但不要忘了放回去。

3. 碗

碗主要用于盛放主食，或者羹、汤。要用筷子或勺子取碗内的东西吃，不可端起碗往嘴里倒食物，更不能去吸碗。碗如果暂时不用，不可以盛放杂物。不要把碗倒扣过来放在桌上。

要注意端碗的姿势，不可用手掌托着碗，也不要把碗抱在胸前。

4. 盘子（碟子）

在餐桌上使用的盘子通常比较小，又称作碟子，也有的称骨碟，它起到一个中转的作用，可以暂放从餐桌上取来的菜肴，也可盛装骨头等弃物。

不要一次性夹放太多菜放到盘子里，这样会显得像是没吃过菜一样。也不要堆放很多品种不同的菜，以免看起来很杂乱。不要将食物的残渣、骨头、鱼刺等吐在餐桌上，而应用筷子夹着轻轻放在盘子前端。如果盘子堆满了弃物，则要请服务员及时更换。

5. 其他

（1）湿毛巾。

比较讲究的正式宴会在餐桌上放有两条湿毛巾，一条餐前用来擦手，另一条餐后用来擦嘴。也有的是由服务员餐前递送，看到客人用脏后不断更换。餐前的湿毛巾是用来擦手的，只用来擦手，不能擦脸、擦汗；结束前的湿毛巾是用来擦嘴的，所以也不能用来抹脸、抹汗，更不要往湿毛巾上吐脏物。

（2）水盂。

有时吃中餐时需要直接用手抓食物，比如吃海鲜或带壳的食物，遇到这种场合，桌上往往会摆上一个水盂，为了消毒和美观，会在水盂中放几片柠檬，水盂里的水只能用来洗手。洗手时注意动作要轻柔，不要让水溅出，洗过手后用毛巾擦干，不要甩干。

（3）牙签。

牙签主要用来剔牙，有的食物也需要使用牙签。不要当众剔牙，如果非要剔的话要用手或餐巾遮住嘴巴。剔出来的东西千万不要拿来看或再次放入口中，也不能随手乱弹或随口吐出。不要叼牙签，否则会让人觉得你玩世不恭。

（四）用餐礼仪

1. 喝汤礼仪

喝汤时不能发出咕噜咕噜的声响，有些人对此不太注意，不以为然，这是十分粗鲁、缺乏教养的表现。

不可对着热汤吹气，应该用汤勺舀出部分盛入碗中品尝，待汤羹稍许降温后，用汤勺舀取一勺慢慢送到嘴边咽下。

不可直接端碗一饮而尽，此举虽豪迈，但实为不雅，而且与正式宴会的品位格格不入。正确的做法应该是用左手扶碗，右手持汤匙舀汤喝。

2. 饮酒礼仪

酒在宴会中能起到开胃助兴的作用，尤其跟相应的美味菜肴搭配后，两者相得益彰。正式的中餐宴会上一般饮用白酒或葡萄酒，其中葡萄酒多用红葡萄酒，因为红色代表喜庆，其味道也较为甘甜。因此，餐桌上通常会摆放着大小不等的三种杯子，从左至右，依次是白酒杯、葡萄酒杯和水杯。

（1）斟酒礼仪。

正式用餐前，主人为表示对来宾的敬重和友好，会亲自斟酒，应注意当场启封酒，斟酒时一视同仁。要按照顺时针的方向，先为尊者和嘉宾倒酒，所斟酒量要适度，除白酒外，其他酒不必斟满。为他人斟酒之前，要充分尊重对方的意愿，如果对方因信仰、习惯或身体健康等缘故不能喝酒，可为其提供饮料或茶水代替，不要非让对方喝酒，毕竟祝酒干杯，是需要两相情愿的。

（2）受酒礼仪。

主人斟酒时，客人应端起酒杯致谢，可起身站立或欠身点头致谢，也可使用“叩指礼”，即右手拇指、食指、中指一起，指尖朝下，轻叩桌面以示谢意。不要左右躲藏，敲击杯口，尤其不要当别人斟满酒之后又倒入他人杯中或趁人不注意泼洒到地上，这不仅失礼，而且让别人觉得你“酒风”不正，毕竟“酒品如人品”。实在不能喝酒，可礼貌地向主人说明原因。

（3）敬酒礼仪。

宴席间的相互敬酒是用餐时必不可少的环节。饮酒前，主人通常会说一段祝愿或祝福类的话语，对来宾表示欢迎，祝酒词越精练越好，千万不要长篇大论。如果是正式的祝酒词，应选择在宾客入席后和用餐前开始。

敬酒可随时在用餐过程中进行，敬酒时，敬酒之人应起身站立，面朝被敬之人，右手端持酒杯，或以左手托扶杯底，面带微笑，眼神柔和，并致以简短的祝福。

敬酒前应充分考虑好敬酒的顺序，分清主次，应以年龄长幼、职位高低、宾主身份为先后顺序，特别是跟不熟悉的人在一起，最好事先打听对方的身份和称呼。与人碰杯时，应将自己的酒杯低于对方的酒杯，以表示尊敬之意。与对方距离较远时，可以用酒杯轻磕桌面，表示相互碰杯，但如果是向长辈或职位高的人敬酒，应该端杯走到他跟前。

不论在哪种场合饮酒，都应该保持适量原则，努力保持风度和仪态，不要争强好胜，非一醉方休不可。饮酒超量，很容易伤身，而且容易引起事端，出洋相就十分失礼了。

一定遵循“喝酒不开车，开车不喝酒”的原则。

3. 品茶礼仪

喝茶是中国人自古就有的习惯，在许多正式宴请的场合，饭前餐后，喝茶是必不可少的，所以，品茶礼仪也是宴请礼仪的重要组成部分。

（1）斟茶。

泡茶是品茶过程中很讲究的阶段，主人最好不当着客人的面用手取茶冲泡，应该用茶勺舀取茶叶，或用茶罐盖轻磕茶罐将茶叶倒入茶壶或茶杯。

要充分考虑宾客的喜好，条件允许的话，可以事先多储备几种茶叶供宾客选择，询问宾客有无禁忌，如果宾客回答“随意”的话，应尽量选择茶味适中或具有特色的茶叶。如果对方不喜欢喝茶，可以询问宾客是否喝其他饮料。通常，不习惯喝茶的人，也会及时向主人说明。

看茶时，应当遵循“茶不宜满，七分最好”的原则。水温不能太烫，避免宾客喝茶心切或不小心打翻而被烫伤。茶不宜冲泡太久，茶叶不宜太多，否则泡出来的茶比较浓厚、苦涩。

一般待客时，可由晚辈为宾客奉茶，待见重要客人时，主人应该亲自奉茶。而在工作场合待客时，一般由秘书来为宾客上茶。宾客较多时，应遵循先客后主、先主宾后次宾、先长辈后晚辈、先女后男的原则，也可以将茶水全都泡好，随宾客自取。

为宾客斟茶续水时，不要妨碍他人，应一手拿起茶杯，在远离宾客身体、座位和桌子的地方把水续上。如果是围坐在桌旁喝茶，则应示意对方即将续水，请宾客注意茶壶。

（2）品茶。

若奉茶的一方身份高或是长辈，应起身站立，双手捧接。对方为自己续水时，也应以礼相待，面带微笑，点头示意，并说“多谢”。端茶时，应用一只手持握杯把，另一只手托住杯底或杯口，不能直接用手拿握杯口或端起杯底。

品茶时，应小口细心品尝，每饮一口茶后，茶水应在口中稍停留片刻再吞咽，这样才能品出茶叶的香味。同时，还应称赞茶味的香浓可口，不可一饮而尽，也不能喝出“咕咚”的声音来。茶水太烫时尽量不去吹，应放置待其自然冷却再喝。不要用手去掏杯中的茶叶嚼吃。

4. 应注意的细节

- 用餐时，如果不知道自己该坐哪个座位，最好等主人指引后入席，以免坐了不该坐的位置；
- 菜上来后要等主宾夹第一筷后，众人才能动筷；
- 吃饭时细嚼慢咽，不可狼吞虎咽或发出很大的响声；
- 让菜不布菜，可以为别人推荐好吃的菜，但不要自作主张硬给别人夹菜；
- 尽量让餐桌中间的转盘顺时针方向转动；
- 不要用自己的筷子去捞汤中的食物；
- 不要高谈阔论，唾沫四溅；
- 不要当众修饰仪表，如整理头发、化妆补妆、宽衣解带、脱袜脱鞋等，如确实有需要可以去化妆间或洗手间整理；
- 不要碰到自己喜欢的菜，就拼命夹很多而不考虑别人用过没有。够不到的菜，可以请人帮助，不宜起身甚至离座去取。

五、西餐礼仪

随着东西方文化的不断渗透与交融，吃西餐也成了我们日常生活中一件很平常的事。西餐文化源远流长，讲究规矩，注重礼仪。西餐厅一般比较宽敞，环境幽雅，桌与桌之间离得较远，所以相对中餐厅来说更安静，更便于交谈。因此，在宴请中，西餐颇受现代人的青睐，尤其是年轻人和出国留学回来的人。而教师出国访学、到国外参加学术交流会、接待国外同行、指导国外留学生的概率都很高，所以，了解一些西餐方面的礼仪知识是十分必要的。

（一）西餐特点

西餐，是我国对西方国家菜肴的统称，但各地还是有些差异。可粗略分为两类：第一类是以英、法、德、意等国为代表的“西欧式西餐”，又称“欧式西餐”，其特点是选料精纯，口味清淡，以款式多、制作精细而享有盛誉；第二类是以苏联为代表的“东欧式西餐”，也称“俄式西餐”，其特点是味道浓，油重，以咸、酸、甜、辣皆具而著称。此外，在英国菜基础上发展起来的“美式西餐”也有其特点，并且日益风行。

细分可以分为英国菜、法国菜、俄国菜、美国菜、意大利菜以及德国菜等，各国菜系自成风味，其中尤以法国菜最为突出。但不管是何种风格的西餐，与中餐相比，具有以下几个显著的特点：

1. 讲究营养，注重搭配

西餐极重视各类营养成分的搭配组合，充分考虑人体对各种营养，如糖类、脂肪、蛋白质、维生素和热量等的需求来搭配菜肴。

2. 选料精细，用材广泛

西餐烹饪在选料时十分精细、考究，而且用材十分广泛。例如，美国菜常用水果制作菜肴或饭点，咸里带甜；意大利菜则会将各类面食制作成菜肴，各种面片、面条、面花都能制成美味的席上佳肴；而法国菜，选料更为广泛，诸如蜗牛、洋百合、椰树芯等均可入菜。

3. 讲究调味，强调色泽

西餐烹饪的调味品大多不同于中餐，如酸奶油、桂叶、柠檬等都是常用的调味品。法国菜还注重用酒调味，在烹调时普遍用酒，不同菜肴用不同的酒做调料，德国菜则多以啤酒调味。在色泽的搭配上则讲究对比、明快，因而色泽鲜艳，能刺激食欲。

4. 工艺严谨，器皿讲究

西餐的烹调方法很多，常用的有煎、烩、烤、焖等十几种，而且十分注重工艺流程，讲究科学化、程序化、精细化，工序严谨。烹调的炊具与餐具均有不同于中餐的特点，特别是餐具，除瓷制品外，水晶、玻璃及各类金属制餐具占很大比重。

（二）席位礼仪

1. 基本原则

（1）恭敬主宾。

在西方宴会中，主宾是极受尊敬的，即使宴请的宾客中有身份、年龄高于主宾的，主宾也仍是邀请方关注的中心，在安排座次时，主宾通常紧靠着主人就座。

（2）女士优先。

西方国家特别注重对女性的尊重，所以，在西餐礼仪里，往往是女士优先。排列位置时，一般是女主人为第一主人，而男主人为第二主人。

（3）距离定位。

西餐桌上席位的尊卑，是由其距离主位的远近决定的，距主位近的位置要高于距主位远的位置。

（4）面门为上。

按西餐礼仪的要求，面对餐厅正门的位置要高于背对餐厅正门的位置。

（5）交叉排列。

西餐排列席位时，讲究交叉排列的原则，即男女应当交叉排列，熟人和生人也应当交叉排列。在西方人看来，宴会是拓展人际关系的场合，交叉排列的用意就是让人们能多和周围客人聊天认识，达到社交目的。男女交叉排列则方便男士照顾女士。

2. 位次排列

西餐的位次排法与中餐有一定的区别，中餐多使用圆桌，西餐则以长桌为主。长桌的位次排法主要有以下两种方式：

(1) 长桌排列时，男女主人分坐两头，门边男主人，面门一端女主人，男主人右边是女主宾，女主人右边是男主宾，其余依序排列（见图 5－6－7）。

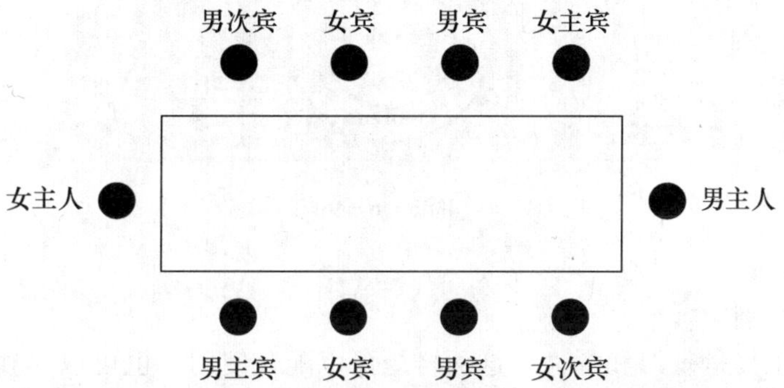

图 5－6－7

(2) 桌子是 T 形或门字形时，横排中央位置是男女主人位，身旁两边分别是男女主宾座位，其余依序排列（见图 5－6－8）。

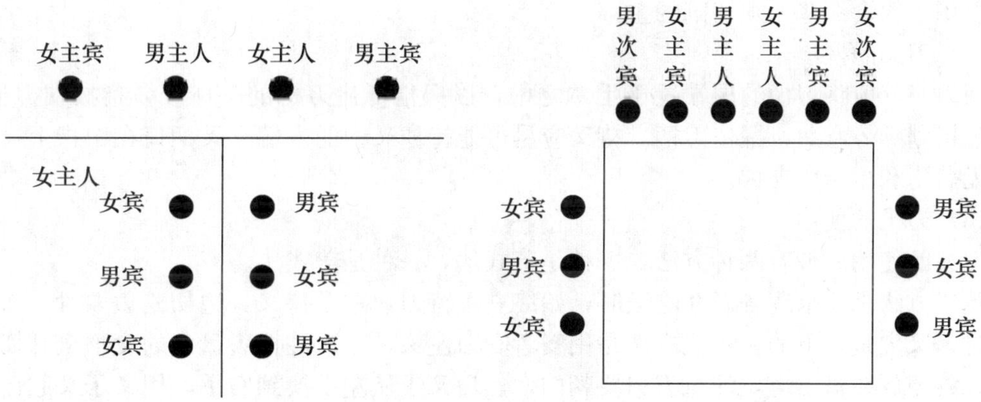

图 5－6－8

(三) 餐具礼仪

1. 餐具的种类及摆放

西餐所用的餐具主要是刀叉、餐匙、餐巾等。

在正规的西餐宴会上，通常都讲究吃一道菜换一副刀叉，品尝每道菜肴时，都要使用专门的刀叉，不可乱用。根据食物的不同，刀叉的形状也不同，有吃鱼专用的刀叉、吃肉专用的刀叉、挑抹黄油专用的餐刀、吃甜品所用的刀叉等。

刀叉的摆放一般是餐刀在右，餐叉在左，均是纵向摆放在餐盘的两侧，供用餐者方便使用。叉如果不是与刀并用，叉齿应该向上。如果不懂哪种形状的刀叉的使用，只要记住依次从两边由外侧向内侧取用即可（见图 5-6-9）。

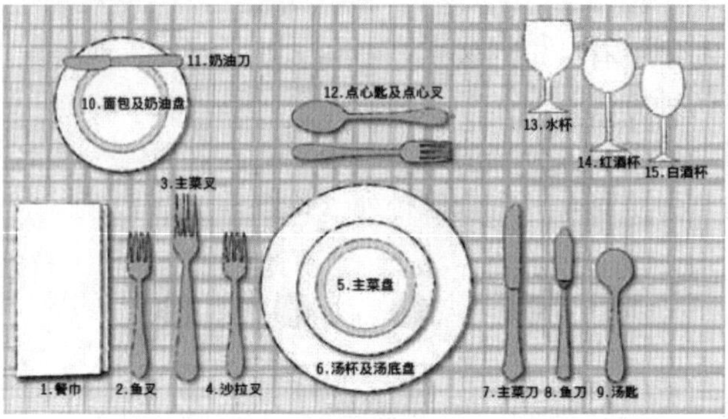

图 5-6-9

2. *刀叉的用法*

（1）刀叉的区别。

西餐的主要工具是餐刀和餐叉，这两样既可以配合使用，也可以单独使用。餐刀主要用来切割食物，可分为 3 种：一种是带小锯齿的，用来切割肉类食物。另两种也带锯齿，刀较大者是用来将大片蔬菜切成小片的；小巧型的，刀尖是圆头，顶端微上翘的刀，是用来切开面包、挑抹果酱或奶油涂在面包上用的。

餐叉是用来叉起食物的，可以单独用于叉食或取食，也可以用于取食头道菜和馅饼，还可以用于取食那些无须切割的主菜。

（2）刀叉的握法。

用刀时，应将刀柄的尾端置于手掌之中，以拇指抵住刀柄的一侧，食指按在刀柄上，其余三指则顺势弯曲，握住刀柄。持叉应尽可能持住叉柄的末端，叉柄倚在中指上，中间则以无名指和小指为支撑。

（3）刀叉的使用。

刀叉的使用一般有两种方法，一种是英式法，一种是美式法。

英式方法是要求用餐者在吃饭时，始终右手持刀，左手持叉，边切割边取食，将食物叉起时，叉尖是朝下的。美式方法是用餐者右刀左叉，一次性把餐盘中的食物全部切成小块后，将刀放在盘子上，注意刀刃要朝内，然后叉子从左手换到右手，用叉子叉起已经切成小块的食物食用，吃的时候叉尖朝上。但无论哪种方法，都不要用刀挑食物吃，动作要轻缓，不让刀叉磕碰牙齿或餐盘发出声响。

在西餐宴会上，客人很少直接传唤服务员，受过训练的服务员会根据用餐者刀叉使用所传达的信息去为客人服务。比如餐盘中的食物还未吃完，要继续用餐，则应将刀叉分开呈三角形摆放；而如果餐盘的食物已经吃完，还想添加饭菜时，则应将刀叉分开呈八字形摆放；如果已经用好餐，虽然盘中还有食物，但已经不想再吃了，那么，可将刀叉一起纵向摆放在餐盘上，服务员看到这些，会过来收拾刀叉和餐盘的。

3. *餐匙的用法*

在正式的西餐宴会中，每套餐具中会摆放两把或两把以上的餐匙。这里主要介绍两种餐匙，一种是汤匙，一种是甜品匙，两者形状不同，用途也完全不一样。形状较大的是汤匙，它一般纵向摆放在用餐者的右手边；较小的是甜品匙，它一般横向摆放在吃甜品专用刀叉的正上方。

在使用餐匙取食时，动作要干脆，不可将甜品或汤羹来回翻搅，一旦舀出部分品尝时，要一次性吃完，切忌一餐匙的食物，反复品尝几次。使用餐匙时，要尽量保持餐匙的干净，不要弄得匙面和匙柄到处是食物。餐匙除了可以喝汤和吃甜品外，不可直接舀取其他菜肴。使用餐匙后，应将它放回原位，不可放在甜品或汤碗中。

4. 餐巾的用法

餐巾看似普通，在餐桌上却发挥着多重作用。不同的餐巾可以根据宴会的性质叠成不同的图案，如扇形、皇冠形、长方形等，形状各异的餐巾可与就餐环境相得益彰。一般餐巾会放置在水杯中，也可平放在用餐者左侧的桌面上或底盘上。

餐巾一般是在开始用餐时取用，先将餐巾对折，将褶线朝向自己，平铺在并拢的双腿上，主要是为了防止进餐时掉落的菜肴、汤汁弄脏衣物。不能将餐巾当作围兜系在身上或裤腰上。用完餐后，餐巾可用来擦拭嘴巴，一般是用餐巾的末端顺着嘴唇轻轻擦拭，弄脏的地方可向内侧翻卷。餐巾还可以在剔牙的时候作为遮挡，剔出来的食物残渣可直接包在餐巾上，并将餐巾向内折起。特别值得注意的是餐巾不可用来当毛巾使用，不能擦汗，也不能擦脸，更不能用来擦拭餐具。

在西方的宴会上，餐巾就是用来擦拭的，宾客尽量不要拿出自己的手帕或者纸巾来代替餐巾，这不仅违反用餐的礼仪，还会让主人觉得这是在嫌弃餐巾不卫生。离席的时候，应将餐巾脏的一面朝餐桌，用盘子或刀具压住餐巾的一角，让其从桌沿自然垂下，这样比较雅观。

（四）用餐礼仪

1. 用餐场合

（1）鸡尾酒会。

鸡尾酒会的形式比较活泼、简单，也方便人们进行交流。宴会上主要用酒水来待客，备上些许小食品，例如，面包、点心、蛋糕等。服务生端着托盘，把饮料或点心拿给宾客。国际上许多大型活动都会使用鸡尾酒会的形式招待客人。

在鸡尾酒会上，最好手中揣着餐巾，以便随时将手擦干净。左手持着酒杯，见到熟人或打招呼的人，随时要伸出右手与之相握。

（2）晚宴。

在西方，人们习惯将正式宴会安排在晚上 8 点后举行，举行这类宴会，说明主人对宴会很重视，或庆祝某个重大节日，或庆祝某项活动，或欢迎某位重要人物。正式晚宴一般要事先排好座次，并送出请柬。宴会上还有小型乐队进行现场演奏，主人与宾客间会相互祝酒、致意。

另外一种是家庭便宴，这种宴会气氛亲切友好，一般邀请的都是主人的亲朋好友，地点选择在家里，因此，服饰、餐具、布置都较为随意。

西方的习惯，晚宴一般都会邀请夫妇一同出席。

（3）自助餐。

自助餐是招待会较为常见的宴会类型，可以是早餐、中餐、晚餐，也可以是茶点。饭菜会一一装盘放在餐桌上，供客人自行挑选。举行的地方可以在室内，也可以在室外，比如花园里、院子里，如果邀请的人数较多，自己又难照顾周全时，自助餐是最佳的选择。

参加自助餐需要遵循“少吃多跑”原则，一次不要取用太多食物，可以多取几次，取食物时要排队等候。用完餐后，要将餐具放回到指定的地方，以减轻主人的工作量。

2. 餐桌礼仪

(1) 入座礼仪。

入座是西餐礼仪的第一步。在比较正式的宴会上，应从椅子的左边入座，首先站立在座位的左边，左脚先往前迈出一步，然后右脚迈至椅子前方，最后左脚往右迈一步，这样简单的三步就是最标准的西餐入座礼仪。如果你的座位在最左边靠墙的地方，无法从左侧进入时，可以从右边入座，步伐同左侧入座刚好相反。

如果男士和女士一同用餐，男士应为女士挪开凳子，协助女士入座，以显绅士风度。

(2) 举止礼仪。

就座后，坐姿应端正，女教师双腿应并拢。

吃面包时，要用食指和拇指把面包撕下来一小块放入口中食用，不要用刀切面包，也不要用叉子叉着吃。如果需要抹上黄油，不要把整块面包全都抹上黄油，而是将黄油抹在撕下来的小块面包上。

吃硬面包时，用手撕不但费力而且面包屑会掉落，此时可用刀先将面包切成两半，再用手撕成块来吃，避免像用锯子似的锯面包。

喝汤不能吸着喝，一定要用汤匙舀汤，而且舀汤的方向应该是由内向外，然后把汤送入口中，尽量不要发出声音。

用餐期间，如果餐具不慎掉落到地上，可招手示意服务员代捡，并送一套干净的过来，不要自己低头弯腰去捡。

西餐是吃文化、吃氛围，西餐厅一般都很安静，光线柔和，伴有舒缓的轻音乐，所以用餐、交谈、走动都要尽量轻缓，不要破坏其他用餐者的雅兴，更不要大声呼唤服务员或高声劝酒。

(3) 饮酒礼仪。

在正式的西餐宴会中，酒是餐桌上的主旋律，一般有餐前酒、进餐酒、餐后酒三种。

餐前酒，也叫开胃酒，是在正式用餐前饮用的，一般有鸡尾酒、威士忌、伏尔加、啤酒、葡萄酒等，开胃酒不宜喝太多，喝多反而影响食欲。

进餐酒是正式用餐时饮用的酒，通常是指葡萄酒。正式西餐，在每道菜上来之时，服务生都会倒上酒，酒随菜的不同而不同，通常是“白酒配白肉，红酒配红肉”。白肉，是指鱼肉、鸡肉、海鲜等，一般搭配白葡萄酒；红肉则指牛肉、羊肉、猪肉等，一般搭配红葡萄酒。白葡萄酒宜在7℃左右喝，可以加冰块；红葡萄酒的饮用最佳温度是18℃。因此，在饮用葡萄酒时，一定要用高脚的玻璃杯，并用除小手指以外的四个手指捏住杯脚。

餐后酒是有助餐后消化的酒，比如白兰地，其酒精浓度在42°～43°。这种酒的品尝方式，是用手掌握住酒杯，用手心的温度将酒加温，待其香味四溢时，再小酌品味，不可一饮而尽。

通常情况，饮用不同的酒就会选用其专用的酒杯，在每位用餐者桌面上右边的位置，大都会横摆着三四只酒杯，取用顺序是依次从外侧向内侧。

（4）喝咖啡礼仪。

在西方，除了在餐桌上吃饭喝酒外，还有另外一种宴请方式，就是喝咖啡，最常见的地点有休息厅、咖啡厅等。喝咖啡时，要特别注意个人的行为举止，主要从饮用的数量、配料的添加、品用的方法等方面加以注意。

喝咖啡时要注意适可而止，所点咖啡每人不要超过三杯，喝咖啡不是为了解决口渴。

根据个人口味的需求，喝咖啡时会往杯里添加一些改善口味的配料，比如牛奶、糖块等。某种配料用完时，不要大声呼叫，也不可给他人添加配料。给咖啡添加砂糖时，要用小勺舀取进行添加，若是添加方糖，则应用夹子先夹取方糖放置在咖啡碟上，再用咖啡勺将方糖加入杯中。添加任何的配料，动作都要尽量轻缓，避免咖啡溅出而弄脏衣物。

喝咖啡本身是一种很惬意的交际方式，所以举止也应得体、文雅。握住咖啡杯时，要用右手的拇指和食指拈住杯把，不可双手握杯或用手托住杯底，也不可俯首就杯喝。坐着喝咖啡时，只需端起杯子，只有起身站立或走动时，才将咖啡杯和碟一起端。用勺搅拌配料时动作要轻缓，使配料和咖啡充分融合均匀，搅拌完后，应将勺靠近杯子的内沿，使咖啡顺势滴下后再放回碟子。不能用咖啡勺舀着咖啡喝，也不可将杯中咖啡一饮而尽。

第六章 教师涉外礼仪

随着国际化的不断加深，世界各国的教育界尤其是高等院校之间的交流也日益增多，我国教师越来越多地走出国门，出现在国际交流的大舞台上，这就要求教师必须掌握相关的涉外礼仪，自觉加强涉外礼仪素质的培养。教师的涉外礼仪是教师在与境外学校交往或合作时，用以维护自身和国家形象，并向外宾表示尊重、友好、礼貌等的各种礼节和仪式。它不仅是教师内涵修养、文化水平的集中反映，也是国家的国际形象和国际地位的客观写照。

第一节　涉外礼仪概述

随着经济的不断发展，我国的国际地位得以提升，与其他各国的交往也越来越密切，各行各业均走向国际化。教师的国际交流活动也越来越多。作为教育界的精英，教师在与世界各国友人交往的过程中，应该自觉遵守并应用有关国际交往的行为准则。全世界各个国家和地区，宗教信仰、文化背景、风土人情、生活习惯等各不相同，我们可以先了解一些共性的基本原则和禁忌，以确保实际工作中不犯低级的错误。当面对具体的外国朋友时，再做进一步的、有针对性的深入了解。

一、涉外礼仪的原则

虽然不同的国家、不同的民族有各自不同的文化和生活习惯，但互相交往时还是有很多需要共同遵循的礼仪原则，因为人类具有很多的共性。

1. 维护国家利益原则

这是对外交往最重要的原则。每一位涉外工作人员最基本的素养是对国家忠诚，有颗爱国的热心，祖国和人民的利益高于一切，坚决维护国家的主权和民族的尊严。应时刻意识到，在外宾眼里，自己是国家、民族、单位组织的代表，自己的一言一行，有可能给国家带来荣誉，也可能带来耻辱。在原则问题上，要坚持不懈，绝不让步，绝不做有损国格和人格的事情。

2. 入乡随俗原则

不同的国家、地区或民族在历史发展的进程中，会形成各自的宗教、文化、语言、风俗和习惯，了解这些习惯和文化差异，允许彼此文化背景差异的存在，是对交往对象表示友好和敬意的表现。为此，要做到：

第一，要充分了解与交往对象相关的习俗，做到“入境即问禁，入国即问俗，入门即问讳”。

第二，要无条件尊重交往对象所特有的习俗，而且不可以评头论足，当然，也不必刻意模仿。对于自己的传统习俗，要继续发扬传播。

3. 不卑不亢原则

涉外活动中，要充分了解外宾所在国的特有讲究与禁忌，充分尊重外宾习俗，但也不可妄自菲薄，低声下气，曲意逢迎。应充满自信，大方从容，充分展现自己团队的凝聚力。当然，我们也不能自大狂妄，我行我素，目中无人。谦虚谨慎，戒骄戒躁，不亢不卑才是应持的态度。

4. 遵时守信原则

信守承诺、取信于人是建立良好人际关系的前提，也是做人的基本品德。在涉外交往中，说话务必算数，许诺一定兑现，所以，一切要三思而后言，三思而后行，说到做到。时间上的约定要牢记心间，没有理由可以作为迟到缺席的托辞，一个连时间观念都没有的人谈何诚信呢？

5. 尊重隐私原则

国际礼仪强调以人为本，要求尊重个人隐私，维护人格尊严，这也是尊重和体谅交往对象的基本方式和最起码的礼貌。每个人都会因为个人尊严或其他原因，不愿外界了解自己的个人秘密或私人事情。所以，涉外活动中，凡涉及交往对象年龄、收入、婚恋、经历、政治见解、宗教信仰等的话题均属个人隐私，不宜询问。

6. 女士优先原则

女士优先，是国际公认的礼仪原则，广泛适用于社交活动中。在一切社交场合中，男性有义务主动为女士提供方便，尊重女性，照顾女性，体谅女性，保护女性。不仅对待熟悉的女性要如此，对待陌生的女性也应如此，要一视同仁，无关乎相貌、年龄，无关乎地位、金钱，也无关乎民族、信仰。保护女性，并不是将女性视为弱者去同情、怜悯，而是将她们视为母亲、姐妹，是对女性表达感恩之情。总之，懂得尊重女士的男性，被公众视为有绅士风度。

7. 以右为尊原则

依照国际惯例，多人排序时遵循“以右为尊”的原则。大到政治会晤、文化交流、商务谈判，小到社交应酬、私人交往，但凡需要排序时，都应以右为上，以左为下，以右为尊，以左为卑。这与中国的政界排序正好相反，中国的政界历来崇尚“以左为尊”。

二、涉外礼仪的禁忌

涉外礼仪的禁忌很多，因国家、地区、民族、地域的不同而不同，有的礼仪是这个国家的禁忌，但在别的国家偏偏是礼貌的做法。所谓“三里不同音，十里不同俗”，可见风俗习惯差异之大。但也有一些禁忌是较普遍的，带有共性的，以下就是涉外礼仪中一些带共性的禁忌：

1. 数字禁忌

西方国家普遍认为“13”是凶险的，甚至每个月的 13 日，有些人会感到惴惴不安。尤其是 13 日又逢星期五，他们会觉得诸事不宜，总担心不好的事会发生。日本、韩国等东方国家则对“4”特别忌讳，所以，这些国家的医院都不会设 4 号病房和病床。而“3”和“7”在东西方国家普遍受到喜欢。

2. 问话禁忌

很多国家都讲究个人隐私权，所以，凡是涉及个人隐私的话题，交谈时都应回避，具体做到“五不问”，即不问年龄，不问家庭，不问收入，不问经历，不问住址。

3. 花卉禁忌

在国际交际场合，一般忌用菊花、石竹花、杜鹃花以及带黄色的花献给客人。尤其是意大利和南美洲各国，菊花只能用于墓地和灵前。

第二节　教师涉外工作礼仪

近些年来，国际上的学术交流活动不断增多，我国教师也不断出现在国际舞台上，各种会见、交流、访学、赠礼等活动不断，这就需要涉外教师必须熟悉和掌握这些活动形式和礼仪规范，使自己在这些工作场所和活动过程中不出笑话，不失礼，更好地促进相互沟通，实现友好合作。

一、邀约礼仪

在教师的涉外交往中，常常会因为实际工作的需要，对交往对象发出邀请，约请对方出席某项活动，或前来做客，这类性质的活动被称为邀约。邀约实质上是一种双向的约定行为，不论邀请者还是被邀请者，都必须把邀约当成很正式的交往活动来看待。对邀请者来说，发出邀请就是发出一种礼仪规范的通知，不仅要合乎礼节，取得被邀约者的及时回应，还必须使交往活动符合双方的身份和目前的关系。对受邀者而言，受邀是一件很荣幸的事情，但不管是接受邀约还是拒绝邀约，都要注重礼仪规范，如果要拒绝邀约，也一定要在不伤害邀请者自尊的前提下直接或间接说明原因，以取得邀约者的谅解。

（一）邀请礼仪

一般情况下，邀请分为正式和非正式两种。

（1）正式邀请。它适用于正式的涉外交往中，这种邀请既讲究礼仪，又要设法提醒被邀者准时赴约，因此多采用书面的形式，具体有请柬邀请、书信邀请、传真邀请、便条邀请等形式。

其中最常用、档次最高的属于请柬邀请，它一般是由正文和封套两部分组成。在格式和行文上，都有一定的规矩。请柬也属于书信，但与一般书信有所区别。书信一般是双方不方便或不适宜直接交谈而采用的交际方式，但请柬不同，即使就在同一办公室，同一栋楼，如果发送请柬，是表示对客人的尊敬，也表明邀请者对此活动的心意和郑重的态度。请柬既可以购买印刷品，也可以自行制作。

较为方便的应该是便条邀请，即将约定的时间、地点都写在便条纸上，交留或请人带给被邀请者。因为这种方式简便、随意，因此往往会让被邀请者感到亲切、自然。

采用书面邀请的方式时，为了能确切掌握被邀者能否赴约，可在后面注明“盼复”，并附上自己的联系方式和地址。对不熟悉地址的人可以说明来参加活动的乘车路线。

(2) 非正式邀请。适用于涉外非正式的接洽场合，多用于较为熟悉的人之间，通常是采用当面口头邀请、电话邀请或托人邀请等形式，这些邀请方式显得随意些。

无论是何种方式的邀请，都应至少提前一个月或两个月送达被邀者手中，以便被邀者提早做准备。

（二）答复礼仪

在涉外交往中，接到来自任何单位或个人的邀请，不论能不能接受对方的邀请，均要按照礼仪的规范给予明确的答复，对邀请者待之以礼。所有的回函，不管是接收函还是拒绝函，应在接到书面邀请之后三日内进行答复，而且答复得越早越好，说明受邀方对邀约方的重视。

回函的内容也是十分讲究的，在回函的行文措辞上，应当表示对邀请者的尊重和友好，对能否接受邀约这一关键性的问题，要做出明确的答复，切勿避重就轻，让人感觉模棱两可，产生误会。如果是拒绝，则要说明理由，言辞委婉即可。

二、礼宾礼仪

在涉外活动中，礼宾活动一直都是政治性较强而又敏感的问题，它能体现对不同参与者的身份、地位、年龄的特别重视，也体现对所有参与者平等相待的态度。如果安排不当或不符合国际惯例，则会引起不必要的误会，甚至还会影响两国之间的关系。礼宾礼仪，看似小事，但一旦出现问题，就是大事，正所谓“外事无小事”，因此，要对礼宾礼仪给予高度重视。

礼宾活动包括会见、排序、迎送、签字、赠礼等几个方面，下面逐一介绍这些涉外活动中应当注意的礼仪规范。

（一）会见礼仪

会见是涉外活动中常见的形式之一，国际上又称为拜会。凡身份较高者会见身份较低者，或主人会见宾客，称为接见。相反，身份低者会见身份高者，客人会见主人，则称为拜见。接见和拜见的回访，都称为回拜。

会见又分为两种，一种是礼节性会见，一种是专门性会见。专门性会见简言之就是约见，即事先约定对方某时、某地登门会见。会见大多都是双方，也有可能是多方会见。会见的地点一般选择在办公室或会客室。会见双方按照身份职务的高低、宾主之别分边而坐，主宾坐在主人右侧，其他按照身份高低分别在主人和主宾一侧就座，如果有陪同翻译，则安排在主人和主宾的后方。某些高规格的会见还有其独特礼仪程序，如双方简短致辞、赠礼、合影等。

（二）排序礼仪

会见之时，多半会涉及礼宾次序，即在国际交往中对出席活动的国家、团体和各国专家的位次按照特定的规则和惯例进行排列的先后顺序，这体现着东道主对各国宾客的礼遇程度，表示各国主权平等的地位。如果礼宾次序安排不当或不符合国际惯例，将会招致其他各国的不满，引起不必要的争执和交涉，甚至会影响两国之间的友好关系。常见的礼宾次序有：

1. 身份关系不对等时的排序礼仪

当参与者的身份关系不对等时，应该按照地位高低、职务上下、年龄长幼、实力强弱进行排序，其基本原则是：上级在先，下级在后；身份高者在先，低者在后；职位高者在先，低者在后；长辈在先，晚辈在后；实力强者在先，弱者在后；女士在先，男士在后。由于各国的国家体制不同，部门之间的职务高低也不尽相同，因此，要根据各国的规定，按同等的级别和官职进行安排。

在排位置时，应按照前后排关系排列，在主席台上，前排为高、为尊、为强，后排次之；在同一排时，中间为高、为尊、为强，两边次之。在观众席上，也是前排为高、为尊、为强。同时居中时，按照右边为高、为尊、为强的原则进行排序。

如果两人同时并行，以右为尊，左为次；两人前后行时，前为尊，后为次。多人并行时，中间为尊，两侧依次排序。在上楼梯或者乘坐电梯时，前者为尊，后者次之。

2. 身份关系对等时的排序礼仪

当参与活动者的关系对等时，可采取两种方法进行排序：

（1）按字母顺序进行排序。

在多边活动中，按照国际惯例，国家都是按照 26 个拉丁字母顺序进行排序，如国际会议、奥运会等的悬挂国旗以及座位安排。有时为了避免一些国家总是占据前排席位，会采用抽签的办法决定席位的前后，这样就让各个国家都有机会排列在前。

（2）按代表团组成日期先后进行排序。

在由多个国家代表参加的国际活动中，也可以采用按代表团组成日期先后进行排序的方式安排位次。具体包括以下三种情况：

1）按照派遣国通知东道主代表团组成的日期先后顺序排序；

2）按照派遣国决定应邀派遣代表团参加活动的答复时间的先后顺序排序；

3）按照各国代表团抵达活动地点的时间先后顺序排序。

不管采用何种排序方法，东道主都必须在各国的邀请书上进行解释说明。实际工作中，遇到的情况往往会比较复杂，礼宾次序不能按照一种方法进行排列，要多种方法交叉并用，要综合考虑国家之间的关系、活动性质和内容、对活动的贡献大小，以及在国际社会的威望、资历等。

（三）迎送礼仪

迎送礼仪，主要包括因国事访问等公务活动而安排的迎接和送别礼仪。迎送的对象，按照其访问的性质不同分为专程前往和顺道路过；按照国别不同分为国内和涉外工作迎送；按照其来访人员级别分为领导人和普通工作人员。

1. 迎送的规格

来宾迎送规格的确定，通常是根据来访者的身份、访问性质和目的，以及两国关系和国际惯例。规格的确定决定了由哪级人员负责迎接，组织安排哪一种礼遇规格，按照何种接待要求迎送。迎送的代表方和来访者身份不能相差太大，宜以对口或对等最佳，以表示对客人的尊重。如果来宾只是过境访问，则规格可适当降低。在特殊情况下，为了两国的外交关系和政治需要，被访者可安排较大的迎送仪式，给予较高的礼遇，但要避免产生误会，造成厚此薄彼的印象。

总之，迎送的规格要遵循礼貌、实际对等的原则，既不可过分渲染夸张，又要充分表示尊重和友善。

2. 迎送的程序

迎送的程序也是迎送过程的核心部分，一般而言，迎送的程序包括时间安排、人员安排、献花仪式、相互介绍、陪同访问五个方面。

（1）时间安排。

为了顺利迎接客人，通常会提前同客人联系，准确获悉客人所搭乘的交通工具的抵达时间，预计从迎接地点到送至目的地的时间，如有变化，应及时通知相关迎送人员，避免出现让客人等候的情形。

（2）人员安排。

安排有关迎送人员应先取得主要迎送人的同意，并让他们互相知晓有多少人参加此次迎送。同时，还要确定各位迎送人的身份和正式官衔，以备主迎送人介绍，防止出现差错。

（3）献花仪式。

站在来宾的角度，在迎送仪式上安排献花，会感觉受到了重视和尊重，这也是国际交往中较为重要的仪式。献花一般由儿童或者女青年双手捧送，选择在主人与客人握手之后。献花必须用成束的鲜花，而且要保持整洁、鲜艳。不能用假花，不能用菊花、杜鹃花或黄色花系，可以选择兰花、玫瑰花等名贵花种。

（4）相互介绍。

客人与迎送人员会面后，先由主迎送人将参与迎送的人员介绍给来访宾客，然后再由来宾的主介绍人依次介绍陪同来访的人员。

被介绍的人当介绍到自己的时候，应主动微笑并点头致意，还可以说声“您好”或“hello”等问候语。眼睛应该注视对方，切勿面无表情，左顾右盼。有时也可递送名片，涉外工作人员使用的名片最好能使用两种语言印刷，这样可以方便对方通过他熟悉的文字了解你的情况，也方便今后更加快捷地找寻你的信息，有助于关系的发展和友谊的加深。

（5）陪同访问。

不论何种规格的迎接，都应该安排陪同，有的安排主人陪同，有的安排其他熟悉路况的人员陪同。如果是主人陪车，应该先请客人从右后门上车，然后自己从另一侧上车。在车内应当坐在客人的左侧，翻译人员坐在加座上，也可以坐在司机旁。如果客人已自行坐下，就不要让他更换座位了。

在迎送过程中，所有的程序都应该事先妥善安排，不要临阵调遣或更换，这样容易给人仓促之感。客人的住处和膳食要事前准备好，在客人抵达之前将住房地点、房号房卡、用膳地点、日程安排、联系方式、联络人等内容做成文字材料分发给客人或者对方的联络秘书，使客人心中有数，主动配合。另外，客人刚抵达目的地时，不宜安排太多活动，应以客人休息为主，避免客人因舟车劳顿得不到休整而对主人的安排产生反感情绪。

（四）签字礼仪

签字仪式是指会谈双方就某一问题或某一类问题已达成共识，最终形成文件后而举行的一种较为隆重、正式的确认仪式。因此，签字双方需要在事前做好充分准备，在签字过程中严格遵守礼仪规范。

签字之前，首先要协商好双方参加签字仪式的人数，双方人数应大体相同，身份相符。为表现对该仪式的重视，还可邀请更高层的领导人和有关人员出席见证签字仪式。

签字场所的摆台、位次安排都应符合相关的礼仪要求。通常情况下，应选择长方形条桌作为签字台，签字台前放置两把椅子给签字人就座，客人在主人的右边。台上放好文本和相关文具，双方签字人的侧前方摆放好两国的小国旗。

签字时，参加签字仪式的人员按主宾各一方，并按照身份的不同站在签字人的座位后方。协助签字的人员分别站在各自签字人的外侧，协助翻揭文件，指明签字处。在本方保存的文件上签字后，由协助签字的人员传递文件，再让签字人在对方保存的文件上签字，之后，由签字人握手并互换文件完成签字仪式。

（五）赠礼礼仪

在涉外活动中，为表示友善、促进友谊，为赢得更多公众的支持和了解，组织方常常会向对方代表团或公众馈赠礼物。馈赠和接受礼品，对双方来说，都是件愉快的事情。可是，由于地域不同、文化差异以及宗教等因素的影响，涉外赠礼活动常常会触及一些敏感的礼节问题，所以，涉外赠礼要非常慎重。那么，如何才能把好事办好？一是选择礼品时要充分考虑送礼的目的，选择合适的礼品；二是要顾及受礼人的爱好以及当地的习俗和忌讳。

三、交流礼仪

在教师的涉外活动中，交流是指针对规定的课题，由相关专业的研究者、学习者参加，为了交流知识、经验、成果，共同分析讨论解决问题的办法而进行的探讨、论证和研究活动。学术交流可以更好地传播我们的文化，提高我们的能力，拓宽我们的视野。

（一）交流前的准备

1. 确定交流的形式、时间和地点

学术交流的形式可有座谈、讨论、演讲、展示、实验、发表成果等，在涉外学术交流活动中，不同的交流形式有不一样的礼仪规范。在进行交流之前，应首先确定好交流的形式，其次是时间和地点。交流的时间和地点应双方事先约定，并在经双方协商确定都认为合适的时间、地点进行。通常，学术交流会在主办高校的学术报告厅或会议室举行，也有的学术交流会在涉外宾客下榻酒店的会议室内举行。

2. 确定参加交流的人员和规格

确定了交流的形式、时间和地点之后，要求参加学术交流的教师，应提前将自己的姓名、职务、研究过的课题等信息提供给对方，接到要求的一方应根据接收到的信息提前做好会务安排，确定参加交流的人员和规格。

3. 准备交流的资料

在交流过程中，应充分了解课题背景、各与会人员的研究成果，准备好演讲稿、论文等，认真对待学术交流活动。当然，除此之外，还应了解各与会代表的习俗、禁忌、礼仪特征等。参加交流还应在文字资料方面做好准备，如需提供外方参阅的，还要准备好外文资料。

4. 布置安排交流的场所

一般的学术交流，多在高等院校的学术报告厅或会议室举行，也有的会在涉外来宾下榻的酒店会议室举行。

在涉外交流活动中，安排人员应对场所进行精心布置，坚持以宽敞明亮、整洁舒适为原则，这不仅是对外宾的礼貌和尊重，也是向外宾展现自身形象的良机。

会客室的陈设与装饰应简洁、实用、美观、整洁。会议现场要事先安排好座位表，现场每一个座位的醒目位置要放置中外文座位卡，上用主方国文字，下用客方国文字。字迹应工整、清晰，方便与会者对号入座。会谈场地正门口应安排专人迎送，对于级别高的客人，应有专人将其引导至座位，并安排入座。会客室应安排足够的座位，不可临时又去加座椅。

此外，还应备有茶具、茶水、饮料、纸巾以及必要的文具等，为使会谈室显得温馨，可用鲜花装点，营造氛围。

（二）交流中的礼仪

主方应提前到达交流场所，当外宾抵达时，主人应在门口迎接，与客人握手、致意或由专门迎宾人员迎接，主人在主宾左侧，陪伴客人步入会谈厅。

交流开始，除陪同人和必要的翻译人员、记录员外，其他工作人员安排就绪后均应退出。如允许记者采访，也只是在正式谈话开始前采访几分钟，然后全部离开。谈话过程中，旁人不可随意进出。

学术交流应本着友善礼貌的态度进行交流沟通，即使意见不一致，也应克制自己的情绪，尊重对方的观点，再谋求达成共识的途径。不可随意发脾气，甚至拂袖而去。

四、访学礼仪

目前，国外许多的大学或研究机构会面向全球学者提供一些访学的机会，使得其他国家的教师、学生都有机会参与到他们的研究当中，极大地促进了国际间的学术交流与合作。我国越来越多的教师开始利用这一机会，纷纷出国访学，学习国外先进的教学方法、科研成果，既提升了教师个人的科研能力，也推进了我国教育水平的整体提高。教师访学过程中，其言行举止不仅代表了个人形象，更是代表了我国整体教育行业的形象，精通访学礼仪至关重要。

（一）访学前的准备

教师出国访学前，应当做足准备，要根据自我需求，找到适合自己个人能力提升的目标院校，并充分了解出访院校的背景资料、学习出访国家的语言、熟悉出访国家的风土人情等。

1. 了解出访院校的背景资料

教师出国访学，是为了学习国外先进的科研成果、科研方法，但每位教师的研究领域不同，需求也不同，要找到合适自己的访学项目，才能使个人能力得到有效提高。所以，教师访学前应当首先了解自身的需求，根据自身需求寻求目标院校。确定目标院校后，要对目标院校的背景资料做充分的考察，包括其历史由来、科研成果、讲师团队等，做到有备无患。了解得越多，就越能让自己在访学中更快地适应环境，进入角色。

2. 学习出访国家的语言

教师出国访学，必须学会使用出访国家的语言，语言不通，就根本起不到学术交流的作用，这就要求教师在出国访学之前做好语言上的储备，至少应达到日常交流水平。

3. 熟悉出访国家的风土人情

入乡随俗、入乡问俗，在出国访学之前，必须充分了解出访国家的风土人情，尊重并遵守对方的礼仪规范，使短期的访学生活得以顺利进行。

4. 撰写访学申请书

目前我国出国访学的教师，一部分是国家或学校项目资助，另一部分是个人自主选择的，后者在访学准备中需自我撰写访学申请书。访学申请书的撰写需要严格按照目标院校规定的格式，使用目标国语言，使用尊称，使用谦逊的语词，等等。

（二）访学中的礼仪

在教师出国访学过程中，要学会入乡随俗，充分了解尊重对方风俗习惯，“客随主便”。同时，在访学工作中，应当采用国际化标准的工作方式，比如接电话时要先自报家门等，只有符合国际通用惯例，才能促使双方的合作、交流更加高效快捷。另外，在访学中，教师的身份变成学者、辅助研究者，应当谦卑，礼貌、尊敬地跟导师相处，尊重对方的科研成果，悉心请教。越尊重对方，就越能得到对方的尊重，才能真正学有所获，达到访学的目的。

后　记

《教师礼仪》近日编纂成书，缘于我实现个人梦想的人生历程。我一直觉得我是这个世界上最幸福的人，因为这一辈子我做了我最喜欢也最擅长的事——教书。1987 年 6 月，我从湖南师范大学汉语言文学专业毕业走上讲台，成为一名光荣的人民教师，30 年不忘初心，矢志不渝。

说起喜欢，是因为我出生于一个教师家庭，从小受父母耳濡目染。父亲从事中学语文教学 40 年，还曾经是我的高中班主任，母亲从事小学教育工作 35 年。从他们身上，我深深体会到教师职业的无私、单纯和幸福，成为一名像他们一样的好教师成为我的梦想。大学毕业后，我从教于长沙师范学校，2003 年 1 月调入湖南大学。30 年里，我把每一堂课都当作艺术品来设计，把每一个学生都当成朋友、孩子来关爱。时间不断推移，但我热爱教师职业的热情从未褪去，我越发喜欢于三尺讲台传授我的所学、所思、所感、所悟，也越发珍惜每一堂课、每一场讲座、每一次与学生的交流，更越发享受引导学生成长成才、成为社会精英的过程。

说起擅长，是因为我 30 年专注教学，收获满满。想来很惭愧，从湖南师范大学汉语言文学专业本科毕业后，我并没有再读研、读博，但我却以湘方言的底子获得了国家级普通话水平等级测试员的资格，多次被国家普通话培训测试中心派往香港和澳门主持普通话水平等级测试，成为湖南省省级普通话水平等级测试员培训班的主讲教师。在深谙“巧妇难为无米之炊”的道理之后刻苦钻研播音与主持艺术，2005 年获得湖南大学教师讲课比赛一等奖，2012 年获得湖南省普通高等学校教师讲课比赛一等奖；2006 年和 2016 年两度被全校学生推举为“我心目中最敬爱的老师”；2009 年被评为“湖南大学论文优秀指导教师”；2013 年被评为“湖南大学毕业实习优秀指导教师”；2009 年和 2015 年两度被评为“湖南大学优秀教师”。因为受中国传统文化影响，热爱礼仪文化，从 1996 年开始尝试礼仪课的教学，经过多年的潜心探索和积累，终于在 2011 年 11 月 9 日，我主讲的中国大学精品视频公开课“现代礼仪”在教育部“爱课程网”上线，从上线第三周至今，点击量一直高居 1 000 门课程榜首。在视频公开课的基础上，2014 年 10 月 13 日，我主讲的“现代礼仪”在清华学堂在线、智慧树、超星等多个在线教育平台上线。截至目前，总学习人数已经超过 130 万，学员遍布全球各地，我也因此荣获 2016 年“中国大学 MOOC 杰出贡献奖”。作为一名普通的教育工作者，我真的很感动，看到这么多学生、朋友从我的所学所思、所感所悟中受益，也由衷地感到欣慰，幸福满满。

因为喜欢，我选择了教师职业；因为擅长，教师职业成就了我。“教”者，传授也，“师”者，授业解惑也，这要求为人师者应该具备良好的礼仪修养和至高的师德。古人云：“国尚礼则国昌，家尚礼则家大，身尚礼则身正，心尚礼则心泰，事尚礼则事成。”（明代著名思想家颜元）“人无礼则不生，事无礼则不成，国家无礼则不宁。”（《荀子·修身》）所以，30 年教学生涯中，我一直把礼仪修养当作自己的必修课，并潜心做一些探索和研究。如果说这 30 年教学我有一点点成绩的话，应该是我真正把教师礼仪的精髓融入了自己的工作与生活中。

2017 年正好是我从教整整 30 年，结合“现代礼仪”“公务礼仪”“商务礼仪”“服务礼仪”“女性现代礼仪”等的教学体会，由我编著的《教师礼仪》也即将与广大读者见面，它凝聚了我 30 年的教学经验和教师礼仪的研究成果，希望以此献给所有如我一样钟爱教育事业的朋友。在本书付梓之际，衷心感谢湖南大学给我提供了讲授和研究礼仪文化的良好平台，衷心感谢我的家人和朋友的关心帮助，衷心感谢我的学生田文波、喻纬、谈馨、黄煖、杨湘雨、徐一迅、梁毛毛、匡婉滢的协助，衷心感谢中国人民大学出版社的大力支持！

袁涤非

2017 年 11 月于岳麓山下